中国有色金属工业协会专家委员会组织编写

有色金属系列丛书

中 国 黄 金

北 京
冶 金 工 业 出 版 社
2014

内 容 简 介

本书共分为八篇，内容涵盖黄金的发现与发展历史，黄金的性质、用途及其货币职能，黄金的资源，黄金的勘查与采、选、冶，黄金绿色循环经济与行业品牌建设，黄金产品标准体系，黄金的供应与需求，黄金资本与投资市场等内容，并附录世界、中国十大黄金生产商和世界十大黄金消费国，国外黄金相关重要法律法规，中国黄金行业主要政策汇编，相关黄金行业统计资料与数据等。

本书汇集了众多国内外黄金行业的相关资料，力争较为系统、全面地对黄金知识、行业与市场发展做一个简单梳理。本书可以作为科普读物或者参考书供从事、关注黄金产业的专业人士或者普通公众阅读，以帮助快速了解掌握黄金工业基本信息，提高对中国黄金产业发展的认知。

图书在版编目(CIP)数据

中国黄金/中国有色金属工业协会主编. —北京：冶金工业出版社，2014. 3

（有色金属系列丛书）

ISBN 978-7-5024-6469-1

Ⅰ. ①中…　Ⅱ. ①中…　Ⅲ. ①金—有色金属冶金—冶金工业—中国　Ⅳ. ①F426. 33

中国版本图书馆 CIP 数据核字（2014）第 039802 号

出 版 人　谭学余
地　　址　北京北河沿大街嵩祝院北巷 39 号，邮编 100009
电　　话　(010)64027926　电子信箱　yjcbs@cnmip. com. cn
责任编辑　李　臻　美术编辑　彭子赫　版式设计　孙跃红
责任校对　李　娜　责任印制　李玉山
ISBN 978-7-5024-6469-1
冶金工业出版社出版发行；各地新华书店经销；三河市双峰印刷装订有限公司印刷
2014 年 3 月第 1 版，2014 年 3 月第 1 次印刷
148mm × 210mm；11. 625 印张；228 千字；351 页
45. 00 元

冶金工业出版社投稿电话：(010)64027932　投稿信箱：tougao@cnmip. com. cn
冶金工业出版社发行部　电话：(010)64044283　传真：(010)64027893
冶金书店　地址：北京东四西大街 46 号(100010)　电话：(010)65289081(兼传真)
（本书如有印装质量问题，本社发行部负责退换）

《有色金属系列丛书》
编辑委员会

序

为适应有色金属工业发展的需要，普及和提高有色金属知识，提升全国有色金属战线广大干部职工的思想业务素质，促进我国从有色金属生产大国向有色金属工业强国的转变，中国有色金属工业协会组织编写了《中国铜业》等《有色金属系列丛书》（共21本）。《丛书》集中了全行业的智慧和力量，汇集了当今中国乃至世界有色金属领域的最新知识和信息，深入浅出，通俗易懂，融知识性、实用性为一体，是社会各界学习和提高有色金属知识的好教材和实用工具书。

有色金属是经济社会发展必不可少的基础材料和重要战略物资。有色金属作为功能材料和结构材料而广泛应用于人类生活的各个领域，成为当今高新技术发展和国防军工的重要支撑。有色金属的生产和消费水平已经成为衡量一个国家社会进步的重要标志。

中国是生产有色金属品种最全的国家，门捷列夫化学元素周期表中的64种元素的有色金属都能生产。中国是世界生产和消费有色金属最多的国家，到2011年十种有色金属产量已达3438万吨(快报数)，连续10年位居世界第一，年消费有色金属已达3580万吨以上，连续9年位居世界第一。目前全国已有有色金属企业、事业单位3万多家，就业人员360多万。

有色金属涵盖的金属品种多。在元素周期表中，除了黑色金属铁、锰、铬，锕系和超锕系放射性金属元素外，余下64种都为有色金属元素。有色金属成矿条件复杂，矿床类型多样，矿体形态变化大，元素组合多样，勘探难度大，而且需要综合勘探、综合评价。有色金属结构复杂，多种矿物相嵌共伴生关系密切，选矿和冶炼的技术、装备复杂，工艺流程长。有色金属应用领域广，用途千差万别，材料的研制和加工复杂。有色金属元素在原矿中含量低，富集比都在几十、几百、几千甚至几万以上，导致在采矿、选矿和冶炼过程中固体废物多，节能环保压力大，工艺技术复杂。综合上述不难看出，有色金属产业是固体矿产资源开发利用领域最复杂的产业，有色金属知识领域宽广、博大精深。

建设现代化的有色金属工业强国是全行业360多万职工为之奋斗的目标。我相信，《丛书》的出版发行，对增进全社会对有色金属工业的了解，推动全行业广大干部职工学习和掌握有色金属知识必将发挥积极重要的作用。让我们行动起来，为促进我国有色金属工业的持续、稳定发展，为实现有色金属工业发展的既定目标而奋勇前进。

中国有色金属工业协会会长 陈全训

2012年8月于北京

前　言

黄金是人类最早发现和认识的金属之一，因其独特的物理、化学自然属性和商品、货币双重功能，在人类的历史长河中地位尊崇，充满传奇，曾经是权力的象征、财富的标志。在西方国家黄金被列为“百金之王”，在我国古代黄金位列五金之首（我国古代把金、银、铜、铁、铅（或锡）称为五金，“五金黄为之长”）。

由于具有优良的特性和永恒的价值，在过去相当长的时间里，黄金作为各国主要的官方货币，经历了国际金本位、国际金块本位和国际金汇兑本位、布雷顿森林体系等几个阶段，而金本位制对于世界经济特别是国际贸易的发展曾经起过重大的促进作用。随着布雷顿森林体系的瓦解及牙买加体系的建立，黄金经历了一次非货币化的进程。虽然出现了黄金的非货币化，但目前黄金仍具备担当国家储备、货币政策工具，促进经济开发和美化人民生活等职能。

由中国有色金属工业协会金银分会具体负责编写的《中国黄金》是一本专业科普读物，具有知识性、趣味性和实用性。本书从黄金的发现与发展历史，黄金的性质、用途及其货币职能，黄金的资源，黄金勘查与采选冶，黄金绿色循环经济与行业品牌建设，黄金产品标准体系，黄金的供应与需求，黄金资本与投资市场等方面对中国黄金工业和中国黄金市场的发展进行了系统的梳理。《中国黄金》内容覆盖广泛，语言通俗易懂，能够满足国家宏观管理部门、相关投融资金融机构、贵金属机构专业从业人员、高等院校学生和关注黄金的普通公众等初步了解中国黄金工业和中国黄金市场知识的需求。

《中国黄金》的编写得到了鑫达金银开发中心、中国有色金属工业信息中心（北京安泰科信息开发有限公司）、全国有色金属标准化技术委员会贵金属分技术委员会等单位和众多业界专业人士的大力支持和帮助，在此一并致以谢意。在本书的编写过程中参考了《新中国有色金属工业60年》（中南大学出版社2009年出版）、《贵金属生产技术实用手册》（冶金工业出版社2011年出版）、《金》（中南大学出版社2003年出版)、《黄金》(月刊、长春黄金研究院主办)、《中国贵金属》(月刊、中国有色金属工业协会金银分会会刊2009～2012）等文献，在此也深表感谢。

由于黄金具有商品和货币的双重职能，其在所有商品中具有最强的金融属性，黄金市场的涉及面非常广泛、非常复杂；加上时间仓促和编写人员水平、精力有限，书中存在的疏漏和不足之处敬请读者批评指正。

编　者

2013年11月

目　录

第一篇

黄金的发现与发展历史

第一章　黄金的发现

第一节　黄金——人类最早发现和使用的金属

黄金是人类较早发现和利用的金属。基于黄金的稀少、特殊和珍贵，自古以来被视为五金之首，有“金属之王”的称号，享有其他金属无法比拟的盛誉，地位显赫，成为财富和华贵的象征，具有金融储备、货币、首饰等功能。

一、　黄金的发现

黄金在自然界中绝大多数以自然金矿物形式存在，具有化学惰性，不受空气和水的化学作用，具有鲜艳的橙黄色和闪亮耀眼的光泽，极易引起人们的注意，是古人最早发现的金属。马克思也曾经说过：“金实际上是人类发现的第一种金属”（马克思《政治经济学批判》，人民出版社）。

尽管黄金稀少，但人类发现和使用黄金的历史可能比铜、铁等金属要早，这主要是由其性质决定的。黄金在自然界可以以单质形态存在，不易氧化，且具有绚丽的金属光泽，很容易被人们发现，而其他金属往往以化合物的形态存在。有专家推测在距今10000年前的新石器时代黄金就被人类发现，可能比基本金属铜、铁、铝等众多常见金属要早几千年。人类对火的发明和利用又可以将小颗粒的砂金熔融成块，金的可塑性好又便于加工。因此，黄金还是人类最早使用的金属之一。

人类最早发现的黄金主要是自然金和江河湖泊的砂金（亦属自然金），其发现都具有偶然性，但根据其独特的性质而又具有必然性。在公元前2500年的古埃及雕刻艺术品上发现有金的象形字，字形是水从头巾或木槽上流过的象形图，这也反映了太古时代淘洗砂金的操作形象。据考证，早在公元前12000年古埃及人就已经认识了黄金，在公元前4000年黄金在古埃及已经得到广泛应用；1986年保加利亚瓦尔纳一处墓葬中发掘出一批金器物，距今已有7000年的历史。因此人们也通常把发掘的古代墓葬中金器的制作年代作为人类最早发现和使用黄金的日期。随着考古新发现，黄金发现及使用的准确时间可能还会进一步提前。

二、黄金的命名

由于黄金是人类最早发现的极少数几种金属之一，因此关于黄金的命名和文字也很早就出现了。早在象形文字阶段就已经出现了金字的记载，如埃及人曾用几何图形“圆”作为黄金的象征；西方炼金术士则用一个圆和一个圆心，或四周有光束的圆环表示黄金，用太阳作为黄金的形象，表明他们认为黄金和太阳、希腊太阳神（阿波罗）一样神圣。这就是黄金命名和文字的雏形。而在现代许多欧洲语言中，金和太阳仍然有着密切的联系。

中国古代早在公元前11世纪以前的殷商时代，甲骨文中就出现了“金”字。甲骨文中“金”字的形象酷似张开的河蚌，这是由中国古代最早的贝壳货币演变出来的。这和《史记》中把金和贝都作为币的论述是一致的。世界最古老的字书之一，中国古代第一部字书——东汉许慎《说文解字》对黄金的解释是：“五金黄为之长”（中国古代按照色泽将金属分为五色金：黄金（金）、白银（银）、赤金（铜）、黑金（铁）、青金（铅），统称“五金”；后世也将金、银、铜、铁、锡称为“五金”，两个“五金”所指的范畴有所不同），“凡金属之属皆从金”，即凡代表金属的字都以金作为字旁，金在所有金属中的地位和作用可见一斑。

在英语中黄金为“Gold”，古英语中“Geolo”意为“黄色”或“光亮耀眼”，这一英语名词来自梵语“Jvalita”，它是由“Jval”（意为“闪光”）引申而来的。拉丁语中黄金为“aurum”，早期的色宾语中的黄金为“ausum”，据考证，两者均源自早期的意大利语“aurora”，其意思是“黎明之光”或“灿烂”，这就是金的元素符号“Au”的来源。由此可见，古代“黄金”一词代表着太阳的形象，有“黄色”、“闪光”、“光明”之意，古代人视黄金同太阳一般神圣并予以崇拜。简而言之，“金”的拉丁文名称为“aurum”，英文名称为“gold”，“金”的元素符号为“Au”，在中文中“金”是一个古汉字。

第二节 上古和中古时期黄金生产状况

西方史学家认为，古代黄金生产的发展可分为两个阶段。第一阶段以古埃及和大量开采非洲黄金矿床为主线。第二阶段是罗马帝国时期，这一时期以开采欧洲金矿为主线。

自从15世纪哥伦布“发现”美洲大陆后，美洲开始逐步大规模开采黄金和白银，而西班牙和葡萄牙就充当了开发美洲金银矿的急先锋。尤其是西班牙，从16世纪20～30年代开始大规模开发墨西哥、秘鲁等地的金矿和银矿，从美洲开发来的大量金银输入西班牙，西班牙也控制了欧洲与美洲的贸易，国势在16世纪上半叶达空前繁盛，成为称霸欧洲的一流强国。

一、生产方式落后黄金产量极低

在上古时期，金的来源主要是发现自然金和铜器时代在开采铜时回收金。金在自然界中的总量少，寻找和开采黄金方式落后，产量极少。根据科学家考证，在上古时期（公元500年以前）共约生产了1万吨黄金。

中世纪期间黄金产量较少，数量仅有2300多吨。受政治局势动荡等影响，欧洲在黄金生产中的地位下滑，黄金生产以非洲和亚洲为主。据史料记载，埃及人的黄金开采主要集中在尼罗河与红海之间的东部沙漠和现今苏丹北部的努比尔沙漠地区。他们在这里创建了庞大的采金基地，集结了几万至几十万奴隶和战俘进行开采。后来也在红海沿岸的阿拉伯国家采过金。在托特莫斯法老统治时期（公元前1507~前1447年），最高年产金达50t。

在古埃及时期，西亚和中亚的许多古国也是重要的产金国，但规模都没埃及那样大，产量也小得多，如西亚的苏麦尔、巴比伦和亚述，可能在黑海之滨开采过少量金。在东亚和南亚，这时期的主要产金国是中国和印度。黄金开采的时间应在公元前3000年之前，距今5000年以上。印度首先开采的是克什米尔地区印度河上游谷地的砂金，那里的居民在古代普遍从事淘金，后来则在迈索尔地区开采脉金。现今仍在生产的科拉尔（Kolar）金矿的最富矿，可能是在1880年前开始开采的。从石器时代至公元500年，印度-索格德约共采金990t。古希腊人于公元前3000年在爱琴海沿岸建立文明古国，后来势力范围逐渐扩大，并于公元前323年从马其顿人手里夺取了埃及，希腊的黄金生产主要在现今保加利亚的富拉基亚、卡桑德雷和帕纳格伊。其中开采规模最大的帕纳格伊砂矿，在公元前350年年产金约36t。

中世纪以后，从1493年开始到16世纪，美洲的黄金业发展迅速。1492年哥伦布发现新大陆以后，西欧的“探险家”蜂拥奔向美洲去掠夺当地居民的黄金白银和财富。黄金生产发展的新时期始于16世纪至现在，它是现代黄金生产发展的极盛时期。尽管这个时期是从西班牙和葡萄牙人对南美的血腥掠夺开始的，但世界各地的富砂矿和南非含金砾岩富矿床也都是在这一时期被先后发现和开采的，它使世界黄金产量达历史新高。16 世纪，美洲的黄金产量占全世界产量的三分之二，1493 ~ 1800 年世界产金量约为 3567 ~ 4100t，美洲的产金量占 60% 以上。

二、黄金流通交易受到限制

在 19 世纪之前，因黄金极其稀有，黄金基本为帝王独占的财富和权势的象征，或为神灵拥有，成为供奉器具和修饰保护神灵形象的材料，一般平民很难拥有黄金。黄金矿山为统治者所有，黄金由奴隶、犯人在极其艰苦恶劣的条件下开采出来，统治阶级为了获得黄金而屠戮其他民族。抢掠与赏赐是当时黄金流通的主要方式，自由交易的市场交换方式难以发展，黄金的专有性限制了自由交易的规模。尽管黄金稀有，但对古埃及及古罗马的文明形成和发展起着非常大的作用。

第三节 金本位时期黄金的生产概况

19 世纪后，大型黄金矿山陆续被发现和开发，黄金生产力迅速发展。19 世纪后半叶人类生产的黄金就接近过去 5000 年的产量总和。由于黄金产量的增加，人类增加黄金需求才有了现实的物质条件，黄金从帝王专有走向广阔的社会大众，从狭窄的宫廷范畴进入平常的经济生活，从特权华贵的象征演变为资产富有的象征。以黄金生产力的发展为前提，人类进入了一个金本位时期。金本位制始于1816年的英国，到19世纪末世界上主要资本主义国家基本上都实行了金本位制。1914年第一次世界大战时，全世界已有59个国家实行金本位制。金本位制大致延续到20世纪20年代，此时期全球黄金生产状况的特点为：

（1）大型矿山相继发现黄金产量增加。19世纪是世界黄金史上的转折点。俄国（1823年）、澳大利亚（1830年）、美国（1848年）、南非（1886年）、中国（1888年）、加拿大（1896年）相继发现了大型金矿并重视开发金矿资源。1801～1900年的一百年间，世界产金量累计达到11598t，几乎达到了以往5000年产金的总和。

（2）生产技术进步砂金比例下降。氰化法提金工艺的发明大大促进了黄金生产的发展，产量有较大幅度的增长。1889年在新西兰率先使用氰化法提金，使黄金生产蓬勃发展。在20世纪初，氰化法提金同无线电、汽车、飞机等发明并驾齐驱，被列为近代10大发明之一。

由于砂金易于开采，1850年以前，世界黄金生产几乎全部来自砂金矿。1851～1875年，从砂金矿床中开采黄金占88%。由于砂金储量低，而且岩金开采技术不断进步，砂金产量所占比率逐渐减少，1876～1890年从砂金矿床中采出的黄金占54%；到了20世纪初，易采易选的砂金矿床已基本被开采殆尽。

第四节　黄金货币职能逐步淡化时期的生产概况

金本位制瓦解后，国际货币体系逐步过渡到布雷顿森林体系（20 世纪 40 ~ 70 年代初）和牙买加体系，随着黄金货币职能的逐步淡化，此期间全球黄金生产特点如下。

一、第二次世界大战后黄金产量大幅增加

20 世纪以来，世界各国为了发展经济都注重黄金生产。特别是第二次世界大战后，人类进入了一个较为稳定的发展时期。经济的发展又促进了黄金勘探和开采投入的增加。20 世纪 50 年代世界黄金产量突破 1000t，60 年代中期达 1400t，由于南非和前苏联的黄金产量猛增，1970 年达 1560t，2012 年全球矿产黄金产量达到 2848t，再生金产量达到 1626t。

20 世纪以后，易采易选的砂金矿床逐渐被开采殆尽，其产量所占比率逐渐减少。到 1970 年世界砂金产量所占比率下降到 2.9%。各国充分发挥氰化法提金的巨大作用，从岩金矿床中生产黄金收到良好的效果。尽管氰化法提金会带来环境保护上的新课题，但由于科学技术的进步，采用相应的技术措施后，氰化法提金具有其他方法无可比拟的优越性。

20 世纪 90 年代初，全世界生产黄金的国家和地区有 60 多个，其中美洲 18 个、非洲 16 个、欧洲 10 个、亚洲 9 个、

大洋洲5个。每年生产黄金量超过10t的国家有10个，其总产量占全世界总产量的89%左右。

二、世界黄金探明储量稳步增加

据美国地质调查局（USGS）2012年统计资料显示，目前世界黄金总储量基础为10万吨左右，其中已探明的储量为5.2万吨，主要分布在南非（3.1万吨）、俄罗斯（0.7万吨）、澳大利亚（0.6万吨）、美国（0.5万吨）、加拿大（0.42万吨）等国。

20世纪80年代以后，世界各产金国和地区相继勘探到一些大型和特大型金矿，同时老矿区继续挖潜改造，黄金储量有较大幅度增加。各国的金矿开采品位继续下降，南非1986年开采品位下降到5.81g/t，美国1984年下降到2.1g/t，但由于大型、特大型金矿的开发，且采用先进的采选冶技术，黄金产量逐年增长，黄金国际市场价格也趋于正常。

三、全球黄金生产消费重心向东方转移明显

20世纪末期以来，特别是最近30年以来，世界黄金工业发生了一个重大变化，就是黄金生产和消费重心向东方转移明显。始自16世纪的全球黄金生产发展的新时期，促使南美、北美（美国、加拿大）、澳洲和南非黄金工业迅猛发展，特别是南非一度成为全球最大的黄金生产国，但这种格局在最近几十年发生了变化。南非含金砾岩金矿田自1887年开采以来，至20世纪70年代已建和在建矿山约69座，

1970 年最高年产量达 1002.4t，占当年世界年产总量的 78.2%。根据有关资料统计南非从矿田发现至 1986 年的 100 年中共生产黄金 4.27 万吨，约占有史以来世界黄金总产量的 40%，但南非金矿生产至今已存在许多困难，开采深度加深，矿层薄，开采难度大，矿层易呈缓倾斜分布，许多矿山的斜井要进行多级提升、排水、通风，运输线路长，辅助生产费用高，加上环保成本、能源短期和劳资纠纷不断，南非黄金工业在走下坡路。根据有关资料对当时南非 37 个大金矿的统计：1980 年共采出矿石 8350 万吨，年产金 703t，每吨矿石平均产金 8.419g；1985 年虽矿石采出量增加到 10400 万吨，但年产金已降至 673.3t，每吨矿石平均产金 6.474g，1987 年产金量又降至 603t，1995 年产量下降为 522t，2000 年降为 428.3t，2010 年降为 203t，位居世界第五位。伴随着南非黄金工业的衰落，中国、印度等国的黄金产业则在崛起，全球黄金生产消费重心向东方转移明显。中国黄金产量在 1995 年首次突破百吨，跻身世界第六位；到 2000 年中国产金 175t，名列世界第四位；2007 年，中国黄金产量 270.49t，超越南非成为全球第一大黄金生产国。南非在过去的 100 多年里一直占据着世界黄金开采的主导地位，已探明的黄金储量占世界总储量的 35%，但过去 10 年其黄金产量持续以 5% 以上的速度下降，2007 年降到了 255t，黄金产量也由 1970 年占世界总产量的 70% 下降到 10 年前的 20%，2006 年仅占世界总产量的 11.8%。目前中国是世界最大的黄金生产国、第二大消费国（2012 年中国矿产黄金产量403.7t，黄金消费量832.18t)；印度是世界黄金第一大消费国（2012年印度黄金消费量886.9t)；2013年中国黄金消费超越印度，成为世界最大的黄金生产、消费、进口国；此外，俄罗斯、澳大利亚等国黄金生产增长得也很快。表1-1列出了自古以来世界黄金产量统计。

表1-1 自古以来世界黄金产量统计 (t)

年 代	年产量	累计产量	占总产量的比例/%	累计产量	占累计产量的比例/%	人均占有量/盎司❶
公元前4000~前2000年	1.5	3000	2.1	3000	2.0	6.4
公元前2000~前1000年	12.0	12000	8.2	15000	9.6	12.7
公元前1000~0年	8.0	8000	5.5	23000	14.7	7.4
0~700年	6.0	4000	2.7	27000	17.3	4.3
700~1200年	1.0	500	0.3	27500	17.6	3.3
1201~1493年	3.0	1000	0.7	28500	18.3	2.5
1494~1600年	7.0	715	0.5	29215	18.7	2.2
1601~1700年	9.0	896	0.6	30111	19.3	1.7
1701~1800年	19.0	1904	1.3	32015	21.0	1.5
1801~1850年	24.0	1212	0.8	33227	21.3	1.1
1851~1900年	210.0	10430	7.1	43657	28.0	1.0
1901~1950年	730.0	36607	25.1	80264	51.4	1.2
1951~1984年	1210.0	41280	28.3	121544	77.8	1.1
1985~1994年	1989.0	19886	13.6	141430	91.0	0.8
1995~2000年	2441.5	14649	9.4	156079	100.0	0.8
2001~2010年	2552.6	25526	—	181605	—	—

注：资料来源于《金》，2001~2010为编者新补加（仅统计矿产金）。

❶ 1盎司=31.1035g。

第二章 中国黄金发展简史

第一节 中国古代黄金史

黄金业作为中国五千年灿烂文化的重要组成部分，在中国社会的文明进程中不断发展，经历了初步认识、曲折发展、繁荣和大发展等众多阶段。

一、中国黄金业发展的初始时期——青铜时代

中国古代的采金业源远流长。《尚书·禹贡》一书相传是大禹治水时周游全国各地，调查了解各地山川地形和物产情况而写成的。书文铸在九鼎上，说明当时已进入铜器时代。《尚书·禹贡》记述了“厥贡惟金三品”。据考证，“金三品”是指金、银、铜。书中还提到，扬州要贡“金三品”，说明当时已发现和开采了江浙一带的多金属矿产。司马迁在《史记·平准书》中记述：“虞夏之币，金为三品，或黄、或白、或赤（黄、白、赤指金、银、铜）；或钱、或布、或刀、或龟、或贝。”这说明在虞夏之际（公元前22世纪末），中国就已经把黄金作为货币使用了。中国的著名古籍《尚书·禹贡》《山海经》《周礼》《管子》等书中，多处涉及黄金地质和矿山方面的史实，说明中国金矿资源丰富。殷商时代的甲骨文中有金字出现。

在中国古代，从开采利用黄金的年代看，是先采砂金，

后采山金。古代根据砂金赋存条件的不同，又分为“水沙中”淘洗的砂金和“平地掘井”开采的砂金两种。“水沙中”淘洗的砂金，古名“水金”。《韩非子·内储说上》中写有“丽水（丽水指云南金沙江）之中生金”。丽水砂金始采于先秦时期，历代不衰。至于“平地掘井”开采的砂金的记载，如王隐《晋书》：“鄱阳乐安出黄金，凿地十余丈，披沙所得。”宋应星《天工开物》：“河南蔡（即今汝南）、巩等州邑，江西乐平、新建等邑，皆平地掘深井，取细沙淘炼成，但酬答人功，所获亦无几耳。”鄱阳乐安、江西乐平、新建等地都属于古豫章郡。《史记·货殖列传》和《汉书·地理志》均有豫章郡生产黄金的记录。

青铜文明时代，即史称“三代”的夏、商、周时期。大量的史料和文化遗存证明，在夏代手工业比较进步，已经使用铜器。到商周时代，青铜冶炼技术达到较高水平，能冶炼铜与锡、铅等物质的合金——青铜，用来做器皿、武器和工具。手工业的起步，青铜业的繁荣，为先民们利用黄金奠定了基础。

1976 年在甘肃省玉门火烧沟遗址，发掘的一批奴隶社会早期的墓葬中，发现金银器与彩陶、石器和铜器共存。其中有称作鼻饮的齐头合缝的金、银、铜环，还有男女佩戴的金耳环。已出土的文物中，有大量的夏、商、周代的黄金器物，如夏代玉门火烧得金鼻饮（金环）和金耳环，河南郑州商代早期墓葬中出土的珥形金饰，河南辉县琉璃阁殷代早期墓葬中出土的金叶，在安阳殷墟出土有金器等。据此可以认为，在夏、商、周时代已进入了黄金的应用时代。

在管理方面，夏、商时代虽无明确记载，但到了周代就较为明确。据《周礼·地官》记载：“（矿）人中士二人，下士四人，府二人，史二人，胥二人，徒四十人。”由此可见，在夏、商、周时期，就有了简单的财政金银管理机构。

大量的史料证明，中国在奴隶社会早期的夏代就已利用黄金，到商周时代又有发展。虽然当时黄金的用途还仅限于装饰品，采金方法也只是从水沙（砂）中淘取自然金，十分简陋，但黄金的生产加工已略具雏形。由此可以推测远古人类可能在新石器时代就已经对黄金有了认识。

二、中国黄金业的早期发展时期——铁器时代

从青铜文明进入铁器时代，历史上正值春秋战国时期，中国的奴隶社会逐渐瓦解，封建制度初步形成。铁器的广泛使用带动了矿业生产的发展，黄金生产也较前有明显的进步。表现在以下方面。

（一）黄金的用途及产地的扩大

自夏、商、周以后，黄金的产地逐渐扩大到黄河流域中下游以及长江流域，根据《中国古代矿业开发史》资料显示，先秦时期中国金矿产地主要有：今山西、山东、河南、湖北、陕西等地，很多如今的产金大省在历史上很早就盛产黄金，如河北敦与山（临城），山西帝都山（阳高）、孟门山（吉县）、槐山（闻喜），山东秦山（秦安），浙江会稽山（绍兴），河南娄涿山（洛宁）、长石山（新安）、沫山（中

牟）、役山（郑州），湖北汉水、荆山（南漳）、景山（房县），湖南招摇山（桂阳）、洞庭山（岳阳）、陕西英山（渭南）、数历山（千阳）、龙首山（县）、阳华山（华阴）、岐山（凤翔）、申山（安塞），四川岷山（茂县），云南丽水、鸡山（永平）等。

而黄金的用途也由仅仅用于饰物，发展到货币、聘金、礼品、酬谢、铸像等。随着产地扩大，产量提高，用途增多，需求量加大，黄金的地位逐渐提高。

（二）采金技术的提高和加工技术的进步

从文献得知，春秋战国时代，人们已初步懂得黄金矿床形成的一些规律，并从中总结积累了一些找矿标志。如利用矿床中矿物的共生组合垂直分带性找矿，依据氧化带的颜色标志找矿，按山脉的阴阳找矿等，这些方法很有收获。采砂金则是利用重力法淘金，不再只是提取自然金。

黄金加工技术较前代也有新的发展，如错金技术和鎏金技术就是重大突破。铸造技术、錾金技术、铆接技术有了提高和发展，出现了中空技术和漆器嵌金技术，并且嵌铸结合使用，多种工艺相结合，说明加工技术的长足进步。

（三）国家设立管理机构

春秋战国是一个战乱兼并的时代，从“春秋五霸”到“战国七雄”，各诸侯国的政治、经济情况不尽相同。从对黄金的开发、管理、利用等方面来看，较好的当属齐国和楚国。“管仲治齐”设置“官山海”机构，为的就是对盐业及包括金银在内的各种矿业进行垄断和管理。正是这种行之有效的管理，使国家富足，百姓安定，经济发展，为齐桓公"首霸中原"奠定了基础。楚国有较多黄金产地，在开采黄金、利用黄金方面贡献较大，特别是首先利用黄金铸造货币，进行市场流通，这在黄金发展史上有重要意义。

铁器的广泛使用促进了黄金业的进步。由于找矿方法的改进，加工技术的发展，黄金用途的增多，管理上也有所加强，故春秋战国时代黄金业得以新的发展。

三、中国黄金业发展的繁荣时期——多金的汉代

秦、汉和三国时期在中国黄金发展史上占有重要地位。秦代的贡献在于统一黄金计量名称，改周代的斤为镒，尊黄金为上币。而黄金生产的繁荣鼎盛，主要是汉代，尤其是西汉时代。史书记载的"汉代多金"反映的就是这一时期黄金生产的盛况。

（一）黄金库存量大

据《魏晋南北朝史》记载："西汉初时，黄金库存总量在百万斤以上"。《汉书·王莽传》记载："到王莽末期宫中还有70万斤黄金"。按《中国历代斤的质量比较简表》记载：汉代的1斤，相当于今天222.73g，70万斤折合为156t。这个数字仅是统治者手中的黄金储存量，民间及豪门贵族手中的尚未计算在内。另据史书记载，皇帝赐给大臣们金的数量非常巨大，可推断金不是专指黄金，包括金、银、铜、铁、锡，究竟金占多少还有待于进一步考证。

（二）找矿方法和加工技术提高

在采金人不断的实践中，寻找金矿的方法除了继承前代的方法外，又发现了按矿脉分布关系寻找新矿和察看金光寻找黄金矿的方法，这在《史记·货殖列传》和《史记·天官书》中都有记载。

在黄金加工技术上与春秋战国相比，这个时期又有新的发展。首先是继承和发扬了前代的技术，对镶嵌技术、鎏金技术、错金技术的使用范围加大。从众多的出土文物可以看出，当时的黄金加工技术已具有相当水平。如 1968 年在河北满城发掘的西汉中山靖王刘胜及其妻窦绾的两座大墓，出土了包括鎏金宫女形灯（长信宫灯）、错金博山炉等在内的大量金制器物。这些器物造型优美，制作精致，纹饰华丽，显示出极高的工艺水平。一些器物奁盒上还镶有金丝和玛瑙青铜箍，这都说明错金、染金、镶嵌技术的广泛使用与提高。

其次是发展了金石铜联合组成工艺，如著名的“金缕玉衣”就是金石铜联合组成工艺的制造典型；此外，焊接技术、黄金冶炼、提纯和铸造技术都有新的提高。

四、中国黄金业曲折发展时期——两晋至清朝前期

两晋至清朝前期是中国黄金业曲折发展时期，也就是自公元 265 年西晋的建立到 1840 年鸦片战争前，这一时期的时间跨度大，朝代更替不断，中国黄金业发展也呈现不稳定的状况。各时期黄金生产情况如下：

两晋南北朝时期，是中国历史上极其混乱的朝代，长期分裂、战乱频繁，加上统治者腐朽残暴，百业不振，人心消沉，社会生产力遭到极大的破坏，黄金生产也一片萧条，黄金产量也大幅下降。具体体现为西晋之前黄金一直用斤计量，而从西晋开始黄金的计量单位开始改斤为两，王宫婚宴喜事和赏赐也不用黄金，这也从一个侧面说明当时黄金库存已经减少到相当少的程度。

到了隋唐、五代时期，黄金的生产出现了一些新变化，由于隋朝和五代只有短暂的几十年，这里重点论述唐代情况。唐朝前期施行了比较开明的政治，社会生产力得到恢复和发展，采金业也极为繁荣，黄金产地遍布全国各地。此时私人手中，特别是豪门贵族藏有大量的黄金，而唐代大诗人李白也在《秋浦歌》中写道："炉火照天地，红星乱紫烟，赧郎明月夜，歌曲动寒川"，来描述当时黄金生产的场面和感受。诗人刘禹锡则在《浪淘沙》中写道："日照澄洲江雾开，淘金女伴满江隈。美人首饰王侯印，尽是沙中浪底来。"这一方面真实地反映了当时采金炼金的情景，另外一方面也侧面反映了唐代黄金生产复兴的盛况。由于黄金的数量稀少和它所具有的特性，古代最早将它用作装饰品；随着认识的深化和数量的积累，它的用途除氏族首领和贵族用以炫豪奢、别贵贱之外，主要用作货币、装饰、赏赐、礼品、聘金和赋税等，也少量用于医药；在佛教传入中国后，佛教用金也颇为可观。

清代近百年时间，统治者基本不主张大开金矿。只是到了清朝中后期，由于财政拮据，才相继开采了中峰岭、海塔拉山、古内、双树子、条金沟等金矿。清代对金银政策多变，时开时禁，所以金银课税收入不多。《清代矿业》曾记载，乾隆四十七年曾拟有采金章程，设立“司金局”管理金厂档房，刻制图章方便文件来往等，金厂管理方法严密而有条理，较以前有所进步。

宋元明清（鸦片战争前）时代，黄金产量并无太大的增长，各个朝代国库中的黄金并不充裕，而纵观这一千多年的历史时期中，黄金业的总体发展起伏不定。

第二节 中国近代黄金史

中国近代（从 1840 年鸦片战争到 1949 年中华人民共和国成立前）黄金业的发展分为两个阶段，也可以说是“两个不同”的特殊时期。

一、清代后期（1840～1911 年）

1840 年鸦片战争以后，随着中国沦为半殖民地半封建社会，帝国主义对中国的黄金资源（包括黄金制品）进行疯狂的掠夺和破坏，使本来就十分薄弱的中国黄金工业遭到很大的摧残。但是清王朝为了支付战争赔款和满足王室腐化奢靡生活的需求，不得不采取一些强制措施，加紧开采黄金，曾促进了中国黄金工业的一度繁荣。

为了偿付巨额赔款，清政府开始强力开采金矿，解除对开采金银矿的“封禁政策”。从咸丰年间开始，中国的黄金及其他矿业与清朝前期相比有较大的发展，主要体现在开采地区扩大，生产力和技术水平有所提高，经营管理方法有所改善，黄金产量有较大增长。有关资料记载1888年（光绪十四年）至1899年，曾有5年每年产金量达到三四十万两（注：本书中采用的黄金重量单位“两”，按照黄金行业的习惯均系旧制两，即1市斤等于16两，1两折合公制31.25g）。而从1888~1911年期间，清政府全国总计生产了140650kg黄金，出现了漠河金矿等较大规模的金矿。中国近代黄金产量见表1-2。

表1-2 中国近代黄金产量

年份	1888年（光绪十四年）	1896年（光绪二十二年）	1897年（光绪二十三年）	1898年（光绪二十四年）	1899年（光绪二十五年）	1900年（光绪二十六年）
产量/两	433344	319770	319770	319770	320000	207040
产量/kg	13542	9992.8	9992.8	9992.8	10000	6470

注：资料来源于(德)G. 伯格和F. 弗里登伯格，《黄金》,1940年。

近代中国的黄金工业以开采砂金和岩金的富矿为主。黑龙江省的砂金资源最丰富，内蒙古、奉天、吉林、新疆阿尔泰、甘肃等地亦有砂金矿藏。岩金主要分布在湖南平江，山东招远、沂水、平度，吉林夹皮沟，四川冕宁（麻哈金矿）、盐源，内蒙古金厂沟梁，辽宁朝阳，河北承德等地。进入20世纪直至清王朝覆灭，黄金最高年产量也只有40多万两。据现有统计资料，1911年的黄金产量为中国近代最高，达到15t。清代后期部分年产金量见表1-3。

表 1-3　清代后期部分年产金量

年份	1901 年	1902 年	1903 年	1904 年	1905 年	1906 年
产量/kg	4514	6019	9779	6771	6771	6771
产量/两	144448	192608	312928	216672	216672	216672

注：资料来源于（日）伊东佑谷:《明治三十八年世界年鉴》，1905 年博文馆版；《第七回世界年鉴》，1914 年博文馆版。资料原文注明，1910 年仅有出口数 5504kg。

二、中华民国政府时期（1912～1949 年）

随着清朝政府的覆灭，民国初期的黄金产量一度由高峰跌至低谷，随后逐渐回升。在国民政府当政之初，接管了原有的官办金矿。1912 年至 1916 年五年间，官办金矿的产金量约占总产金量的 73%。当时的主要产金地有：黑龙江省各金矿局，吉林省三姓，湖南省平江、会同、漠滨，山东省沂水，四川省冕宁、盐源，新疆省于阗。这段期间政府对金矿的管理方式，大多为官设金厂招工采掘，官收其金，不问其采选方法，更无所谓经营之方，实质上采取的是放任自流的经营方式。

为了开发矿业，1913 年国民政府工商部奉大总统命令编制《矿业法》，同年七月提出《矿业法》（草案）。1913 年 12 月农商部成立，下设矿政局，同时在全国分区设立了 8 个矿务监督署作为地方主管矿业的行政机关，隶属于矿政局。1914 年，农商部对《矿业法》(草案)进行重新修订，提出《矿业条例》和《实施细则》。同年 3 月 11 日，经国务会议通过以大总统命令公布实施。

1914年，《矿业条例》和《实施细则》的实施，推动了黄金工业的发展。据1921年6月底和1924年6月底的统计数字，全国注册领照的黄金矿山矿区面积均位于29种金属和非金属矿山矿区面积的前列，居第二位，仅次于煤矿矿区面积。

1915年，国民政府酝酿币制改革，实行金本位制。为采金铸币，在财政部成立采金局，并于同年8月颁布采金局章程13条。但因困难重重，不久即撤销了采金局，有关事宜复归农商部办理。

民国初期，当局颁布矿业法规，鼓励矿业资本家兴办金矿。各金矿和各产金地区产出的“毛金”（未经冶炼提纯的高品位粗金），均由中央银行委托有关部门和商号按规定的牌价收购。但由于对金矿资源开发重视不足，对黄金工业没有实行全国性的集中统一管理，黄金工业发展得比较缓慢。

进入20世纪30年代，国民政府开始组织力量进行金矿床的地质勘查工作。

1935年，全国金矿的经营管理工作由资源委员会负责。各产金省设立金矿局，管理辖区内金矿开采事宜。

抗日战争期间，国民政府为解决战时财力不足，不遗余力地提倡采金。经济部于1939年3月成立采金局，从资源委员会手中接管了全国金矿的开采事宜，主要是在后方各省行使黄金矿业管理职能。在四川、湖南、青海、贵州、云南等9省设立了6个采金处，3个探勘队和1个金矿局，统管国营各金矿区及地方金矿的勘探、生产和收购事宜。当时对发现的砂金矿实行强化开采，黄金生产在战乱中曾一度繁荣。

1931 年九一八事变后，日本帝国主义独占了东北的采金工业，对中国黄金资源进行掠夺性开发。东北各省沦陷后，日本帝国主义通过直接开采、租借矿区、强制收购金砂等方式，并采取“采富（矿）弃贫（矿）”等掠夺式开采手段，攫取中国大量黄金。据第七次《中国矿业纪要》记载，1935～1942 年八年间，仅在东北各省金矿，产金即达 87.6 万多两。

1941 年末，太平洋战争爆发后，国民党统治区通货膨胀加速，靠牌价已很难收购到黄金。由于价格波动和战乱等原因，金矿业顿时进入萧条状态。

1944 年，经济部采金局被裁撤，其职能复归资源委员会。在国民党统治区内，由于连年战乱，货币贬值，物价飞涨，不少金矿倒闭，国营金矿全部停办，黄金产量随之锐减。

抗战胜利后，国民党政府全力准备和发动内战，黄金工业和其他工业部门一样，遭到严重破坏。经过解放区军民努力恢复生产，1949 年全国的黄金产量达 13 万多两。

民国期间，官僚资本在黄金企业中也有发展，私人开采金矿的数量逐步增加，官商合办的企业不断增多。例如“余庆沟金矿”“黑河振远金矿公司”“梧桐河金矿局”等。另外，在吉林、辽宁、江西等省都有个人集股筹建公司开采金矿。在开采的金矿中，黑龙江砂金储量最大，金矿品位较高，吉林、奉天、山东等省次之。在民国初年，这些省份年产黄金 5t 左右，而在 1929～1931 年全国黄金产量大概在

8.624t。民国期间，黄金矿业中外合资也取得进展，例如中俄合资开采新疆塔城哈克图的岩金矿。1934 年山东招远金矿与日本签署了采矿契约，同年 6 月又签订了14 条合资合同。在此期间国民政府为增加外汇，加之黄金价格上涨，也刺激了官僚资产阶级的生产积极性，比较重视黄金生产。为了加强对采金的管理，还出版了《采金述要》一书。

在 1937～1949 年抗日战争和解放战争期间，中国共产党领导的各革命根据地也十分重视黄金的生产，各地区都视不同情况和需要，制定黄金生产经营条例及政策，生产了数量可观的黄金。

第三节 中国现当代黄金史

新中国成立后，党和国家高度重视金银工业的发展，适时制定方针政策，调整管理体制，促进其健康发展。

一、国家金银工业方针政策和管理体制的变革

1949 年，新中国刚成立，百废待兴。为了发挥金银重要的金融属性，稳定人民币，中国人民银行于 1950 年 4 月制定颁布了《金银管理办法》（草案），严禁金银民间买卖，严厉打击银元投机倒把走私活动，有效地增加了国家的金银储备，巩固了人民币的本币地位。新中国成立初期，我国有色金属产品全面短缺，尤其是具有金融属性的金银匮乏。1957 年，周恩来总理指示“发展黄金生产，解决外汇急

需”。1958 年时任国家冶金部部长的王鹤寿在向毛主席、党中央的报告中提出“争取有色金属产量的飞跃，占领有色金属全部领域”的方针，得到党和国家的肯定。毛主席在中央工作会议（1964 年 1 月）说过，“董老（董必武）提倡挖金子、银子是对的，要多挖金子、银子”。党和国家领导人的高度重视和重要指示，为金银工业的发展明确了指导思想，指出了发展方向。

随着国家经济建设方针政策的变化和经济的不断发展，我国金银管理的政策措施也不断调整和完善。1983 年之后，国家制定实施了一系列法规和办法，主要有：《中华人民共和国金银管理条例》(1983-06-15)、《中华人民共和国金银管理条例施行细则》(1983-12-28)、《对金银进出国境的管理办法》(1984-02-01)、《白银地质勘查基金管理暂行办法》(1989-08-12)、《关于人民银行配售白银征税问题的通知》(1994-08-12)、《中国人民银行关于调整白银经济政策问题的通知》(1994-08-24)、《白银进口管理暂行办法》(1999-12-01)等。

新中国成立以来，我国金银经营管理体制也随着国家经济制度的改革而不断调整变革。1949～1999 年，我国的金银一直由中国人民银行经营管理，实行统购统配。经国务院批准，1999 年 11 月，中国人民银行发出了《关于白银管理改革有关问题的通知》，宣布解除白银管制，开放白银市场。2000 年 1 月 1 日放开白银市场，2002 年 10 月 30 日放开黄金市场，至此国家废除了持续 50 年的金银统购统配制度。

2004年，中国人民银行行长周小川在伦敦金银市场协会（LBMA）上海年会上表示，中国黄金市场应该从商品交易为主向金融交易为主转变，由现货交易为主向期货交易为主转变，由国内市场向融入国际市场转变。三个转变成为引导近几年我国金银市场发展的主导思想。

新中国成立以来，我国金银工业生产管理体制在20世纪70年代末80年代初发生重大变革。在此之前，金银生产在国家冶金工业部统一领导下进行。1975年开始，时任国务院副总理的王震主抓黄金工业，加强了管理机构。1976年冶金部黄金管理局成立，1979年基建工程兵黄金指挥部、中国黄金总公司相继成立。1981年，冶金部、中国人民解放军基建工程兵党委联合下发《关于中国黄金总公司、基建工程兵黄金指挥部管理体制的通知》，将冶金部黄金管理局、中国黄金总公司和基建工程兵黄金指挥部统一领导，形成了三位一体的组织结构和管理体制。1983年中国有色金属工业总公司成立后，设立了金银工作领导小组，下设金银工作办公室，加强对有色金银生产建设的领导。1994年8月1日，国家对白银经济政策进行了重大调整，取消了金银开发基金、白银地勘基金等优惠政策；为了保证有色系统金银工业健康持续发展，使金银开发基金有偿使用，原中国有色金属工业总公司于1994年10月正式成立了鑫达金银开发中心，将过去投放给企业的金银开发基金、白银地勘基金、金银外汇分成及有关债权，转由鑫达金银开发中心经营管理。

为适应市场经济和我国加入世贸组织的要求，2000年4

月和2001年11月中国有色金属工业协会和中国黄金协会相继成立。中国有色金属工业协会成立后，还于2003年下设成立了中国有色金属工业协会金银分会。金银行业协会在加强行业协调和自律，为企业和政府服务方面发挥了重要作用。

最近几年来国家颁布了一些关于黄金方面的重要法律法规规范引领行业发展，这些法律法规有：《中华人民共和国金银管理条例》(2011修订版，国务院颁布)、《关于促进黄金市场发展的若干意见》（中国人民银行、国家发展改革委、工业和信息化部、财政部、国家税务总局和中国证监会六部委)、《关于促进黄金行业持续健康发展的指导意见》(国家工业和信息化部)、《办理开采黄金矿产批准书管理规定》(国家发展和改革委员会)、《关于加强黄金交易所或从事黄金交易平台管理的通知》（中国人民银行、公安部、国家工商总局、中国银监会和中国证监会）等。

二、新中国黄金工业的发展

新中国黄金工业的发展大体经历了三个时期。

（一）价低量少徘徊期（1949~1957年）

这个时期黄金产量很低，个别年份产量下滑到近代黄金史上较低水平。这期间的主要政策是：禁止黄金流通和自由贸易，国家对黄金实行统收专营和低价政策。金价被长期固定在每小两（31.25g）95元人民币的水平。国家对黄金工业投入很少，平均每年只有100多万元。低价格，少投入，使黄金工业只能简单维持，产量低位徘徊。

抗日战争胜利后，山东省胶东地区成为解放区最大的产金地之一。1945 年山东玲珑矿务局选矿厂规模为日处理矿石 200t。1946 年玲珑、灵山一带的群众采金矿硐由 1939 年的 94 个发展到 479 个，采金群众多达 3 万余人。1948 年 10 月，山东省胶东行署将金矿区划分为 4 片：（1）金牛山矿区：牟平、乳山、昆嵛、文登、荣成、威海、石岛等。（2）艾崮山矿区：莱东、五龙、栖霞、栖东、蓬莱、福山、海阳、黄县城东等。（3）灵山矿区：招远、掖县、黄县城西等。（4）金山矿区：平度、莱西南、莱阳、即墨、高密、胶县、昌南、昌邑、潍南、潍县等。

新中国的金银工业，始于东北解放区。1946 年在黑龙江省解放区就恢复了乌拉嘎、驼腰子、漠河等处的黄金生产，并分别设立金矿区。1947 年，东北人民政府在黑龙江哈尔滨成立了金矿局，组织北满砂金生产。1947 年东北解放区人民政府接管了被誉为“中国黄金第一矿”的吉林夹皮沟金矿，1948 年 5 月该矿山恢复生产，当年生产黄金 1 万两，1949 年提高到 2. 25 万两。

1948 年 11 月沈阳解放后，原沈阳冶炼厂于 1949 年初恢复生产金银，产量逐年增加。到 1957 年，原沈阳冶炼厂的黄金产量约占全国的 1/3，白银产量几乎占全国的 100%，原沈阳冶炼厂可以说是中国金银冶炼的先驱和重要基地。1949 年 12 月首届全国有色金属工业会议召开，确定了 1950 年有色金银的生产任务是：黄金 3. 5 万两，白银 35 万两。

当时黄金行业管理体制也在变化，1947 年 2 月 14 日，原黑嫩省政府通令成立黑嫩省金矿管理局。1947 年6 月，中共中央东北局决定成立东北金矿管理局。1949 年6 月16 日，东北行政委员会财政经济委员会鉴于东北行政区划又做了调整，为便于工作，将原各省金矿管理局也做了相应调整：原东北金矿管理局改为东北金矿矿区管理局；原合江省金矿管理局改为东北金矿第一矿区管理局；原松江省金矿管理局改为东北金矿第二矿区管理局；原黑龙江省金矿管理局改为东北金矿第三矿区管理局；原热河省金矿管理局改为东北金矿第四矿区管理局。各矿区管理局下属分局、厂、矿、支矿、采金所、办事处等仍按各省局的建制不变。中华人民共和国成立后，东北金矿管理局撤销，其业务并入东北人民政府工业部有色金属管理局。

三年国民经济恢复和第一个五年计划期间，有色冶金企业先后建立了一批金银生产车间，如沈阳冶炼厂（原奉天制炼所）、株洲冶炼厂、上海冶炼厂、重庆冶炼厂、昆明冶炼厂和云南冶炼厂等，从重有色金属（主要是铜和铅）冶炼副产品中提炼出大量的伴生金、银。1957 年国内黄金产量5. 541t，白银产量122t。其中有色副产金为2. 948t，占全国黄金总产量的53. 20%。

（二）初步发展，奠定基础期（1958 ~ 1974 年）

根据1957 年周恩来总理关于“发展黄金生产，解决外汇急需”的指示，国家在政策、人力、物力、财政等多方面支持黄金工业，全国掀起了一个群众性的采金热潮。1965 年中国黄金矿产公司成立，集中统一管理全国采金业，国家投资建设了一批大型金矿。例如山东招远玲珑金矿、河北省金厂峪等。这些金矿的建设为我国黄金工业的发展奠定了坚实的基础。

1957 年国务院发布《关于大力组织群众生产黄金的指示》，给萧条的黄金工业带来生机，在全国范围内掀起一个黄金生产建设热潮。1958 年以后，各冶炼企业加强资源综合利用，在扩大金银原料来源、提高技术和改进设备等方面，都取得了显著成效。1958 年的黄金产量达到 6.89t，创新中国成立以来最高年产纪录。1960 年国民经济大跃进开始，有色金银工业也喊过一些不切实际的口号，采取过一些不科学的措施，给金银生产造成了一些不良影响。

1961 年全国贯彻“调整、巩固、充实、提高”的八字方针和《国营工业企业工作条例（草案）》（即工业 70 条），开始纠正“大跃进”的失误。1962 年冶金部从实际出发，提出了一系列技术政策和加强科学管理的措施。到 1964 年恢复和新建的黄金矿山，新增岩金采选规模 2030t/d，砂金采选规模 89 万立方米/日，生产了大量的金块矿和金精矿，为有色金属冶炼厂生产黄金增加了更多的原料来源。沈阳、株洲、云南、烟台等重有色金属冶炼厂，都相继处理金块矿和金精矿，不仅工艺合理，还综合回收多种共生的稀有金属，黄金回收率比各矿山分散处理高 2% ~5%，成本低，效益好。

1965 年 1 月，中国黄金矿产公司成立，标志着中国黄金工业的发展进入了一个新时期，在较短的时间内初步建成了新中国的黄金工业体系，促进了金银生产。1965 年全国黄金产量7.824t，白银产量为265t。其中有色副产金3.603t，占46.05%。

（三）稳步前进，快速发展期（1975年至今）

这一时期的主要特点有三：一是管理加强，机构完善，国务院及地方各级政府都成立了黄金工作领导小组。1988年国家黄金管理局成立，对全国黄金实行勘探、生产一体化管理。2001年中国黄金协会成立，2003年中国有色金属工业协会金银分会成立；2003年初，在原中国黄金总公司等中央所属黄金企事业单位基础上，国务院国资委管理的黄金行业唯一中央企业——中国黄金集团公司组建。二是加大投资力度及建立生产基地，紫金山铜矿、贵州贞丰烂泥沟金矿等一批重点骨干企业相继建成。以生产、加工、销售为链条的“大黄金”产出格局基本形成，教育、科研、设计、信息网络体系初步建立。三是黄金产量逐年递增。这一时期黄金年平均增长10%左右。1977年首超1911年15t历史最高水平，1995年突破100t大关，居世界第六位。2000年达到175t，跃居世界第四。2008年生产282t，位居世界第一。具体情况如下：

1975年，时任国务院副总理的王震主管黄金工作，力挽狂澜，采取措施，拨乱反正。1975年5月王震在北京主持召开黄金生产座谈会议，重点研究了发展黄金生产的重要意义、80年代黄金生产指标、加强地质勘探工作及黄金价格政策等相关问题。1975年以后，国家对有色金属伴生金的综合回收逐步重视，在黄金的收购价格、税收、外汇分成、专项贷款和发展基金等方面，对“有色副产金”均采取与“黄金矿产金”同样的优惠政策。1975 年 10 月，王震又主持起草了上报国务院的《关于大力发展黄金、白银的报告》。《报告》明确提出“要加强对黄金工作的领导，增加必要的力量……原冶金部拟成立黄金管理局，产金的重点省、市、自治区要有相应的机构和人员”。同年 10 月，原冶金部与原国家计委地质局联合印发了国务院领导同意的《关于大力发展黄金、白银的报告》。《报告》规定了黄金补贴、专项贷款、实物补助、外汇分成、物资供应等一系列扶持黄金生产的具体政策。对于白银的回收，《报告》强调，要加强科学研究，搞好综合利用与环境保护；注意从铅、铜冶炼中综合回收黄金和白银，提高副产黄金和白银的回收率；要把扩大综合回收范围当做一项技术政策来抓。1976 年 1 月，冶金工业部设立黄金管理局，1979 年成立中国黄金总公司。1979 年组建中国人民解放军基本建设工程兵黄金指挥部（后改为武警黄金指挥部），开创了用军队的形式开展黄金地质勘察工作的先河。原冶金部还于 1978 年 9 月向国务院报送了《关于加快金银铂族等贵金属生产发展的报告》。上述拨乱反正的举措促进了技术进步和金银产量的增长，1978 年全国黄金产量 19.673t，其中有色副产金 12.286t，占 62.45%，全国白银产量 419t，都是有色副产。

1978 年以后，我国黄金工业借助改革开放的东风不断蓬勃发展，2007 年中国黄金产量超过世界产金大国南非，成为全球第一大产金国。一个非常明显的特点就是随着国内金矿的不断被开发，有色黄金产量占全国黄金总产量的比重在缩小。其中1978年有色副产产量为12.286t，占黄金总产量的62.45%；2008年，全国黄金产量282.007t，较1978年产量增长了14.33倍。根据中国有色金属工业协会资料，2008年有色企业黄金产量为62.557t，较1978年产量增长了5.09倍，占全国黄金总产量比重为22.18%（说明：根据中国黄金协会统计资料，2008年有色黄金产量为53.456t，较1978年产量增长了4.35倍，占全国黄金总产量比重为18.95%，两协会统计口径略有不同）。不过随着国内有色、黄金公司纷纷向多元化矿业公司发展，未来有色黄金产量占全国黄金总产量的比重将基本维持稳定。

1949~2008年有色企业黄金产量与全国黄金总产量的对比图见图1-1。

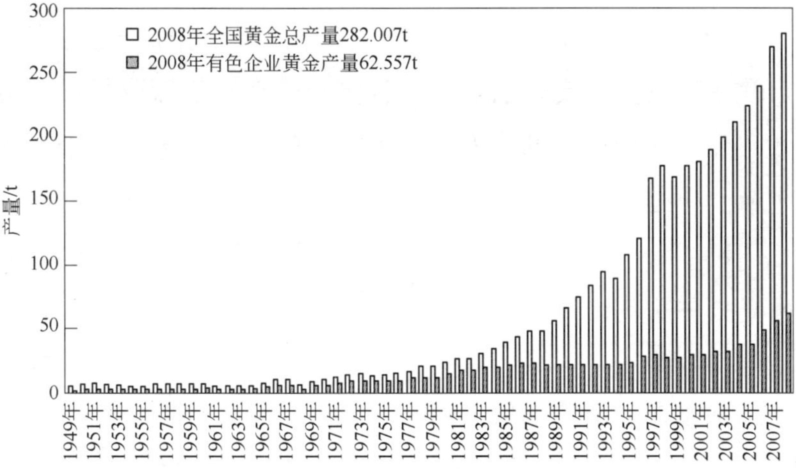

图1-1　1949~2008年有色企业黄金产量与全国黄金总产量的对比图

（资料来源：《新中国有色金属工业60年》）

根据国家工信部原材料司和中国黄金协会材料显示，我国黄金工业目前呈现以下几个特点：

（1）大型黄金企业主导我国黄金工业发展的格局已初步形成：多年的兼并重组，黄金行业组织结构调整取得积极进展，产业集中度进一步提高，我国黄金开采企业数量从2003年的1211家减少到目前的700家左右。2008年中国黄金集团公司、山东黄金集团有限公司、紫金矿业股份公司、山东招金集团公司、灵宝黄金股份等10家大型企业产金109t，占黄金行业矿产金产量的46.8%，实现利润85亿元，占全行业的68.5%，保有黄金资源储量3200t左右，占全国的60%以上。同2003年相比，上述10家企业的产量、效益、保有储量占行业的比重分别提高20%以上，大型黄金企业主导我国黄金工业发展的格局已初步形成。

（2）金矿勘探成果不断创新：在黄金地勘资金等中央财政专项资金的支持引导下，我国金矿地质勘探取得显著成效，除了武警黄金部队外，很多商业资金纷纷进入黄金勘探领域。单是2008年，全国新增金矿储量750t左右，同比增长7%。其中山东焦家金矿深部新增资源储量100多吨，河南嵩县牛头沟矿区新增资源储量60多吨。武警黄金部队甘肃阳山162t金矿资源量探矿权通过招标方式转让给国内大型黄金企业，中央和地方财政可收入矿权价款21.8亿元。

（3）技术改造促进了黄金工业内涵式发展：我国企业拥有自主知识产权的细菌氧化、原矿焙烧、加压氧化等处理难选冶金矿技术，复杂条件金矿开采技术工艺被广泛应用，大大提高我国金矿资源的综合利用能力。目前，我国难选冶金矿资源选冶回收率85%以上，达到世界领先水平；金矿最大开采深度达到1500m。依托技术优势，通过加强技术改造，建成了一批资源利用率高、能源消耗少、高产量、高效益的黄金生产基地，大量落后设备被大型、高效的先进设备取代。

（4）黄金企业利用境外资源有新进展：随着改革开放，我国大型黄金企业纷纷走出去，2008年中国黄金集团以2.18亿美元收购艾芬豪所持金山矿业公司41.99%的股份，此外紫金矿业股份公司在塔吉克斯坦建成一座大型金矿，2008年产金近1t并取得较好效益。灵宝黄金股份公司在吉尔吉斯斯坦某金矿的基建工作进展顺利。山东黄金集团、招金矿业集团等纷纷布局海内外，重整产业布局；有色企业方面，最近几年甘肃白银有色集团、河南洛钼集团、中国有色矿业集团等纷纷收购海外金矿；而国家主权财富基金——中投公司也在2012年投资俄罗斯Polyus黄金公司等。我国普遍加强了对境外大型资源项目、重要矿产地资源开发的跟踪研究，为下步工作做了充分准备。

为引导黄金行业健康发展，促进黄金资源有序开发，提高资源利用水平，推动黄金产业结构调整，加快黄金产业转型升级，2012年11月19日国家工业和信息化部发布了《关于促进黄金行业持续健康发展的指导意见》。该意见陈述了目前黄金行业的产业现状，指出了目前面临的形势，提出了未来发展的总体思路、主要任务和保障措施。意见指出，

2011年我国黄金总产量达到361t，其中黄金矿山产金302t，有色副产金59t，总产量与2005年相比，年均增长8.3%，已连续五年居世界第一位。同时，我国也是黄金首饰品等产品加工第一大国，加工产量占全球的60%左右。2011年，我国十大黄金企业合计产金184t，与加拿大巴里克黄金公司年产黄金240t相比，差距巨大。我国现有的700多个黄金矿山企业中，黄金产量在万两以下的企业约占70%，其合计黄金产量仅占总产量的15%。同时，产品结构单一，部分高精尖深加工产品依然需要进口。我国黄金精深加工的工艺技术、装备水平、产品质量和品牌建设，与发达国家相比仍有较大差距。

根据意见，“十二五”期间，通过加强资源勘查，到2015年全国保有黄金资源储量达到8000~9000t，比“十一五”期间增长20%以上。“十二五”期间，国内黄金产量年平均增长率保持3%~5%，到2015年，黄金产量达到420t，力争实现450t。“十二五”期间生产黄金1900~2100t，比“十一五”期间增长30%以上。意见还提出，通过加大兼并重组力度，企业数量从“十一五”末期的700多家减少到600家左右，形成1个50t级、2个40t级、1个30t级、1个20t级、2个10t级的黄金企业集团公司。到2015年，十大黄金集团公司产量达到260t，比2010年增加100t，大中型黄金企业的黄金产量占全国的70%以上。

表1-4列出了20世纪90年代初统计的当时我国主要伴生金银生产企业。

表 1-4　20 世纪 90 年代初统计的当时我国主要伴生金银生产企业

序号	企业名称	所在地	主要产品	投产/成立时间
1	上海冶炼厂	上海市	Au，Ag，Pt，Pd	1949
2	沈阳冶炼厂	辽宁沈阳市		1949. 1
3	金川有色金属公司	甘肃金昌市		1961. 1
4	富春江冶炼厂	浙江富阳市	Au，Ag，Pt，Pd	1958
5	云南冶炼厂（云铜）	云南昆明市	Au，Ag，Pt，Pd	1958
6	韶关冶炼厂	广东韶关市		1975
7	个旧市鸡街冶炼厂	云南个旧市		1958
8	昆明冶炼厂（云南新立有色金属有限公司）	云南昆明市		1953. 4. 11
9	水口山矿务局（水口山有色）	湖南衡阳市常宁县		1951. 1
10	江西贵溪冶炼厂(江铜)	江西贵溪市		1986. 4. 15
11	株洲冶炼厂	湖南株洲市		1956. 6. 1
12	太原铜业公司	山西太原市	Au，Ag，Pt，Pd	1958. 6. 18
13	白银有色金属公司	甘肃白银市	Au，Ag	1960
14	铜陵有色金属公司	安徽铜陵市		1951. 9. 28
15	芜湖冶炼厂	安徽芜湖市		1959
16	常州冶炼厂	江苏常州市		1958
17	山东烟台冶炼厂（烟台鹏晖铜业有限公司）	山东烟台市		1976. 1. 1
18	武汉冶炼厂	湖北武汉市		1958
19	广西南宁冶炼厂	广西壮族自治区南宁市		1965
20	江西有色冶炼加工厂	江西弋阳市		1965

续表 1-4

序号	企业名称	所在地	主要产品	投产/成立时间
21	河南济源黄金冶炼厂（河南豫光金铅集团）	河南济源市	Au，Ag	1957（1978、1997 更名改制）
22	洛阳铜加工厂	河南洛阳市		1964
23	天津电解铜厂	天津市		1951
24	重庆冶炼厂（已改组）	四川重庆市		1949

注：资料来源于《有色金属产品质量品种调查与研究》、《新中国有色金属工业 60 年》。

第二篇

黄金的性质、用途及其货币职能

第一章　黄金的物理化学性质介绍

第一节　金在元素周期表中的位置

金的化学符号为 Au，位于元素周期表中第 6 周期 IB 族（见附录七），原子序数 79，相对原子质量 196.97，已知同位素 26 个，其中唯一稳定的同位素是 ^{197}Au。

第二节　金的物理性质

金的密度很大，在 20℃时为 $19.32g/cm^3$。直径为 46mm 的金球质量为 1000g；一个边长为 37.267cm 的正方体质量为 1t。黄金质地柔软，很容易磨损，也很容易变成极细粉末。

金具有良好的延展性、导电性和导热性及较好的反射红外线功能，低挥发性和明亮的光泽。由于金的良好延展性，因此易于锻造和延压，可把金碾成 0.00001mm 厚的薄膜，可把 1g 金拉成长 3500m、直径 0.0043mm 的细丝。1000g 黄金可以延展530m²。金的电导率仅次于银和铜，在金属中位居第三位。导热性仅次于银，在金属中居于第二位。金的硬度较低，矿物硬度为3.7，24K黄金首饰的硬度仅2.5。金是抗磁体，但含锰的金磁化率很高，含大量的铁、镍、钴的金是强磁体。金的反射性能在红外线区域内，具有高反射率、低辐射率的特性。含有其他元素的金合金能改变波长，即改变颜色。金的再结晶温度低。高纯度的金呈现明亮的黄色，金的成色不同，颜色也不同，从淡黄色到鲜黄红色；金的颜色同时也取决于金属块的厚度及其聚集体的状态，例如很薄的金箔发绿色，细粒分散金为深红色或者暗紫色。金的主要物理性质见表2-1。

表2-1 金的主要物理性质

类 别	数 值	单 位
密度（20℃）	19.3	g/cm^3
熔 点	1064.43	℃
沸 点	2807	℃
平均比热容（0～100℃）	130	J/(kg·K)
熔化热	12.81	kJ/mol
汽化热	342.4	kJ/mol
热导率（0～100℃）	315.5	W/(m·K)
电阻率（20℃）	2.20	μΩ·cm

第三节 金的化学性质

金的化学稳定性极高，具有极佳的抗化学腐蚀和抗变色能力，在碱及各种酸中都极稳定。金在低温或高温时都不会被氧直接氧化，在空气中不被氧化，也不变色。常温下单独的无机酸（如盐酸、硝酸、硫酸）对黄金均不起作用，只有王水（王水为盐酸和硝酸的3：1的混合剂）、盐酸和铬酸的混合液以及硫酸和高锰酸的混合液能溶解金。此外，金也能溶解于氰化物盐类的溶液中。酸性的硫脲溶液，溴的溶液，沸腾的氯化铁溶液，有氧存在的钾、钠、钙、镁的硫代硫酸盐溶液等，也能很好地溶解金。碱金属的硫化物能腐蚀金，生产可溶性硫化金。黄金在氢、氧、氮中明显地显示出不溶性。氧不影响它的高温特性，在1000℃高温下不熔化、不氧化、不变色、不损耗，这是黄金与其他所有金属最显著的不同。金的基本化学性质见表2-2。

表2-2　金的基本化学性质

性　质	数　值	状　态
价电子	$6s^1$	
化合价	1，3	
熵/J·(K·mol)$^{-1}$	47.33	在298K
标准氧化势/V	−1.68	$Au \rightarrow Au^{+} + e$①
	−1.50	$Au \rightarrow Au^{3+} + 3e$①
离子半径/nm	0.095	Au^{3+}
	0.139	Au^{+}
第一电离能/kJ·mol^{-1}	889.1	
第二电离能/kJ·mol^{-1}	1978.7	

①1mol/L对标准氢电极的电势。

第二章 黄金的主要用途

金的高稳定性、可靠性和其他金属无法替代的良好的物理化学性质，以及其稀缺性带来的高价值含量，使其具有特殊而广泛的用途。黄金被越来越广泛地用到传统工业和现代高新技术产业等领域中，电子技术、通讯技术、宇航技术、化工技术、医疗技术等现代电子行业越来越多的电子元件都可以使用金作原材料。金具有金融属性，可以充当货币，是其他金属无法比拟的。

（1）金用作饰品和器具。制作首饰是金最早的用途。纯金首饰体积小、价值高、携带方便，具有保值和装饰功能，是理想的礼品和赠品，历来被人们所喜爱。据统计，在过去工业发达国家制造业金的需求结构中，首饰用金占70.4%，在发展中国家金需求结构中占96.7%。

（2）电子工业。金具有最好的机械加工性，很好的导电性，抗氧化和抗腐蚀性，使得金及其合金被广泛用作电接触材料、电阻材料、焊接材料、测温材料和厚膜浆料。1947年开始用于半导体工业制造晶体管，1968年英特尔公司推出用黄金电路连接的集成电路芯片。目前键合金丝（球焊金丝）已成为电子工业必需的材料。

金合金焊料具有优良的润湿性、耐热性、耐蚀性和工艺性，能保证焊接接头有良好的强度和热强度。如Au-Ga、Au-B、Au-In合金焊料用于P型半导体材料的焊接。金或金基合金可作开关接点、触点、点接触材料，由于其优良的抗氧化和耐腐蚀性能、低而稳定的接触电阻、低的噪声电平以及良好的抗有机气氛污染的能力，金在滑动接触材料中更是被广泛应用。Au-Ni 系合金中含镍 5%、9%、10% 及 16% 的金合金广泛用作接触压力小而电压很低的精密接点。Au-Ag 系合金普遍用于低阻值电位器绕线电阻、电刷及导电环材料。

黄金极易在金属和陶瓷表面作金涂层，包金玻璃、包金陶瓷、包金石英等被广泛用于电子设备、半导体器件、微型电路中做导体材料。

金具有低而稳定的电阻性能，加入其他金属可以制作各种高、中、低电阻材料。其中 Au-Ni-Cr 作为精密电阻材料性能较好，是用量最大的合金。

金导体浆料形成的导电膜可与半导体管芯、集成电路片进行低熔共晶焊，也可与铝丝或硅铝丝进行超声热压焊。因此，金浆可用于多层布线、单片集成电路的互联，制造更复杂的集成电路。金浆料用作细线工艺的优良导体是极为合适的，其中金铂导体浆料抗焊料浸蚀的能力在贵金属厚膜导体浆料中为最佳，特别适用于某些复杂电路中常需更换元件之处，也用于高可靠、高稳定要求的电路中。金钯导体浆料性能稳定可靠，对不含银的焊料其抗浸蚀性能较好，多用于多层布线中高精度电阻端头和引线端头连接。金银钯导体浆料可制造高温烧结独石电容器的电极，其性能良好、工艺稳定。

（3）航空航天工业。金由于具有耐高温、耐腐蚀等特性，在航空航天领域也被大量应用，例如一种镀金玻璃，在航空航天中用于防紫外线（现在转而应用于建筑，能起到很好的防太阳辐射和隔热作用）。金膜有优越的反射可见光性能和抗宇宙射线性能，对红外线的反射能力接近100%。1960年被发现镀金的反射镜可最大限度地反射红外光，进而发明了激光。1969年用金箔作防宇宙线膜的阿波罗11号宇宙飞船成功登月。1996年美国发射火星探测器，它携带有高可靠的涂镀黄金抛物面的反射望远镜。

由于金对红外线的反射能力高达98.44%，因此在人造卫星、宇宙飞船和航天飞机上，为防止宇宙射线和红外线的损害，提高其仪表及零部件的精密度和可靠性，对许多仪表和重要零部件都要进行镀金处理，必要时还要采用纯金制作。例如在飞机发动机外壳上需要镀一层厚度不超过0.04μm的黄金。在飞机座舱顶盖的两层薄板之间夹入一层透明的金涂层，用作雷达反射介质减弱飞机对微波的反射，从而逃避雷达的监测。此外，宇航员身穿的太空服需要在其中镶入一层2/10000mm厚的金膜，免受辐射和太阳热量。美国“阿波罗”号宇宙飞船上的仪表都采取镀金处理。美国“甲虫”号宇航站的外壳加装了铝镀金塑料隔热反射屏，使站内温度由43℃降低到24℃。在现代高空飞行中，还使用金铂合金制造发动机上的火花电极塞。

近30年来，用金和它的合金制作的固体润滑材料满足了航空航天和其他新产品在苛刻条件下润滑的需要，被广泛应用在人造卫星的太阳能电池帆板机构、红外线摄像自润滑轴承、光学仪器的驱动机构、温度控制机构、星箭分离机构、导弹防卫系统及原子能机械系统等。

(4) 医药。黄金在医药上有广泛的应用，我国著名的中成药——同仁堂的“牛黄安宫丸”“牛黄清心丸”“牛黄降压丸”“大活络丹”等均采用金箔入药配方或用金箔包裹。

金合金可用于制作假牙、牙套、假牙焊接和包覆瓷牙等。各种金盐制剂可治疗肺结核、风湿性关节炎、皮肤病等疾病，用放射性同位素^{198}Au 可进行肝脏、心脏病的检查及癌症的治疗。此外，金线可用于固定碎骨，金箔能处理神经受损的烧伤和治疗皮肤溃疡等。

(5) 食用。近几年，日本、东南亚一带食用金箔盛行，金箔大餐、金箔酒、金箔水、金箔糖果、金箔糕点相继问世。在食用酒中加上少量的金箔，具有解毒、养颜等保健功能。1983 年世界卫生组织食品添加剂法典委员会正式将黄金列入食品添加剂范畴，编为 A 表第 310 号。中国国家卫生部发布的作为食品新资源使用的物质共分为 9 类，其中第 8 类矿物质与微量元素明确载有“金箔”。目前国内已有多家企业生产“金箔酒”。

(6) 建筑装饰。黄金能用于建筑物的装饰，起到画龙点睛的作用。古今中外有很多建筑采用黄金装饰，如俄国伊萨基辅大教堂、克里姆林宫的布拉申斯克教堂、中国西藏布达拉宫、北京天安门、人民大会堂、中央电视台、上海东方明珠等。其中我国西藏布达拉宫中的第一座灵塔殿殿堂三层，塔身全部用金包裹，耗金 3721. 3215kg。此外，在佛像贴金、雕梁画栋贴金、金字牌匾等方面也广泛地用到金。

（7）化学工业。在化学工业中，表面惰性的纯金弥散分布在载体材料上，对于某些化学反应是活性的，可用作化工催化剂，如金和钯（3%或20%）的合金可作为催化剂用在制造硝酸和捕收铂的生产上。金催化剂还具有某些特别的性质，如含金载体催化剂中，金的晶粒达到最佳尺寸（2～5nm），在某些反应中，金催化剂会比类似的铂和钯催化剂更具有活性，因此，越来越多的载金催化剂在环境保护和化学制造过程中均显示出良好的应用前景。

在化纤工业中，由于金铂合金具有高强度和高耐蚀性，可用金铂合金代替铂铑合金来制造人造纤维生产需要的喷丝头。

在玻璃纤维漏板生产中，在铂中添加金，可提高铂抗硼硅玻璃的浸润性。在感光化学中，金具有增感作用。金盐加入已用硫增感的乳中，感光度可增加两倍以上。这是由于金在硫金增感中的作用增加了电子在颗粒表面被捕获的可能性，提高了表面显影的效率。在提高氢气纯度中，中国研制的材料具有氢渗透性高、强度高、加工性能好及抗污染能力强的优点，广泛用于热扩散型氢气净化器上。

金有良好的催化反应活性，低温催化氧化CO的性能比铂族金属还好，已广泛用于环保事业。金还用于输送腐蚀性物料的钢管覆层上，用于盛装腐蚀性物料的化工容器覆层上。

（8）玻璃镀金及其他制造业。近年来，玻璃镀金技术日臻成熟。在玻璃上镀一层厚度仅为0.13μm左右的金膜，能够有效地反射红外线，同时它也是一种绝热介质，丝毫不影响玻璃的透明度。因此，用镀金玻璃作建筑物的窗户玻璃时，即使在炎热的盛夏也能使室内凉爽如春，冬季还能够有效地保持室内温度。如果将其金膜通电，玻璃会长期保持清洁透明，防止玻璃上结冰、结霜或蒙上水蒸气。镀金玻璃可制作消防队员和炼钢工人的护目镜，能有效地保护眼睛。内壁镀有黄金的反射镜片装在冶金工业炉上，可以在高温下看到熔体的流动情况。镀金玻璃也广泛用于飞机、船舶、军舰、战车和高档汽车上。用镀金玻璃制作太阳能聚集器上的热反射面，能大大地提高热效率。

（9）科学研究和新材料。在科学研究方面，金可用于捕获慢中子，用金的放射性同位素可研究金属和合金中的扩散过程，也可研究化学和物理吸附的作用，确定各种化合物的溶解度。利用金的示踪原子还可以无损伤地辨识古玩的真伪。

胶体金探针是最新的免疫细胞化学标识技术，已用于就地检测抗原，胶体金探针与显微或非显微制备技术相结合用于特定蛋白质的定位及检测，可建立定量测定蛋白质的分析方法。胶体金探针生物标识技术还可以用来测定粪便中的血等。

纳米尺度的金在一些关键工业流程中可取代有害化学物质来制造药品、清洁剂和食品添加剂。金、铂纳米粒子掺杂有机改性硅酸盐的新型光学材料正在研究之中。含包覆金、银、铜的半导体微晶玻璃在玻璃光纤开发中也将起到十分重要的作用。

第三章 黄金的货币职能

从历史视角看，黄金有着货币的属性。马克思有一句名言："金银天然不是货币，但货币天然是金银"。从黄金的自然属性适于担任货币的职能从这得到证明。按照马克思的说法，"一方面，一种物质只有分成的每一份都是均质的，才能成为价值的适当表现形式，或抽象的因而等同的人类劳动的化身；另一方面，因为价值量的差别纯粹是量的差别，所以货币商品必须只能有纯粹量的差别，就是说，必须能够随意分割，又能够把它的各部分合并起来。金和银就天然具有这种属性"（马克思《资本论》第一卷第二章交换过程）。纵观黄金具有的商品价值、货币价值、战略价值、储藏价值、历史价值、文物价值、宗教价值、工业价值、文化价值、装饰价值等，最重要的莫过于货币价值与职能。

黄金真正成为世界货币，是在18世纪实行"金本位制"以后（1717年，英国首先实行了金本位制）。"金本位制"是指黄金既可以作为国内支付手段，用于流通结算；又可以作为国际结算手段，自由地输出输入国境。"金本位制"是黄金货币属性表现的高峰。世界主要国家实行"金本位制"长达200余年，短的也有几十年（我国一直没有实行过"金本位制"）。"金本位制"对于世界经济特别是国际贸易的发展曾经起过重大的促进作用。

第一节　中国历代金银货币职能演变

自古以来，中国货币除铜钱沿用几千年来，黄金和白银一直占有重要地位，并与铜钱相辅而行。在距今三四千年前的商代，金银已经被用作货币，如出土的殷商青铜器就有鎏金和错金；还有凹凸花币金叶出土。到战国，黄金使用更为普遍。《管子》中有："黄金刀布，民之通货也"。在先秦诸子的记载中，都有使用黄金货币的记录，这说明先秦统治者之间，举凡朝贡、赏赐、馈赠、游说诸侯、国际交往、大宗支付和对外扩张、债务清偿等方面普遍使用黄金。

秦统一全国，首次制定了全国统一的货币流通制度。秦始皇规定"中一国之币为三等，黄金以镒名，为上币；铜钱识曰半两，重如其文，为下币；而珠玉龟贝银锡之属为器饰宝藏，不为币"（《史记·平准书》），从而在制度上确立了黄金在我国古代货币体系中的地位。

汉承秦制，以"黄金为上币，铜钱为下币"，因此黄金在汉代货币制度中有着十分重要的地位和影响。我们今天所说的"金钱"一词，始见于《史记·货殖列传》。太史公把"金"与"钱"并列，且把金置于钱之上，客观地反映了当时"以黄金为上币，铜钱为下币"的货币流通体制下黄金与铜钱的关系，即大数用金，小数用钱。在汉代，黄金还被大量用于储藏、赏赐等方面。汉代黄金的使用多以"斤"为单位，以"两"为单位的情况亦时有出现（《汉书·哀帝纪第十一》)。

在灾祸战乱绵延不断的魏晋南北朝时期，社会经济凋敝，货币经济出现实物化的趋势，谷帛取代铜钱成为这一时期的主要交换媒介，但以黄金计价的情况亦时有出现，如西晋愍帝建兴四年（公元316年）十月，“京师饥甚，米斗金二两，人相食，死者太半”（《晋书·孝愍帝纪》)。北周统治下的河西诸郡和梁朝统治下的南方交广之域则多以金银为货币（《隋书·食货志》)。在魏晋南北朝时期，黄金的使用还出现了从以“斤”为单位到以“两”为单位的变化。

在钱帛兼行的唐代，黄金的货币性特征亦有迹可寻。如武德四年，唐高祖因李世民平王世充功高，故赏赐李世民“黄金六千两”（《唐书·本纪二》)。唐代黄金还被铸造成“开元通宝”形式供宫廷贵族把玩和馈赠使用。在唐代还出现了专门从事打制金银器饰，兼营生金银买卖的金银铺，并在金银铺的基础上形成了金银行。《秦妇吟》中“一斗黄金一升粟”的描述反映了黄巢起义期间物价腾贵，经济凋敝的社会现实，同时亦表明唐代黄金仍然具有支付功能。

在宋代，黄金是政府财政收支的一个重要组成部分。真宗天禧五年计有黄金收入14400余两、黄金支出13500余两(《续资治通鉴长编》卷九十七)。宋代赋税的征收已部分使用黄金支付，如仁宗景祐年间，商人买茶，每百贯茶价中，六十贯于见钱，其余四十贯允许折纳金银等（《续资治通鉴长编》卷六十三)。宋代政府黄金的支出多用于赏赐，《宋史·石普传》有因石普平定李顺起义有功，而赐以黄金三百两的记载。正是因为宋代政府对黄金有大量的需求，因此宋太宗才会感叹疑惑“西汉赐予，悉用黄金，而近代为难得之货，何也?”（《宋史·杜镐列传》）。宋代的金银铺已演变成金银交引铺或金银盐钞交引铺，除经营金银器饰的打造外，还兼营金银的买卖和从事兑换业务。

在元朝时期，元朝政府推行纸币流通制度，实行集中金银于国库的政策，禁止携金银出海外，禁止民间私自买卖金银，金银的买卖由政府在各地设立的平准库或交钞库负责。在“中统钞”发行之初，纸币和金银是可以相互兑换的，金银一度充当纸币的发行准备。中统初年，元政府规定黄金和纸钞的比价为黄金一两易“中统钞”十五贯，后更为“赤金每两价钞二十贯”（《元典章》卷二十《户部六·钞法》）。可见，在实行纸币流通制度的元代，黄金同样发挥着货币的许多功能作用。实际上，元政府虽然实行集中金银于国库的政策，禁止民间私自买卖金银，但并不禁止民间拥有金银。因此，黄金在民间的使用也就不足为怪了。元代黄金的型制多铸成“元宝”型，即我们今天常说的“金元宝”。元代的金银铺除经营金银器饰的打造外，同样兼营兑换业务。

在明代初年，由于元末纸币流通制度的崩溃，铜钱又恢复了在各地的流通。在明洪武年间，明朝政府在铸造方孔圆钱的同时，于洪武八年（1375）又开始发行“大明宝钞”。因此，明初的货币制度实际上是钱钞兼行的货币流通制度。明代发行的纸币不备金银本钱，禁止民间私自交易金银，允许人们用金银向政府换易“宝钞”。规定钞四贯等于金一两

(《明史·食货志五·钱钞》)。明朝政府为了推行纸币制度甚至一度禁用铜钱，使得当时“杭州诸郡商贾，不论货物贵贱，一以金银论价”（《太祖实录》卷二五一）。明中叶以后，白银取代纸币和铜钱成为主要流通货币，在流通领域逐步形成了大数用银、小数用钱的货币流通格局。黄金则多用作储藏手段和较大数额的支付。明代黄金除铸成金锭外，还铸成金钱供皇帝赏赐以及富贵人家把玩使用。明代黄金对白银的比价呈逐渐走高的态势，由明初的1∶4、1∶5，逐步增加到明末的1∶10、1∶13(顾炎武《日知录》卷十一《黄金》)。

清代沿袭了明朝的货币流通格局，大数用银，小数用钱。黄金仍然主要用作储藏手段，具有大额支付以及充当储备货币等职能。入清以后，随着海运技术的不断发展，新航路的开通，东西方的贸易交往更为频繁。而古代中国的金银比价一向都比欧洲国家低，较高的时候为宋代，一度达到1∶14，但为时很短暂，明代最低亦达1∶4。实际上，在清以前，中国的金银比价大多在1∶10以下，而同期欧洲国家的金银比价则很少在1∶10以下。在清朝初年，我国的金银比价仍然在1∶10左右，而同期欧洲的金银比价为1∶15。因此，欧洲商人来华贸易，大多带有白银，换回黄金，从而使得我国的金价开始逐步向国际金价靠拢。清乾隆末年，我国的金银比价已与国际金银比价基本持平。在19世纪后半叶，世界各主要资本主义国家均纷纷放弃银本位或金银复合本位币制，实行金本位币制，并纷纷抛出白银，购进黄金。1888～1900年，短短13年间，我国黄金流出达736912万海关两，白银的流入亦达

7062 万多海关两（彭信威《中国货币史》850 页）。对当时以白银为主要流通货币的清王朝来说，白银的大量流入造成了白银购买力的急剧下降，物价腾贵的状况亦因之形成，百姓生活大受其苦。在这一时期，金银比价一跌再跌。至 19 世纪末，金银比价跌至 1∶30，再加上帝国主义入侵强加给清政府的大量战争赔款都要折合成黄金支付，从而使赔款的银两数额随银价的下跌不断增加，使本就积弱已久的清王朝的财政更加苦不堪言。为了挽救行将崩溃的清王朝的财政状况，一些朝廷官员遂上书朝廷，提出进行币制改革，实行金本位币制。光绪三十一年（1905 年），清政府颁布《整顿圜法酌定章程》，开始进行币制改革，规定“所造三品之币，即文曰大清金币、大清银币、大清铜币，通行天下，以归一律”。光绪三十二年（1906 年），户部造币总厂开始试铸大清金币，该币正面中央铭文为“大清金币”，正面外圈铭文为“光绪丙午年造·库平一两”；背面图案为蟠龙图，四周钤云纹。重约 37g，成色 98%。分为大云、光边和小云、齿边两种版式。“大清金币”是我国历史上中央王朝铸造的首枚具有近代意义的黄金铸币，但由于它仍然以质量为单位，因此它仍然没有完全摆脱称量货币的性质。

辛亥革命后至 1935 年民国政府实行法币改革期间，我国以白银为主要流通货币，黄金大多用作储藏手段，大宗交易亦使用黄金支付，由于当时各帝国主义列强均已采用金本位制，故大量的国际债务亦需折换成黄金支付，因此，黄金在此期间更多地充当了国际货币的角色。民国元年（1912

年)，民国政府在南京造币厂铸造孙中山像开国纪念金币。该币无面值，是我国历史上政府铸造发行的首枚纪念金币。其正面中央图案为交叉的五色旗和铁血十八星旗，外圈文字为“中华民国开国纪念币”；背面图案为孙中山侧面像。民国四年（1915 年)，北洋政府颁布《修正国币条例草案》，规定十元、五元两种面值的金币铸造标准为：十元币含纯金一钱六分零二毫，金九铜一，重一钱七分八厘；二十元金币倍之。嗣此，“金九铜一”遂成为这一时期铸造金币的含金量参考标准。民国五年（1916 年)，天津造币总厂铸造中华帝国袁世凯像十元金币，它不再以质量为单位，而是以元为单位，这是我国历史上首枚真正具有近代意义的黄金铸币。此后，各地军阀政府相继开始铸造金币。1916 年云南造币厂铸造了唐继尧像拥护共和纪念金币，面值为五元、十元两种。1922 年，唐继尧为了缓解军饷之急，又铸造了“当银币五元”和“当银币十元”两种面值的金币。1926 年，时任直鲁联军总司令的张宗昌令天津造币厂铸造了面值分别为十元和二十元的山东省金币。1927 年，奉系军阀张作霖又令天津造币厂铸造了张作霖像金币，面值分别为五十元、四十元和二十元。需要指出的是，这一时期铸造的金币实际上是按当银币多少元来流通使用的。

清末至民国期间，海关关税收入一直是我国偿还外债的重要来源。在 1930 年以前，关税收入均以白银征收，而外债的支付则需将白银兑换成黄金或外币。白银价格的不断下跌，使得我国政府的财政支出不断增加。为了改变这种不利状况，1930 年 1 月，国民政府下令自 1930 年 2 月 1 日起，进口关税以黄金为单位征收。规定海关金单位与黄金的比价为：一个海关金单位含纯金 0. 601866g。在征收关税时可以白银按当日的金银比价折合海关金单位缴税。为了简化海关关税征金制度的手续，方便关税的缴纳征收，国民政府令中央银行于 1931 年 5 月 1 日起正式发行“海关金单位兑换券”，即所谓“关金券”。初始发行的“关金券”分为十元、五元、一元、二十分、十分 5 种面额。其颁行的《关金兑换券办法》规定，其准备金十之六为现金，十之四以信誉较好的外国银行发行的黄金债券作为保证。由于其发行之初实际为十足的现金准备，且“凭票即付”，因此，“关金券”实际是可以兑换成黄金的“兑换券”，当做黄金流通使用。1942 年 4 月，国民政府财政部规定关金券按 1∶20 的比价与法币并行流通，从而使关金券成为实际上的金单位纸币。1948 年，随着法币的急剧贬值以及金圆券的出笼，关金券与法币一起退出流通。

1948 年 8 月 19 日，国民政府发布“财政经济紧急处分令”，宣布发行金圆券，停止发行法币和关金券。其颁布的《金圆券发行办法》规定：“中华民国之货币以金圆为本位币，每元之法定含金量为纯金 0. 22217 公分（g），由中央银行发行金圆券，十足流通行使”。金圆券虽然规定了每个货币单位的含金量，并部分以黄金作为发行准备，但由于它不能兑换成黄金，因此，它并不是金本位币制，而是一种信用纸币。国民政府在颁布《金圆券发行办法》的同时，还颁布了《人民所有金银外币处理办法》，该办法规定："黄金、白银、银币及外国币券，在中华民国境内，禁止流通买卖或持有。人民持有黄金、白银、银币及外国币券者，应于中华民国三十七年九月卅日以前，向中央银行或其委托之银行，依下列各款之规定兑换金圆券"（《昆明市历史资料汇编》散辑）。这种禁止人民持有黄金的政策显然是无法执行的，于是，1948 年11 月12 日又颁布《修正人民所有金银外币处理办法》，规定："黄金、白银、银币及外国币券准许人民持有，但除银币外，禁止流通买卖"（《昆明市历史资料汇编》散辑）。可见，国民政府发行的金圆券，名义上是以黄金为发行准备，实际上是国民政府搜括黄金的重要工具。

中华人民共和国成立后，于 1950 年颁布了《金银管理暂行办法》，由中国人民银行对黄金实行严格的控制和管理，采取由中国人民银行统一收购和配售，统一制定黄金价格，统一办理黄金进出口业务，严禁民间黄金流通的政策。建立了全国统一的人民币流通的货币制度。在人民币流通体制下，黄金的货币作用主要体现为储备货币和国际支付结算，其作为价值尺度和流通手段的职能已不复存在。1979 年，国务院决定授权中国人民银行对外发行黄金纪念币。中国人民银行发行的第一套黄金纪念币为 1979 年发行的中华人民共和国成立 30 周年纪念金币。1982 年，中国人民银行发行了第一枚十二生肖纪念金币和国宝大熊猫纪念金币。此后，每年均有各种题材的纪念金币发行，并延续至今。中国人民银行发行的纪念金币虽然具有中华人民共和国法定货币的性质，但由于其面值与实际价值相差较大，故只是用作纪念收藏和馈赠，并不直接流通。1983 年，国务院颁布《金银管理条例》，明确了国家对金银实行统一管理，统一购买，统一配售的政策。实际上仍然把黄金当做具有一定货币性，并对我国货币稳定、金融稳定有重大影响的特殊商品来进行管理。2001 年，国务院决定对我国黄金管理体制进行一系列的重大改革，取消对黄金“统购统配，统一管理”的传统管理办法，开放黄金市场，充分发挥市场对黄金资源配置的调剂作用。2002 年 10 月，上海黄金交易所正式挂牌成立，这标志着在我国实施多年的“统购统配”的黄金管理体制不复存在，作为我国金融市场重要组成部分的黄金交易市场逐步开放，并将对我国金融市场的发展产生深远的影响。2004 年 2 月 1 日开始施行的新修订的《中国人民银行法》规定中国人民银行履行的职责包括：“监督管理黄金市场；持有、管理、经营国家外汇储备，黄金储备”。这表明黄金在今天仍然是作为我国的储备货币，仍然是关系到我国货币稳定、金融稳定的特殊商品。也就是说，黄金在今天仍然具有一定的货币性。

自春秋战国以来，黄金在我国各个历史时期都在不同程度上发挥着货币的部分或全部功能作用。黄金的货币作用因不同的历史时期和不同的流通区域而不尽相同。我国先民认识、了解和使用黄金的过程充分证明马克思关于金银问题的论述的科学性。“金银天然不是货币，但货币天然是金银”这句话同样在我国货币历史的发展进程中得到证明。黄金的自然属性是一种天然适宜充当货币的贵金属，而作为货币则是黄金的社会属性，是社会商品货币经济的发展赋予了黄金货币的职能。

我国历代金银货币的演变如图 2-1 所示。

- 中国历代金银货币演变
  - 传说
    - 1. 汤以庄山之金铸币，禹以历山之金铸币（《管子》）
    - 2. 高辛氏以前就有龟贝金钱刀布之币（《史记·平准书》）
    - 3. 神农氏有金刀龟贝（《汉书·食货志》）
    - 4. 成汤铸金币（《竹书纪年》）
  - 沿革
    - 1. 公元前 12～前 13 世纪，殷商后期已有金币
    - 2. 公元前 11 世纪，太公立九府圆法
    - 3. 最早的金铸币 —爰金、卢金、圆金(公元前 770～前 223 年)
    - 4. 最早的银铸币
      - 银贝(公元前 474～前 296 年)
      - 银布币（春秋前期～战国初期）
    - 5. 秦上币黄金(公元前 221～前 206 年)
    - 6. 西汉大量使用黄金货币(公元前 206～公元 8 年)
    - 7. 西汉金银币
      - 金钣、饼金(公元前 206～公元 220 年)
      - 麟趾裹蹏(公元前 95 年)
      - 白金三品(公元前 118 年)
      - 金五铢(西汉中期)
    - 8. 新朝王莽的金错刀、金货、银货
    - 9. 南北朝时期出现较多的金银钱
    - 10. 唐中叶后，银逐渐成为通用货币，金退藏
    - 11. 宋仁宗景祐二年(公元 1035 年) 始定银锭为法货
    - 12. 宋朝实行金银、铜铁钱、纸钞三品并行的币值
    - 13. 金朝发行承安宝货银币(公元 1197 年)
    - 14. 元朝银元宝及各种特殊用途的金银钱
    - 15. 明朝银钱并行，元宝为主币
    - 16. 明嘉靖八年(公元 1529 年)确立银两制度
    - 17. 清朝普遍推行银两、铸银两币
  - 形制
    - 1. 金银块、金银钣、金银饼
    - 2. 金银铤→金银锭→元宝
    - 3. 金银牌、版、笏、筍、条
    - 4. 金银钱
    - 5. 金银器饰物品

图 2-1　我国历代金银货币的演变

（资料来源：《黄金价值论》，王强著）

第二节 世界黄金货币职能演变

一、皇权垄断时期（19 世纪以前）

黄金作为货币的历史十分悠久，而以中国为最早。据司马迁《史记·平准书》载："虞、夏之币，金有三等，或黄，或白，或赤"（黄、白、赤，指金、银、铜），距今约4000 年；班固《汉书·食货志》有"（姜）太公为周立九府圜法：黄金方寸，而重一斤……"至今也有 3000 多年。即使按出土的黄金货币"郢爰"计算（因币面铸有"郢爰"二字而得名，为春秋时楚国都城所铸造），距今也已有 2300 多年的历史（约与欧洲出土的古罗马亚历山大金币同时代）。不过这时的黄金货币只是在部分国家一定范围内流通使用。

在 19 世纪之前，因黄金极其稀有，黄金基本为帝王独占的财富和权势的象征；或为神灵拥有，成为供奉器具和修饰保护神灵形象的材料；虽然公元前 6 世纪就出现了世界上的第一枚金币，但一般平民很难拥有黄金。黄金矿山也属皇家所有，当时黄金是由奴隶、犯人在极其艰苦恶劣的条件下开采出来的。正是在这样的基础上，黄金培植起了古埃及及古罗马的文明。16 世纪殖民者为了掠夺黄金而杀戮当地民族，毁灭文化遗产，在人类文明史上留下了血腥的一页。抢掠与赏赐成为黄金流通的主要方式，自由交易的市场交换方式难以发展，即使存在，也因黄金的专有性而限制了黄金的自由交易规模。

二、金本位时期（19世纪初至20世纪30年代）

从19世纪初开始，先后在俄国、美国、澳大利亚和南非以及加拿大发现了丰富的金矿资源，使黄金生产力迅速发展。仅19世纪后半叶，人类生产的黄金就超过了过去5000年的产量总和。由于黄金产量的增加，人类增加黄金需求才有了现实的物质条件，以黄金生产力的发展为前提，人类进入了一个金本位时期。货币金本位的建立意味着黄金从帝王专有，走向了广阔的社会；从狭窄的宫廷范畴进入了平常的经济生活；从特权华贵的象征演变为资产富有的象征。金本位制即黄金就是货币，在国际上是硬通货。可自由进、出口，当国际贸易出现赤字时，可以用黄金支付；在国内，黄金可以做货币流通。金本位制始于1816年的英国，到19世纪末，世界上主要的国家基本上都实行了“金本位制”。

1914年第一次世界大战时，全世界已有59个国家实行金本位制。“金本位制”虽时有间断，但大致延续到20世纪20年代。由于各国的具体情况不同，有的国家实行“金本位制”长达一百多年，有的国家仅有几十年的“金本位制”历史。

金本位制就是以黄金为本位币的货币制度。在金本位制下，每单位的货币价值等同于若干质量的黄金。在国际上是硬通货，可自由进、出口，当国际贸易出现赤字时，可以用黄金支付；在国内，黄金可以做货币流通。“金本位制”具有自由铸造、自由兑换、自由输出等三大特点。“金本位制”主要包括金币本位制、金块本位制和金汇兑本位制三种形态。

随着金本位制的形成，黄金承担了商品交换的一般等价物，成为商品交换过程中的媒介，黄金的社会流动性增加。黄金市场的发展有了客观的社会条件和经济需求。在“金本位制”时期，各国中央银行虽都可以按各国货币平价规定的金价无限制地买卖黄金，但实际上仍是通过市场吞吐黄金，因此黄金市场得到一定程度的发展。必须指出，这是一个受到严格控制的官方市场，黄金市场不能得到自由发展。因此直到第一次世界大战之前，世界上只有唯一的英国伦敦黄金市场是国际性市场。

20 世纪初，第一次世界大战爆发，严重地冲击了“金本位制”；到 30 年代又爆发了世界性的经济危机，使“金本位制”彻底崩溃，各国纷纷加强了贸易管制，禁止黄金自由买卖和进出口，公开的黄金市场失去了存在的基础，伦敦黄金市场关闭。一关便是 15 年，直至 1954 年后方重新开张。在此期间一些国家实行“金块本位”或“金汇兑本位制”，大大压缩了黄金的货币功能，使之退出了国内流通支付领域，但在国际储备资产中，黄金仍是最后的支付手段，充当世界货币的职能，黄金仍受到国家的严格管理。从 1914 年至 1938 年期间，西方的矿产金绝大部分被各国中央银行吸收，黄金市场的活动有限。此后对黄金的管理虽有所松动，但长期人为地确定官价，而且由于国与国之间贸易的森严壁垒，所以黄金的流动性很差，市场机制被严重抑制，黄金市场发育受到了严重阻碍。

金本位制通行了约100年。由于商品生产大幅增长，黄金不能满足商品流通需要，极大地削弱了金铸币流通的基础。20世纪初，黄金存量在各国的分配不平衡，美、英、德、法、俄五国占有世界黄金存量的三分之二，黄金大部分为少数强国所掌握，导致金币自由铸造和流通受到破坏。然而，随着生产力的发展、经济规模的扩大，市场对黄金货币的需求量日益增加，而黄金是一种极为稀缺的资源，世界黄金产量非常有限，不能满足社会对货币的需求，以至于到20世纪初期，人类不得不放弃金本位制。第一次世界大战期间，黄金被参战国集中用于购买军火，并停止自由输出和银行券兑现，金本位制受到严重冲击。可以说，黄金的非货币化在那个时候就萌发了。从1914年至1938年期间，西方的矿产金绝大部分被各国中央银行吸收，黄金市场的活动有限。但在国际储备资产中，黄金仍是最后的支付手段，充当世界货币的职能，黄金仍受到国家的严格管理。不过，放弃金本位制也带来一些问题，货币危机可以说是1929～1933年世界经济危机的成因之一。鉴于此1936年英、美、法三国缔结货币协定，设立货币汇兑平准基金，就其实质而言，可以称之为“新金本位制”雏形。三国的做法虽因第二次世界大战爆发未见大的成效，却孕育了战后的布雷顿森林体系。

三、布雷顿森林体系时期（20世纪40～70年代初）

1944年7月1日，44个国家或政府的经济特使在美国新罕布什尔州的布雷顿森林召开了联合国货币金融会议（简称布雷顿森林会议），商讨战后的世界贸易格局。经过3周的讨论，会议通过了《国际货币基金协定》和《国际复兴开发银行协定》，确立了以美元为中心的国际货币体系，即布雷顿森林体系，建立了“金本位制”崩溃后的人类第二个国际货币体系。在这一体系中美元与黄金挂钩，美国承担以官价兑换黄金的义务。各国货币与美元挂钩，美元处于中心地位，起世界货币的作用。这实际是一种新金汇兑本位制，在布雷顿货币体制中，黄金无论在流通还是在国际储备方面的作用都有所降低，而美元成为了这一体系中的主角。但因为黄金是稳定这一货币体系的最后屏障，所以黄金的价格及流动都仍受到较严格的控制，各国禁止居民自由买卖黄金，市场机制难以有效发挥作用。伦敦黄金市场在该体系建立十年后才得以恢复。

“布雷顿森林体系”建立了国际货币基金组织（IMF）和世界银行（WB）两大国际金融机构。前者负责向成员国提供短期资金借贷，目的为保障国际货币体系的稳定；后者提供中长期信贷来促进成员国经济复苏。在这一体系中美元与黄金挂钩，美国承担以官价兑换黄金的义务。各国货币与美元挂钩，在布雷顿货币体制中，美元成为流通和国际储备中的主角。

“布雷顿森林体系”的主要内容包括以下几点：第一，美元与黄金挂钩。美元处于中心地位，起世界货币的作用。第二，其他国家货币与美元挂钩。其他国家政府规定各自货币的含金量，通过含金量的比例确定同美元的汇率。第三，实行可调整的固定汇率。各国货币对美元的汇率，只能在法定汇率上下各1%的幅度内波动。第四，各国货币兑换性与国际支付结算原则。第五，确定美元为国际储备资产。美元处于等同黄金的地位，成为各国外汇储备中最主要的国际储备货币。第六，国际收支的调节。会员国发生国际收支逆差时，可用本国货币向基金组织按规定程序购买一定数额的外汇，并在规定时间内以购回本国货币的方式偿还借款。

布雷顿森林货币体系的运转与美元的信誉和地位密切相关，但20世纪60年代美国深陷越南战争的泥潭，财政赤字巨大，国际收入情况恶化，美元的信誉受到极大的冲击。大量资本出逃，各国纷纷抛售自己手中的美元，抢购黄金，使美国黄金储备急剧减少，伦敦金价暴涨。为了抑制金价上涨，保持美元汇率，减少黄金储备流失，美国联合英国、瑞士、法国、西德、意大利、荷兰、比利时八个国家于1961年10月建立了“黄金总库”，八国央行共拿出2.7亿美元的黄金，由英格兰银行为黄金总库的代理机关，负责维持伦敦黄金价格，并采取各种手段阻止外国政府持美元外汇向美国兑换黄金。20世纪60年代中期，美国卷入越南战争，国际收支进一步恶化，黄金储备不断减少。没有充分的黄金储备作基础，美元信誉严重动摇。美国完全丧失了承担美元对外兑换黄金的能力。美元危机是导致布雷顿森林体系崩溃的直接原因。1968 年 3 月的半个月中，美国黄金储备流出了 14 亿多美元，仅 3 月 14 日一天，伦敦黄金市场的成交量达到了 350～400t 的破纪录数字。

美国再也没有维持黄金官价的能力，经与黄金总库成员协商后，宣布不再按每盎司 35 美元官价向市场供应黄金，市场金价自由浮动，但各国政府或中央银行仍按官价结算，从此黄金开始了双价制阶段。但双价制也只维持了三年的时间，原因一是美国国际收支仍不断恶化，美元不稳；二是西方各国不满美国以己私利为原则，不顾美元危机拒不贬值，强行维持固定汇率。于是欧洲一些国家采取了请君入瓮的策略，既然美国拒不提高黄金价格，让美元贬值，他们就以手中的美元兑换美国的储备黄金。当 1971 年 8 月传出法国等西欧国家要以美元大量兑换黄金的消息后，美国于 8 月 15 日不得不宣布停止履行对外国政府或中央银行以美元向美国兑换黄金的义务。1973 年 3 月因美元贬值，再次引发了欧洲抛售美元、抢购黄金的风潮。

西欧和日本外汇市场不得不关闭了 17 天。经过磋商最后达成协议，西方国家放弃固定汇率，实行浮动汇率。至此布雷顿森林货币体系完全崩溃，从此也开始了黄金非货币化的改革进程。但从法律的角度看，国际货币体系的黄金非货币化到 1978 年才正式明确。国际货币基金组织（IMF）在 1978 年以多数票通过批准了修改后的《国际货币基金协定》。该协定删除了以前有关黄金的所有规定，宣布：黄金不再作为货币定值标准，废除黄金官价，可在市场上自由买卖黄金；取消对国际货币基金组织（IMF）必须用黄金支付的规定；出售国际货币基金组织 1/6 黄金，所得利润用于建立帮助低收入国家优惠贷款基金；设立特别提款权代替黄金用于会员国与 IMF 之间的某些支付等。

在这一时期黄金价格一直受到各个国家的严格控制，对黄金市场的介入干预时有发生，黄金市场仅是各国进行黄金管制的一种调节工具，难以发挥市场资源配置作用，市场功能发挥不充分。

四、黄金非货币化时期（20 世纪 70 年代至今）

第二次世界大战结束前夕的 1944 年 7 月，联合国在美国新罕布什尔州的布雷顿森林召开了国际货币金融会议，会议采纳了美国方案，通过了《国际货币基金组织协定》，建立了国际货币体系，通常称“布雷顿森林体系”，其核心是“双挂钩”：美元与黄金挂钩，1 盎司黄金价格为 35 美元；各国货币与美元挂钩，美国承担各国政府（中央银行）以 35 美元兑换 1 盎司黄金的义务。该体系对战后世界经济的重建和稳定发展起到了重要的作用。但是由于这一体系的根本缺陷和实践中美国国际收支的持续逆差，黄金储备大量流失，美元危机频频发生。到 20 世纪 70 年代初，美国已无力维持，尼克松政府于 1971 年 8 月宣布，停止外国政府或中央银行用美元向美国兑换黄金。布雷顿森林体系的崩溃开始了黄金的非货币化进程。

所谓黄金非货币化，简言之，就是黄金不再充当一般等价物，由货币商品还俗为普通商品。1976 年，国际货币基金组织（IMF）通过《牙买加协议》，内容包括：废除黄金官价；各国可以自由选择汇率制度，但不得与黄金联系；会员国与国际货币基金组织之间、会员国之间取消了以黄金清算债权债务的义务；用特别提款权逐步取代黄金作为主要的储备资产。1978 年 4 月《国际货币基金协定第二次修正案》正式生效，从制度层面上看，黄金非货币化已基本完成。

国际黄金非货币化的结果，使黄金成为了可以自由拥有和自由买卖的商品，黄金从国家金库走向了寻常百姓家，其流动性大大增强，黄金交易规模增加，因此为黄金市场的发育、发展提供了现实的经济环境。黄金非货币化的 20 年来也正是世界黄金市场得以发展的时期。可以说黄金非货币化使各国逐步放松了黄金管制，是当今黄金市场得以发展的政策条件，但同样需要指出的是，黄金制度上的非货币化与现实的非货币化进程存在着滞后现象。国际货币体系中黄金非货币化的法律过程已经完成，但是黄金在实际的经济生活中并没有完全退出金融领域，当今黄金仍作为一种公认的金融资产活跃在投资领域，充当国家或个人的储备资产。

布雷顿森林体系解体后，黄金逐步非货币化，国家放松了黄金管制，使其成为可以自由拥有和自由买卖的商品。黄金被用于大量制作首饰，同时也在工业生产中具有重要用途。黄金从国家金库流向普通消费者，其流动性大大增强。国家放开黄金管制不仅使商品黄金市场得以发展，同时为黄金金融市场的发育、发展提供了现实的经济环境，黄金交易规模增加。由于交易工具的不断创新，黄金市场规模扩大了几十倍、上百倍。总之，在国际货币体制黄金非货币化的条件下，黄金开始由货币属性主导的阶段向商品属性、金融属性共存的阶段发展。国家放开黄金管制后，市场机制在黄金流通及黄金资源配置方面发挥出日益增强的作用，黄金进入全面发展时期。

人类进入新千年后，黄金已经退出了货币流通领域。今天的黄金仍具有一定的货币属性，在更大程度上是一种历史惯性，客观上黄金的优秀特质又使之适宜作战略储备资产，也强化了一部分人认为它仍是货币的历史情愫。在金融经济时代，金融创新层出不穷，利用黄金这种金融商品来谋求国家利益和投资者自己的利益成为了可能。尽管世界上已没有一个国家采用金本位制，但黄金作为货币商品的职能和作用不是人为力量可以消灭的，随着世界货币制度的动荡和世界性通货膨胀的日益变化，黄金在国际金融领域内的世界货币职能和它的储藏手段职能依然发挥着作用，许多国家竭力增加其官方黄金储备以加强其国际金融实力，在供作货币的黄金中，大部分被铸成金条、金砖等保存在世界各国银行作为货币储存，小部分制成金币供使用。

当今的黄金分为商品性黄金和金融性黄金。国家放开黄金管制不仅使商品黄金市场得以发展，同时也促使金融黄金市场迅速地发展起来。并且由于交易工具的不断创新，几十倍、上百倍地扩大了黄金市场的规模。现在商品实物黄金交易额不足总交易额的3%，90%以上的市场份额是黄金金融衍生物，而且世界各国央行仍保留了高达3.4万吨的黄金储备。在1999年9月26日欧洲15国央行的声明中，再次确认黄金仍是公认的金融资产。因此我们不能单纯地将黄金市场的发展原因归结为黄金非货币化，也不能把黄金市场视为单纯的商品市场，客观的评价是：在国际货币体制黄金非货币化的条件下，黄金开始由货币属性主导的阶段向商品属性回归的阶段发展，国家放开了黄金管制，使市场机制在黄金流通及黄金资源配置方面发挥出日益增强的作用。但目前黄金仍是一种具有金融属性的特殊商品。所以不论是商品黄金市场，还是金融性黄金市场都得到了发展。商品黄金交易与金融黄金交易在不同区域、不同市场中的表现和活跃程度有所不同。

第三篇

黄金的资源

第一章 金矿物的种类及工业指标

第一节 金的主要矿物种类

一、金的主要矿物

自然界中，金除存在于少量碲化金和方金锑矿中外，主要以单质的自然金形态存在分布在岩石和砂矿中。金在地壳中的元素丰度约为4×10^{-9}。目前世界上已发现的金矿物和含金矿物有98种，其中主要为自然金、硫化物、硒化物、碲化物和锑化物等。常见的有47种，如自然金、银金矿、金银矿、钯金矿、铑金矿、铱金矿、铂金矿、银铜金矿、碲金矿、黑铋金矿、金锇铱矿、锑金铂矿及硒金银矿等，其中以自然金和金银互熔系列最为常见，而具有工业价值的只有10多种，而自然金、金银矿和银金矿最具工业价值。金矿床主要分为原生矿床（多指岩金矿床）和次生矿床（主要指砂金及其氧化物）。

金矿床中伴生有用组分较多，在脉金矿或其他原生矿床中常伴生有银、铜、锌、铅、钨、钼、锑、铋、硫等。在砂金矿床中常伴生有金红石、石榴石、钛铁矿、白钨矿、独居石、刚玉等。在有色金属矿床中常伴生金和银。在原生条件下，金矿物常与黄铁矿、毒砂等硫化矿物共生。

金矿物的分类尚未统一，按其成分不同可分为自然金、合金、金属互化物、碲化物、硒化物、锑化物、硫化物、氧化物、亚碲酸盐和碲酸盐等，常见矿物如下：

（1）自然金、金的合金矿物：自然金、铂质自然金（Au、Pt）、铜质自然金（Au、Cu、Ag）、汞质自然金（Au、Hg）、金银矿（Au、Ag）、铜金矿（Au、Cu）、钯金矿（Au、Pd）、铑金矿（Au、Rh）、金铱矿（Au、Ir）、金铱锇矿（Au、Ir、Os）、金铋矿（Au、Bi）。

（2）金属互化物矿物：金汞齐（$(Au,Ag)_2Hg$）、珲春矿（Au_2Pb）、黑铋金矿（Au_2Bi）、金铜矿（$AuCu_3$）、金铜钯矿（$(Cu\cdot Pd)_3Au_2$）等。

（3）金的碲化物矿物：碲金矿（$AuTe_2$）、碲铅铜金矿（Au_3Cu_2PbTe）、白碲金银矿（$Au\cdot Ag\cdot Te_2$）、亮碲金矿（$(Au\cdot Sb)_2Te_3$）、碲金银矿（$AuAg_3Te$）、杂碲金银矿（$(Ag\cdot Au)Te$）、针碲金银矿（$(Ag\cdot Au)Te_4$）、碲铜金矿（$AuCuFe_4$）、叶矿（$Pb_5Au(Te\cdot Sb)S_{5\sim8}$）、碲铅铁铜金矿（$Au_5(Cu,Fe)_3(Te,Pb)_2$）等。

（4）金的硫化物、锑化物和硒化物矿物：硫金银矿（Ag_3AuS_2）、方金锑矿（$AuSb_2$）、硒金银矿（$AgAuSe_2$）等。表3-1列出了金的主要矿物。

表 3-1 金的主要矿物

类别	矿物名称	化学式	性 质
金银系列矿物	自然金	Au	含 Au > 80%，Ag < 20%，含少量 Cu 及 Pt 族金属，密度 15.6 ~ 19.3g/cm^3，硬度 2 ~ 3
	银金矿	Au · Ag	含 Au 80% ~ 50%，Ag 20% ~ 50%，含少量 Cu 及 Pt 族金属，密度 12.5 ~ 16.5 g/cm^3，硬度2 ~ 3
	金银矿	Ag · Au	含 Au 50% ~ 10%，Ag 50% ~ 90%，呈固溶体，密度 11.3 ~ 13.1g/cm^3，硬度 2 ~ 2.5
金铂族互化物	铂金矿	Au · Pt	含 Au 84.6% ~ 86%，Pt 10.5% ~ 15.9%，密度 19.53g/cm^3
	铑金矿	Au · Rh	含 Rh 11.6% ~ 43%，密度 15.5 ~ 16.8 g/cm^3，性脆
	钯金矿	Au · Pd	含 Au 85.2% ~ 91.1%，Pd 5.8% ~ 12.3%，密度 15.7 ~ 12.5g/cm^3，硬度 3
	铱金矿	Au · Ir	含 Au 62.1%，Ir 30%，密度 21.6g/cm^3
	金铱锇矿	AuIrOs	含 Au 19.3%，Ir 51.7%，Os 25.5%，密度 20g/cm^3
金与其他金属互化物	围山矿	$(Au, Ag)_3Hg_2$	含 Au 56.91%，Hg 39.92%，Ag 3.17%，密度 18.17g/cm^3
	黑铋金矿	Au_2Bi	含 Au 65.36%，Bi 34.64%，密度 15.5 g/cm^3，硬度 1.5 左右
	铜金矿	AuCu	含 Au 75.18%，Cu 23.74%，密度 14.7g/cm^3，硬度 3

注：资料来源于中南大学冶金学院。

岩金矿矿物表见表 3-2。

表 3-2 岩金矿矿物表

矿物名称	化学分子式	金的质量分数/%	备 注
一、自然元素、天然合金和金属硫化物			
（1）自然金	Au	>80	常与银、铂、钯、铑、铜、铋等成合金
（2）银金矿	(Au，Ag)	80~50	
（3）黑铋金矿	Au_2Bi	65.3	
（4）斜方铜金矿	Cu_3Au	50.6	
（5）围山矿	$(Au, Ag)_3Hg_2$	56.91	1983年4月国际矿物学会正式承认
二、硫化物			
硫金银矿	Ag_3AuS_2	32.6	
三、碲化物			
（1）碲金矿	$AuTe_2$	44.03	有时含少量银
（2）斜方碲金矿	$AuTe_2$	43.5	
（3）亮碲金矿	$(Au,Sb)_2Te_3$	50.6	
（4）碲金银矿	Ag_3AuTe_2	25.4	
（5）板碲金银矿	(Ag,Au)Te	22.9~35.2	
（6）针碲金银矿	$(Au,Ag)Te_4$	24.1	
（7）针碲金铜矿	$CuAuTe_4$	25.5	
（8）叶碲金矿	$Pb_5Au(Te,Sb)_4S_{5\sim8}$	7.41~10.16	成分不定
（9）碲铜金矿	$Au_4Cu(Te,Pb)$	68.0~75.0	

续表 3-2

矿物名称	化学分子式	金的质量分数/%	备 注
(10) 碲铁铜金矿	$Au_5(Cu,Fe)_3(Te,Pb)_2$	57.6～63.6	
(11) 碲铅铜金矿	$Au_3Cu_2PbTe_2$	40.7～50.5	
四、锑化物			
方锑金矿	$AuSb_2$	44.7	
五、硒化物			
硒金银矿	Ag_2AuSe_2	29.0	

二、有色重金属副产金银

通常铜、铅、锌、镍等有色重金属矿床中也共生金，此类矿石在世界分布极其广泛，金主要与它们的硫化物共生，或嵌布于黄铁矿、雌黄铁矿中。在这些矿床的氧化带或铁帽中，金多解离为单体。根据有关方面的统计，这些矿床中金的储量约占全球黄金储量的 15%～20%。我国伴生金矿的主要工业矿床类型见表 3-3。

表 3-3 我国伴生金矿的主要工业矿床类型

矿床类型	主要元素组合	矿山名称	品位 Au /$g \cdot t^{-1}$	主要金属矿物	主要金矿物
铜钼	Cu-Mo-Au	德兴铜矿	0.38	黄铜矿、辉铜矿、黄铁矿	自然金、银金矿
铜	Cu-Au	李家湾铜矿	0.90	黄铜矿、斑铜矿、黄铁矿	银金矿、碲金矿

续表 3-3

矿床类型	主要元素组合	矿山名称	品位 Au /g·t^{-1}	主要金属矿物	主要金矿物
铜硫	Cu-S-Au	武山铜矿	0.46	黄铜矿、黄铁矿、黝铜矿	自然金
铜铁	Cu-Fe-Au	铜绿山铜矿	1.24	黄铜矿、斑铜矿、磁铁矿	自然金、金银矿
铜镍	Cu-Ni-Au	哈拉铜克铜镍矿	0.23	黄铜矿、镍黄铁矿	银金矿
铜铅锌	Cu-Pb-Zn-Au	小铁矿多金属矿	0.62	黄铜矿、闪锌矿、方铅矿	金银矿、银金矿
硫(砷)	S（As）-Au	新桥铜硫矿	0.82	黄铜矿、黄铁矿	自然金、银金矿
钨铋	W-Bi-Au	盘古山钨矿	0.40	黑钨矿、辉铋矿、黄铁矿	自然金

有色重金属铜、铅、锌、镍、铋、锑等的硫化矿和铬矿都含有贵金属，一般硫化铜含金银较多，硫化镍、铬矿床常含有少量的金银和较多的铂族金属，而硫化铅、锌和钡矿床通常含有大量的银，而锑、砷、碲矿床常与金共生形成金锑矿床、金毒砂矿床和金碲矿床等。重金属冶炼几乎回收了所有的贵金属，这些贵金属的富集过程不占成本，所以生产费用更加低廉。

有色重金属副产物中生产金银，主要有以下几种原料：（1）铜电解阳极泥及湿法炼铜浸出渣；（2）镍电解阳极泥；

(3) 铅电解阳极泥或火法精炼铅产出的银锌壳; (4) 火法蒸锌的蒸馏渣或湿法炼锌的浸出渣; (5) 黄铁矿的烧渣; (6) 锡、锑、铋、汞、铬等矿石冶金产出的含贵金属副产物。在近代湿法冶金中，主金属浸出过程产生的大量浸出渣中含有一定量的金银时，常采用成本低并且处理量大的大型旋涡炉熔炼法，使金银铜等有价金属富集后，再进一步分离和精炼提纯。

第二节 岩金矿工业指标及金精矿标准

金矿的含金量是指矿物中黄金质量在矿物总质量中的百分比。通常人们用每吨矿石中含金的克数或每立方米砂金矿的含金克数来描述金矿的品位。金矿能够进行工业加工的要求是：原生金矿床的边界品位为1～2g/t，矿床平均品位为4.5～5.5g/t；砂金矿的边界品位为0.05g/m^3，块段平均品位为0.18g/t。

随着我国黄金采矿业的发展，浅层高品位资源储量大量减少，2009年全国黄金资源品位平均为2g/t，并仍有下降趋势。目前岩金矿床中品位3g/t以上的资源储量仅占10%；2～3g/t的资源储量占45%；1～2g/t占40%，1g/t以下的占5%。品位低是中国黄金资源的又一特征。为此，低品位资源利用技术的开发就具有了十分重要的意义。福建紫金山金铜矿，金属品位平均只有0.7g/t，该矿开发了碎矿—筛分—洗矿，重选—细泥—炭浸—粗矿堆浸的组合工艺，回收率提高11.07%，降低了生产成本，最低入选品位达到了0.5g/t甚至更低（0.15g/t），延长了矿山服务年限。低品位资源选冶技术在中国得到了很大发展，成为中国黄金选冶技术的优势之一。2010年全球金矿平均入选品位1.51g/t，中国已大量使用1g/t以下品位的资源。

表3-4列出了金矿床的参考工业指标。

表3-4 金矿床的参考工业指标

岩金(岩金矿地质勘查规范 DZ/T 0205—2002)	
项 目	指 标
边界品位(质量分数)	$(1\times10^{-6})\sim(2\times10^{-6})$ 堆浸氧化矿石为$(0.5\times10^{-6})\sim(1\times10^{-6})$
最低工业品位(质量分数)	$(2.5\times10^{-6})\sim(4.5\times10^{-6})$
矿床平均品位(质量分数)	$(4.5\times10^{-6})\sim(5.5\times10^{-6})$
最低可采厚度	0.8~1.5m,陡倾斜者为下限,缓倾斜至水平为上限
夹石剔除厚度	2~4m,地下开采者为下限,露天开采者为上限
无矿段剔除标准	对应工程为10~15m 不对应工程为20~30m

<table>
<tr><td colspan="8">砂金砂(砂矿(金属矿产)地质勘查规范 DZ/T 0208—2002)</td></tr>
<tr><td rowspan="5">项 目</td><td colspan="6">露天开采</td><td rowspan="5">地下开采</td></tr>
<tr><td colspan="5">全面开采</td><td rowspan="4">分别开采</td></tr>
<tr><td colspan="4">采掘船开采</td><td rowspan="3">水枪开采</td></tr>
<tr><td colspan="2">南方</td><td colspan="2">北方(含高寒地区)</td></tr>
<tr><td>50~100L</td><td>150~300L</td><td>50~100L</td><td>150~300L</td></tr>
<tr><td>混合砂边界品位/g·m^{-3}</td><td>0.05~0.07</td><td>0.04~0.06</td><td>0.06~0.08</td><td>0.05~0.07</td><td>0.1</td><td>0.3~0.5</td><td></td></tr>
</table>

续表 3-4

项　目	露天开采						地下开采
	全面开采					分别开采	
	采掘船开采				水枪开采		
	南　方		北方(含高寒地区)				
	50~100L	150~300L	50~100L	150~300L			
混合砂块段最低工业品位/g·m^{-3}	0.16~0.18	0.14~0.16	0.18~0.20	0.16~0.18	0.3	0.6~1.0	
最小可采厚度/m	30~35	40~60	30~35	40~60	20		
无矿地段(夹石)剔除厚度/m	30~35	40~60	30~35	40~60			
矿体最低可采矿量/m^3	(150~450)×10^4	(900~2000)×10^4	(100~300)×10^4	(600~1400)×10^4			
砂矿层边界品位/g·m^{-3}							1
最低工业品位/g·m^{-3}							3
砂矿层采帽高度/m							1.3~1.5

根据国家最新黄金行业标准，按金精矿中金的质量分数划分为九个品级，金精矿中铜的质量分数大于1%时为铜金精矿；金精矿中铅的质量分数大于5%时为铅金精矿；金精矿中砷的质量分数大于0.5%时为含砷金精矿。化学成分要求：铜金精矿中的铅和锌的质量分数均应不大于3%。铅金精矿中铜的质量分数应不大于1.5%；金精矿中的有价元素

银、铜、铅、硫大于最低计价品位规定时，应报出分析数据；其他类型的金精矿中杂质元素的要求，由供需双方商定；同一批（车）金精矿应由同一级别的金精矿组成。水分、粒度、外观要求：金精矿中水分不宜大于20%；金精矿的粒度应通过74μm标准筛的筛下物不小于50%；金精矿中不应掺入夹杂物，颜色均匀。

表3-5为金精矿化学成分要求的最新行业标准

表3-5　金精矿化学成分要求的最新行业标准

品　级	Au的质量分数（不小于）	杂质元素，质量分数（不大于）
		As
一级品	100×10^{-6}	0.30×10^{-2}
二级品	90×10^{-6}	0.30×10^{-2}
三级品	80×10^{-6}	0.30×10^{-2}
四级品	70×10^{-6}	0.30×10^{-2}
五级品	60×10^{-6}	0.30×10^{-2}
六级品	50×10^{-6}	0.50×10^{-2}
七级品	40×10^{-6}	0.50×10^{-2}
八级品	30×10^{-6}	0.50×10^{-2}
九级品	20×10^{-6}	0.50×10^{-2}

第二章　全球黄金资源概况

黄金资源主要包括两大类，即原生矿产资源和二次资源。原生矿产资源以各种各样的矿石矿物形式存在，二次资源则是指矿产资源以外的各种再生资源，其来源和范围十分广泛。截至 2011 年年底世界黄金储量为 51000t，储量基础为 100000t（2008 年数据）。世界黄金储量和储量基础的静态保证年限分别为 18.1 年和 35.6 年。目前世界金矿资源储量主要集中于南非、俄罗斯、澳大利亚、印度尼西亚、中国、美国、加拿大、智利、墨西哥、加纳、巴西、秘鲁、新西兰、乌兹别克斯坦等国家和地区。

2011 年世界黄金储量和储量基础数据见表 3-6。

表 3-6　2011 年世界黄金储量和储量基础　（t）

国家或地区	储量①	储量基础②	国家或地区	储量①	储量基础②
南　非	6000	31000	乌兹别克斯坦	1700	1900
俄罗斯	5000	7000	加　纳	1400	2700
澳大利亚	7400	6000	墨西哥	1400	3400
印度尼西亚	3000	6000	秘　鲁	2000	2300
美　国	3000	5005	巴布亚新几内亚	1200	2300
加拿大	920	4200	中　国	1900	4100
智　利	3400	3400	其　他	10000	22000
巴　西	2400	2500	世界总计	51000	100000

注：资料来源于 Mineral Commodity Summaries，2009/2012。

①储量为 2011 年数据；

②储量基础为 2008 年数据。

就世界金矿资源特点看，金矿可形成于所有的地质时期和各种地质构造环境及岩石类型中，但分布不均衡。世界70%以上的金储量集中在前寒武纪，约25%集中在中-新生代。在空间上，金储量主要分布于两个含金区：一是古地盾、地台及中间地块含金区，金储量约占70%以上，其中，古老地盾、地台区绿岩带金矿占20%以上，古地台盖层中的金储量约占45%，中间地块金储量较少；二是褶皱活化区，金矿储量约占25%，其中，优地槽区占20%以上，冒地槽约占4%，年轻火山带约占2%。世界黄金开采中，约40%来自砂金。砂金矿床一直是金的主要来源，但近年来砂金在世界黄金产量中的比重有所下降，伴生金的比重则呈越来越大的趋势。

金矿床主要有砂金矿、脉金矿和伴生金矿，其中金以自然金状态存在。砂金矿为原生金矿经长时间风化、搬运、沉积而成。世界上黄金产量的很大一部分采自砂金矿，尤其是大型机械化采金船的使用，使生产成本大为降低。世界著名的砂金矿床分布在澳大利亚的卡尔古力、中国的黑龙江流域和美国的加利福尼亚等地区。脉金矿主要是含金石英脉矿和含金石英卵石砾岩。乌兹别克斯坦穆龙陶的沉积变质金矿床是世界著名的金矿床，此外还有南非约翰内斯堡附近的维特瓦特斯兰德金矿床。我国石英脉型金矿等主要分布在吉林夹皮沟、湖南湘西、山东焦家、黑龙江和辽宁等地。伴生金矿主要是金与铜、镍、铅、锌等有色重金属矿床共生。此类金矿床在世界分布得相当广泛，在已探明的黄金储量中，这些矿床中金的蕴藏量占15%～20%。比较著名的伴生综合矿床包括芬兰奥托昆普铜矿，巴布亚新几内亚潘古纳铜矿，澳大利亚奥林匹克坝铜铀矿，美国宾厄姆铜钼矿，中国金川铜镍矿和秦岭金铅矿，俄罗斯诺里尔斯克多金属矿和秘鲁中央山脉多金属矿等。

20 世纪 70 年代以前探明的世界级超大型金矿床，主要集中于南非、俄罗斯、乌兹别克斯坦、美国等国家，其中南非发现的超大型金矿床最多最大，如南非东兰德金铀变质砾岩型金矿，探明黄金储量高达 15142t；其他几个大金矿加韦尔科姆变质砾岩型铀金矿（4660t）、西兰德金铀变质砾岩型金矿（3122t）、卡尔额维尔铀金变质砾岩型金矿（2632t）、克勒克斯多普砾岩型铀金矿（2299t）都超过了 2000t。有的黄金矿山发现的历史悠久，目前全球发现的超大型矿山绝大多数都已被开发。

当今，可开采金资源面临枯竭，为了寻找新的金资源从陆地绵延到海洋和海底，甚至外太空。因为大洋是金（以及银）的庞大存储库，以海水中的平均含金量（$2\times10^{-9}\%$）计算，大洋系统约含有 28.6×10^{6}t 金。但目前为止这些资源仍不具有任何商业价值。

金的二次资源（从废料中回收金）来源十分广泛，主要包括在生产和加工过程中产生的废料，丧失使用性能的各种含金的器件和材料以及含有回收价值的各种对象、物料等。二次资源的详细内容在第五篇中介绍。美国地调局公布的 2011 年全球黄金储量分布图见图 3-1。

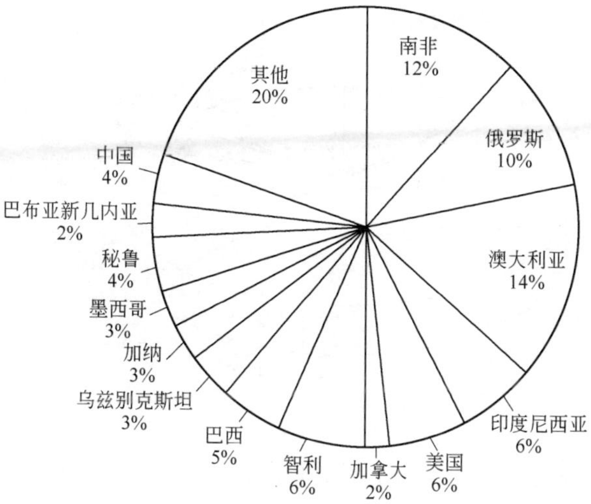

图 3-1　美国地调局公布的 2011 年全球黄金储量分布图

（资料来源：美国地调局（USGS））

黄金矿产资源分布极广，全世界 80 多个国家和地区都有金矿资源，但主要集中在几个国家和地区，其中南非金矿资源最为丰富，其次是俄罗斯、中国和澳大利亚，分别占世界总量的 38%、9%、8% 和 8%。其他主要黄金资源国是乌兹别克斯坦、加拿大、巴西等（图 3-2）。近十年来全球黄金资源储量仍处于增长趋势，但 2010 年增速较 2009 年有明显回落，主要原因是 2008 年金融危机爆发以来，金价节节攀升，达到 1920 美元/盎司的历史高位。价格的暴利使矿产资源再度火热，勘探步伐也得到了较快发展，全球黄金矿产资源储量每年都在变化更新。

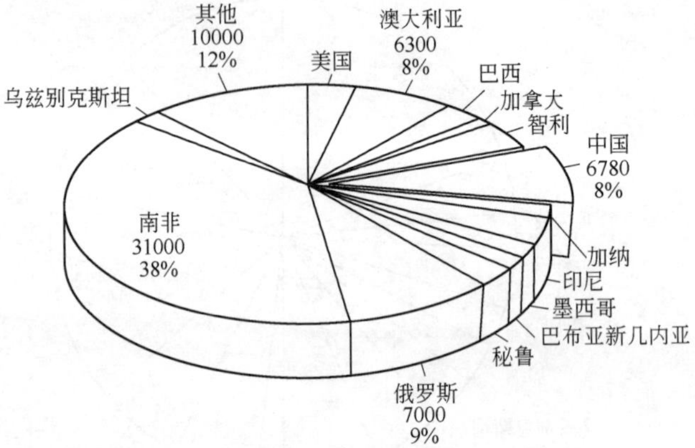

图 3-2　中国黄金储量占全球黄金总储量的比重（2010 年数据）

（资料来源：USGS，安泰科）

第三章　中国黄金资源概况

我国地处欧亚板块、印度板块和太平洋板块的交汇部位，其演化大致经历了 3 个阶段，即三大陆台形成阶段、古亚洲构造域形成阶段、滨太平洋构造域及特提斯构造域的形成和发展阶段。中国金矿正是在上述大地构造演化过程中，通过构造、岩浆活动等成矿作用形成的。中国金矿有 7 个主要的成矿期，即古元古代、中新元古代、早古生代、晚古生代、三叠纪、侏罗-白垩纪、新生代成矿期。以侏罗-白垩纪成矿期最为重要，新生代成矿期次之，且以砂金为主，其余依次为晚古生代、古元古代、中新元古代、三叠纪、早古生代。我国金资源分布广，几乎所有的省份均发现了金。已探明的金矿储量相对集中在东部和中部地区，储量占全国总储量的75%以上。主要由岩金、砂金、伴生金组成，且以岩金占据绝对主导地位，其中岩金集中分布于山东、河南、陕西、河北等省，砂金主要分布在黑龙江和四川。

按成矿大地构造背景划分，中国金矿主要分布在三大成矿域，即华北地台成矿域、扬子地台成矿域、特提斯构造成矿域。不同成矿域分布有不同类型的金矿床：华北地台成矿域是我国金矿最主要的分布区，主要金矿类型为产于花岗岩-绿岩地体内外接触带的石英脉型、蚀变岩型和重熔花岗岩热液型金矿；特提斯构造成矿域是我国微细浸染型金矿和浅成低温热液型金矿的主要分布区；而扬子地台成矿域则是我国变碎屑岩型金矿、微细浸染型金矿和金-多金属矿床的分布区。

中国金矿床在全国各地都有不同程度的分布，但明显集中在少数几个矿集区。在不同的矿集区中，分别富集不同类型的金矿床。其中，砂金矿集区主要集中在黑龙江领域和长江水系的汉江、嘉陵江领域；岩浆型金矿主要集中在胶东、辽东、华北地台边缘、小秦岭、阿尔泰和西南三江的金沙江-红河断裂带；与陆相火山作用有关的金矿主要集中在台湾和东南沿海；与海相火山作用有关的金矿主要在一些块状硫化物矿床中伴生产出；卡林型金矿则集中在滇黔桂和陕甘川两个金三角；绿岩型金矿则主要分布在华北地台边缘。实际上，单一类型金矿的矿集区比较少见，同一类型的金矿可能出现在不同的矿集区，而同一矿集区中完全可能出现多种类型的金矿，如岩浆作用与构造作用同时控制的金矿床在造山带屡见不鲜。

我国黄金资源比较丰富，据初步统计，全国已发现各类金矿床（点）11000 多处，分布在610 多个县（市）。在已发现的金矿床（点）中，岩金矿床（点）6200 多处，砂金矿床（点）4000 余处，伴生金矿床（点）800 余处。按行政区划分，在已发现的金矿床中，探明和保有储量最多的是山东，其次是陕西、河南、河北、湖北、江西、黑龙江、四川、贵州、广东、广西、山西、江苏、浙江、新疆、青海、海南等省（区）。

我国主要金矿类型为：中深脉型金矿、浅成脉型金矿、斑岩型金矿、矽卡岩型金矿和河流冲积砂金矿等。尽管卡林型金矿目前已探明的储量较可观，但原生矿石的利用难度较大，故产量上不及上列金矿类型。如果不考虑斑岩型和矽卡岩型矿床中的伴生金，已知的这两类主要金矿床属浅成热液金矿范畴。浅成热液金矿包括浅成脉型金矿、浅成斑岩型金矿和浅成矽卡岩型金矿。我国浅成斑岩型金矿的角砾状矿石和网脉状矿石往往难以逐一单独圈定矿体，称角砾/网脉—斑岩型金矿为宜，而且它们往往伴有冰长石化，个别矿床有明矾石化，在国外同类金矿床中较罕见。中深脉型金矿是我国最重要的金矿类型，胶东、小秦岭和夹皮沟的主导金矿类型，五龙金矿和金厂峪金矿等均属此类。目前，我国已建成胶东、小秦岭、长白山、赤峰—朝阳—承德、燕辽—大青山、辽吉东部、黑龙江流域、鄂赣皖、川陕甘和黔滇桂三角区十大产金基地。

第一节　金矿储量结构

截至2010年中国共探明各类金矿达1600余处，累计查明黄金资源储量6780余吨。在所查明资源储量中岩金约占60%～70%；砂金约占10%，伴生金约占20%～30%。可见主要是岩金，次之为伴生金，砂金占储量比例较小。从这个比例可以看出，岩金的地质勘探工作在加强，近年来新发现的岩金矿床在增加，储量不断增长；伴生金随着有色金属矿床的储量扩大而增加；砂金由于黑龙江省老资源基地的枯竭以及环境问题而停业闭坑，生产能力也随之消失。中国黄金储量结构分布如图3-3所示。

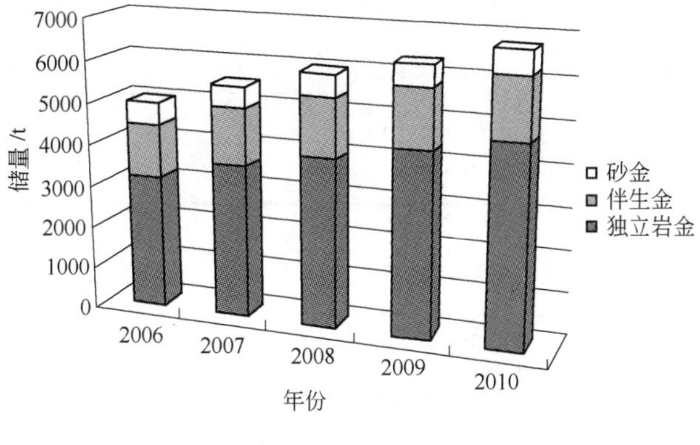

图3-3　中国黄金储量结构分布

中国主要金矿床类型包括火山岩型金矿、与侵入岩有关的金矿、破碎带—蚀变岩型金矿，重要金矿床类型有花岗岩—绿岩建造中的金矿、沉积建造中的金矿和砂金矿等。岩金矿床一般赋存形态复杂，品位低，分布不均匀，使得开采条件复杂，矿体边角等部位回采难度大，资源丢失量大。部分探明矿床有害成分含量高，使得这些矿山目前只能利用氧化矿石。砂金矿虽然有着易采、易选、投资少、建设周期短、成本低、有利于群采的特点，但过度的开发容易造成破坏河道、破坏生态等环境问题。砂金在国内外都是金的重要矿床类型。我国砂金矿床的开采主要有采金船和机械化露天开采两种方式。目前，砂金矿资源已近枯竭，尚存的资源由于环境保护方面的原因多数不能利用。伴生金主要随主产矿的开发而利用，其中也有提高伴生矿产选矿回收率的问题。表3-7列出了中国主要金矿床的类型。

表3-7　中国主要金矿床的类型

重要性	矿床类型		矿床式（类型）	典型矿床	典型分布地区
主要	火山岩型金矿	陆相火山岩型金矿	团结沟式火山次火山热液型金矿	团结沟	吉黑、佳木斯、张广才岭等
			刺猬沟式次火山热液型金矿	刺猬沟	内蒙古—大兴安岭等地
			铜井式次火山热液型金矿	铜井	长江中下游中生代火山岩盆地
			紫金山式热液型金矿	紫金山	东南沿海火山岩区
			金瓜石式火山热液型金矿	金瓜石	台湾及东南沿海火山岩区
		海相火山岩型金矿	阿舍勒铜矿（伴生金）	阿舍勒	阿尔泰地区
	与侵入岩有关的金矿	斑岩型金矿	龙头山式斑岩型金矿	广西龙头山	桂北河池—南丹成矿带
			德兴式斑岩型铜金矿	德兴	赣东北
			东坪式碱性岩型金矿	东坪	华北地台北缘
			祁雨沟式碱性岩型金矿	祁雨沟	秦岭熊耳山等地

续表 3-7

重要性	矿床类型		矿床式（类型）	典型矿床	典型分布地区
主要	与侵入岩有关的金矿	侵入体内及接触带型金矿	北衙式接触带—碱性岩型金矿	北衙	西南三江中南部
			多拉那萨依式岩体内外接触带型金矿	多拉那萨依	新疆阿尔泰
			峪耳崖式岩体内外接触带型金矿	峪耳崖	华北地台北缘，河北
	破碎带—蚀变岩型金矿		焦家式破碎带—蚀变岩型金矿	焦家	胶东、小秦岭
			玲珑式石英脉型金矿	玲珑	胶东、小秦岭
			戈枕式破碎带—蚀变岩型金矿	戈枕	海　南
			大渡河式破碎带—蚀变岩型金矿	黄金坪	四川、湖南
重要	花岗岩—绿岩建造中的金矿		白云山式绿岩建造型金矿	白云山	辽东、营口—宽甸等成矿带
			东风山式绿岩建造型金矿	东风山	吉黑地槽与佳木斯断裂交汇
			金厂峪式变质脉型金矿	金厂峪	中朝准地台燕山台褶带北缘
			夹皮沟式变质脉型金矿	夹皮沟	胶辽台隆北部边缘
	沉积建造中的金矿	卡林型金矿	板其式卡林型金矿	板其	滇黔桂金三角
			田阳—叫曼式卡林型金矿	田阳—叫曼	滇黔桂金三角
			八卦庙式卡林型	八卦庙	华北地块南缘
			金矿烂泥沟式卡林型金矿	烂泥沟	滇黔桂金三角

续表 3-7

重要性	矿床类型		矿床式（类型）	典型矿床	典型分布地区
重要	沉积建造中的金矿	变质碎屑岩中脉型金矿	沃溪式变质含碳碎屑岩中脉型金矿	沃溪	江南古陆
			黄金洞式含碳碎屑岩中脉型金矿	黄金洞	江南古陆
			金山式碎屑岩中脉型金矿	金山	赣东北
			猫岭式碎屑岩中脉型金矿	猫岭	东北辽吉
	砂金矿				长江、黄河、额尔齐斯河等
次要	铁帽型金矿 土型金矿		新桥式铁帽型金矿蛇屋山式土型金矿	新桥蛇屋山	长江中下游长江中下游、华南

注：资料来源于中国地调局地科院。

我国的黄金矿分为三大类，分别是：岩金矿、砂金矿和伴生金矿。

（1）岩金矿：一般赋存形态复杂，品位低，分布不均匀，使得开采条件复杂，矿体边角等部位回采难度大，丢失量大。部分探明矿床的硫、砷等有害成分含量高，使得很多矿山目前只能利用氧化矿石。

我国岩金工业类型主要有七类：石英脉型、破碎带蚀变岩型、细脉浸染型、铁帽型、火山—次火山热液型、微细粒浸染型。石英脉型、破碎带蚀变岩型、细脉浸染型是我国最主要的金矿工业类型，占全国储量的 90.07%。石英脉型金矿床：赋存于热液充填形成的石英脉体的内部，矿岩界限比较清晰。破碎带蚀变岩型金矿床：矿体长度、厚度大，与石英脉型相比，矿体连续、稳定，形态较简单，矿床规模一般较大，易于形成规模开采。细粒脉浸染型矿床：金属元素在岩体内有较明显的分带。

含金工业矿物有20余种，其中最常见的是自然金、银金矿和金银矿，其次是碲金矿和碲金银矿。根据选矿工艺要求，金矿石可分为5种类型：贫硫化物金矿石、高硫化物金矿石、多金属硫化物含金矿石、含金铜矿石、含碲金矿石、含金氧化矿石。低品位矿和暂难利用的金资源比例大，是我国金矿资源的一大特点。其中，难利用资源储量占全国保有资源储量的15%，主要是微细粒浸染型金矿床。这类金矿储量大，埋藏浅，易于大规模露采，但品位低，颗粒微细，富碳或富硫、砷，选冶技术尚不过关，故暂难利用。低品位矿则占查明金矿资源的1/3左右。

（2）砂金矿：易采，易选，投资少，建设周期短，成本低，有利于群采。砂金在国内外都是金的重要矿床类型。我国砂金矿床的开采主要有采金船和机械化露天开采两种方式。目前，砂金矿资源已近枯竭。尚存的资源由于环境保护方面的原因多数不能利用。

伴生金主要随主产矿的开发而利用，当然，其中也有一个提高附生矿选矿回收率的问题。

（3）伴生金矿：主要来自于铜矿石，少量来自于铅锌矿石。主要集中于江西、甘肃、安徽、湖北、湖南五省，约占伴生金储量的2/3，其中，江西居首位。伴生金矿在我国金矿中占有重要地位。伴生金的品位普遍较低，与铜、铅、锌矿伴生，大部分储量低于1.0g/t，少部分矿区品位可达到2.0g/t。斑岩型铜矿床共伴生金很普遍，虽然含金一般较低，大约为0.2～0.8g/t，但由于矿石储量大，共伴生金储量可达大中型甚至大型矿床规模。斑岩型铜矿床伴生金占全国共伴生金总储量的40.6%；矽卡岩型铜矿床普遍含金，且品位较高，可以形成不同规模的共伴生金矿，分布广泛，是仅次于斑岩型铜矿床的重要伴生黄金资源，占共伴生金总资源储量的28.4%，代表性矿山有湖北铜绿山等；热液铅锌矿伴生金包括岩浆热液和火山热液铅锌矿床等，含金品位较高，为0.7～2.0g/t，矿床规模多为中小型，代表性矿山有南京栖霞山等；硫化铜镍矿床伴生金，黄金品位普遍不高，一般为0.1～0.48g/t，如金川。从以上情况可以看出，我国金矿类型复杂，伴生或共生有多种有价组分，单一成分的金矿很少，共伴生资源比例大，为综合利用提供了丰富的资源条件。几乎所有的岩金矿床都伴生有银和硫，其他常见的伴生元素有铜、铅、锌、钼、砷、锑、铁、钨、铀、镉、钴、镍、铋、汞、硒、碲、铼、铟等。其中，最主要的共伴生元素是银，全国50%的银储量在金矿床中。砂金矿的共生矿物主要有锆石、独居石、石榴子石、金红石等。而伴生金则多见于铜、铅锌、镍等矿床中以及铁矿床和硫铁矿矿床中。表3-8列出了我国主要伴生金矿的类型。

表 3-8　我国主要伴生金矿的类型

成因类型	工业类型	矿石品位 /g·t⁻¹	占伴生金储量/%	伴生金规模	实　例
斑岩型	铜（钼）矿床	0.2～0.8	40	特大	德兴、多宝山等
	铜矿床	0.5～2	28	大、中、小	铜绿山、铜陵狮子山等
	铜-铁矿床	0.2～2		大	大冶、寿王坟等
	铜-钼矿床	0.3～3		大、中	铜山口等
	铜-硫矿床	0.75～1.75		大	新桥等
	铜铅锌矿	0.3～1.0		大、中	宝山等
热液型	铜铅锌矿	0.7～2.0	13.5	大、中、小	栖霞山等
火山岩型	多金属矿床	0.5～1.5	3.0	大、中	锡铁山、白银小铁山等
熔离型	铜-镍矿床	0.1～1.4	8.6	特大、大、中	金川、黄花滩、白马寨等
其他类型	变质岩铜矿床		5.9		贵州从江等
	含铜黄铁矿床			大、中	白银厂等
	砂岩铜矿床				

第二节　金矿资源分布

中国金矿资源分布广并且不均衡。除上海市、香港特别行政区外，在各个省、市、自治区都有金矿产出。就省区来看，山东的独立金矿最多，江西的伴生金矿最多；黑龙江、河南、湖北、陕西、四川等省的金矿资源也较为丰富。岩金查明资源储量以山东省最为丰富，其次是甘肃、河南、云南、陕西、贵州、福建、河北、江西和吉林等省；砂金查明资源储量以四川省最多，其次是黑龙江、陕西、甘肃、江西、青海、吉林等省；伴生金查明资源储量以江西省最多，其次是湖北、湖南、黑龙江、甘肃、安徽、青海等省。

我国黄金资源分省区分布比例图如图 3-4 所示。

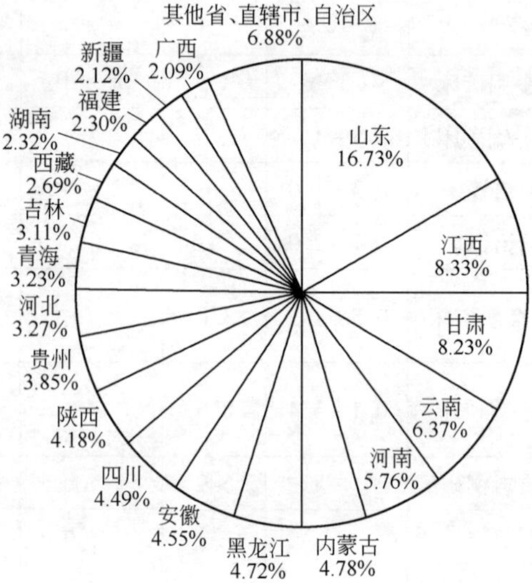

图 3-4 我国黄金资源分省区分布比例图

（资料来源：国土资源部（2010 年））

中国金矿床的规模也以中小型为主，大型、特大型较少，超大型矿床更少。大中小型矿床的比例为 6∶12∶82，并且矿床品位不高。我国金矿床大致可分为如下几类：石英脉型（包括单脉和复脉带）、破碎带蚀变岩型、斑岩型、砂金、铁帽型、砾岩型、微细浸染型等。低品位和暂难利用的金资源比例大，是我国金矿资源的一大特点。其中，难利用资源储量占全国保有资源储量的15%，主要是微细侵染性金矿床。这类金矿储量大，埋藏浅，易于大规模露天开采，但品位低、颗粒微细，富碳或富硫，暂难利用。低品位矿占查明金矿资源的1/3左右。

中国最有名的金矿是山东的胶东金矿，其中90%以上集中分布在招远—莱州地区，最主要的矿区是玲珑金矿。该矿区有着悠久的开采历史，新中国成立以来引进现代采冶技术，逐渐发展壮大，产金量一度居世界第五位。属于这一类型的还有河北迁西县金厂峪金矿、河南西部小秦岭金矿等。中国第二大金矿类型是沉积岩型，即所谓“卡林型”或“微细浸染性”。这类矿虽然品位较低，金粒细小且较为分散，但矿床规模大，在当今采矿、选冶技术发达的情况下可获得很高产量，主要分布在滇、桂、黔和川、陕、甘地区。

地质资源是黄金生产的基础，2010年我国已探明黄金储量为6864.79t，地质储量连续八年增长，较上年增长了8.5%，增加了536.89t。已探明黄金储量在全球排第三，仅次于南非和俄罗斯。

2010年黄金地质资源品种结构是：独立金矿岩金资源4898.09t，为资源总量的71.35%，同比增加了498.78t，增长了11.34%；砂金512.86t，同比下降了7.94t，降幅为7.47%，为资源总量的7.47%。伴生金1468.03t，为资源总量的21.38%，同比增加了54.33t，增长了3.84%。东、中、西三大经济带的探明储量2010年都有增长，但东部增长了322.91t，为总增长量的60.14%；西部次之，增长量为202.14t，为总增长量的37.65%；中部最少，增长了12.84t，为总增长量的2.39%。储量增长最多的省区是山东，增加了244.58t，占总增长量的45.55%，安徽、青海分别增加了80t和60.43t，居二、三位。

我国30个省区（市）的黄金储量报告表明，2010年山东地质储量第一，是储量超千吨的省份，达到了1148.18t，江西、甘肃分居二、三位，储量分别为572.11t和564.88t。云南省储量增长15.96%，达到437.30t，居全国第四位；储量超过300t的省区有5个，安徽储量达到了312.47t，在全国的排序由第11位上升到第8位。

表3-9列出了我国各省区黄金储量分布情况。

表3-9 我国各省区黄金储量分布情况

排序		省区	已查明资源储量/t		2010年比2009年		省储量占全国储量的比重/%
2010年	2009年		2010年	2009年	增加量/t	增减幅度/%	
1	1	山东	1148.18	903.60	244.58	27.07	16.73
2	2	江西	572.11	569.50	2.61	0.46	8.33
3	3	甘肃	564.88	511.80	53.08	10.37	8.23
4	4	云南	437.30	377.10	60.20	15.96	6.37
5	5	河南	395.08	369.30	25.78	6.98	5.76
6	6	内蒙古	328.16	354.30	-26.14	-7.38	4.78
7	7	黑龙江	323.94	323.40	0.54	0.17	4.72
8	11	安徽	312.47	232.00	80.47	34.69	4.55
9	8	四川	308.27	311.10	-2.83	-0.91	4.49

续表 3-9

排序		省区	已查明资源储量/t		2010 年比 2009 年		省储量占全国储量的比重/%
2010 年	2009 年		2010 年	2009 年	增加量/t	增减幅度/%	
10	9	陕西	286.67	296.70	-10.03	-3.38	4.18
11	10	贵州	263.96	271.90	-7.94	-2.92	3.85
12	13	河北	224.40	168.10	56.30	33.49	3.27
13	16	青海	221.53	161.10	60.43	37.51	3.23
14	12	吉林	213.73	229.60	-15.87	-6.91	3.11
15	15	西藏	184.70	161.50	23.20	14.37	2.69
16	17	湖南	159.52	156.40	3.12	1.99	2.32
17	14	福建	158.02	162.20	-4.18	-2.58	2.30
18	20	新疆	145.45	119.10	26.35	22.12	2.12
19	19	广西	143.70	132.30	11.40	8.62	2.09
20	21	辽宁	126.54	118.40	8.14	6.88	1.84
21	18	湖北	119.14	143.70	-24.56	-17.09	1.74
22	22	广东	91.92	88.50	3.42	3.86	1.34
23	23	山西	49.89	83.00	-33.11	-39.89	0.73
24	24	海南	35.53	32.50	3.03	9.32	0.52
25	25	江苏	26.26	26.10	0.16	0.61	0.38
26	26	浙江	15.53	16.40	-0.87	-5.30	0.23
27	27	北京	6.36	6.40	-0.04	-0.63	0.09
28	28	宁夏	0.68	1.00	-0.32	-32.00	0.01
29	29	天津	0.50	0.50	0.00	0.00	0.01
30	30	上海	0.37	0.40	-0.03	-7.50	0.01
全　国			6864.79	6327.90	536.89	8.48	100.00

注：资料来源于国土资源部/SGE。

第四篇

黄金的勘查与采、选、冶

第一章　黄金勘查行业概况

第一节　金矿地质勘查概况

金矿是中国重要的战略矿种之一，国内金矿空间分布不均匀，大部分黄金储量分布在东部滨太平洋成矿域中，大多数金矿床成群产于古地台区及其边缘坳陷或断陷带中，受深断裂及韧性剪切带控制，如胶东金矿集中区拥有我国已探明金储量的30%，黑龙江沿江地区集中了我国大部分的砂金储量，长江中下游，即“鄂皖赣三角区金矿密集区”是我国最重要伴生金产区，其伴生金储量占该带总储量的74%。

中国地质调查局资料显示，随着黄金勘查开发科技的进步，截至2011年，我国已经探明黄金储量7419.43t，同比增长8.08%，我国的未查明金矿查明资源储量在2.3万吨以上。中国地质科学院矿产资源研究所研究资料显示，中国已建成胶东、小秦岭、燕辽—大青山、辽吉东部、黑龙江流域、鄂皖赣伴生金矿三角区、川陕甘和黔滇桂微细浸染型金矿三角区等多个黄金基地。目前国内金矿的查明率仅为四分之一左右。中国未查明金矿分布很广，又相对集中在华北地台北缘、川西北、秦岭、阿尔泰、天山、阿尔金、祁连、昆仑、大兴安岭和小兴安岭、滇黔桂和湘西及海南中部等成矿带或远景区。东中部勘查程度高但仍有较大的勘查潜力，如小秦岭—熊耳山、胶东、粤西、赣东北等老的金矿集中区。西部潜力很大，探明率很低。

金矿在成矿时代上分布不平衡，成矿作用多次叠加，既有原生作用，又有后生成矿叠加，赋矿岩系与金矿床存在时差，为我国金成矿的重要特色。根据最新的统计结果，中国金矿床形成于各个时代，但以中生代和新生代最为重要，一些规模较大的金矿主要形成于中、新生代，近年来新发现的金矿床也多以中、新生代为主，大型金矿床较少，中小型金矿床居多。目前我国中小型矿床比例为90%，而伴生金约占我国黄金总储量的30%，如江西德兴铜矿、福建紫金山铜金矿、长江中下游伴生金矿等在伴生金矿中寻找独立金矿或共生金矿也是一个重要的找矿方向。表4-1列出了最近10年来我国黄金探明储量的变化。

表4-1　最近10年来我国黄金探明储量的变化

年份	2002年	2003年	2004年	2005年	2006年	2007年	2008年	2009年	2010年	2011年
已探明储量/t	4539.5	4412.3	4614.7	4752.2	4996.9	5541.3	5951.8	6327.9	6864.8	7419.43
年增长率/%	1.6	-2.8	4.59	2.98	5.15	10.83	7.44	6.32	8.5	8.08

注：资料来源于北京黄金经济研究中心。

一、岩金矿地质勘查

由中华人民共和国国土资源部提出，全国地质矿产标准化技术委员会归口，武警黄金指挥部、国土资源部储量司、长春黄金设计院起草的中华人民共和国地质矿产行业标准DZ/T 0205—2002《岩金矿地质勘查规范》于2003年3月1日实施。

该标准规定了岩金矿地质勘查的目的任务、研究程度、质量要求、控制程度、可行性评价、矿产资源/储量分类、类型和矿产资源/储量估算等。该标准适用于岩金矿地质勘查，矿山开采中的基建生产探矿，岩金矿勘查（闭坑）地质报告的审批；也可作为矿业权转让、股票上市、筹资、融资等项活动中评价、估算岩金矿资源/储量的依据。

岩金矿地质勘查的最终目的是为矿山建设设计提供金矿资源/储量和开采技术条件等必需的地质资料，以减少开发风险和获得最大的经济效益。岩金矿地质勘查工作分为预查、普查、详查、勘探四个阶段。

（1）预查阶段：依据区域地质和（或）遥感、物探、化探异常研究结果，进行初步野外观测和（或）物探、化探工作，以极少量工程揭露和验证，通过对比地质特征相似的已知矿床，提出可供普查的矿化潜力较大地区。有足够依据时可估算出预测的资源量。提交预查地质报告。

（2）普查阶段：对可供普查的矿化潜力较大地区、物探或化探异常区，采用地质填图、数量有限的取样工程及物探和化探工作，大致查明普查区内地质、构造概况；大致掌握矿体（层）的形态、产状、质量特征；大致了解矿床开采技术条件；进行金矿加工选（冶）性能类比研究，提交普查地质报告，对有详查价值地段圈定出详查区范围。

（3）详查阶段：对普查圈出的详查区通过大比例尺地质填图及各种勘查方法和手段进行比普查阶段密度更大的系统揭露和取样工作，基本查明地质、构造，主要矿体形态、产状、大小和矿石质量，基本确定矿体的连续性，基本查明矿床开采技术条件，对矿石的加工选（冶）性能进行类比或实验室流程试验研究，进行预可行性研究，做出是否具有工业价值的评价。提交详查地质报告，圈出勘探区范围，作为勘探工作、矿山总体规划、矿山项目建议书和直接开采利用的中小型矿山设计的依据。

（4）勘探阶段：对已知具有工业价值的矿床或经详查圈出的勘探区，通过加密各种采样工程（其间距足以肯定矿体（层）的连续性），详细查明矿体的形态、产状、大小、空间位置和矿石质量特征。详细查明矿床开采技术条件，对矿石的加工选（冶）性能进行实验室流程试验或实验室扩大连续试验，进行可行性研究，提交勘探地质报告，为矿山设计提供依据。

岩金矿床规模划分标准见表4-2。

表 4-2 岩金矿床规模划分标准

矿床规模	探求的资源储量数/kg	备 注
大 型	>20000	
中 型	5000 ~ 20000	
小 型	<5000	

矿体规模见表 4-3。

表 4-3 矿体规模

规模等级	矿体走向长度/m	矿体深度(或宽度)/m
大 型	>500	>500
中 型	200 ~ 500	200 ~ 500
小 型	<200	<200

岩金矿及其伴生组分工业指标参考见表 4-4 ~ 表 4-6。

表 4-4 岩金矿工业指标参考

项 目	指 标
边界品位(质量分数)	$(1\times10^{-6})\sim(2\times10^{-6})$,堆浸氧化矿石为$(0.5\times10^{-6})\sim(1\times10^{-6})$
最低工业品位(质量分数)	$(2.5\times10^{-6})\sim(4.5\times10^{-6})$
矿床平均品位(质量分数)	$(4.5\times10^{-6})\sim(5.5\times10^{-6})$
最低可采厚度	0.8 ~ 1.5m,陡倾斜者为下限,缓倾斜至水平者为上限
夹石剔除厚度	2 ~ 4m,地下开采者为下限,露天开采者为上限
无矿段剔除标准	对应工程 10 ~ 15m 不对应工程 20 ~ 30m

表 4-5　岩金矿共生（铜、铅、锌）矿产工业指标一般要求

项　目	硫化矿石			氧化矿石		
	Cu（铜）	Pb（铅）	Zn（锌）	Cu（铜）	Pb（铅）	Zn（锌）
边界品位 (w_B)/%	0.2～0.3	0.3～0.5	0.5～1	0.5	0.5～1	1.5～2
最低工业品位 (w_B)/%	0.4～0.5	0.7～1	1～2	0.7	1.5～2	3～6
矿床平均品位 (w_B)/%	0.7～1	6	6		10～12	10～12
最小可采厚度/m	1～2	1～2	1～2	1	1～2	1～2
夹石剔除厚度/m	2～4	2～4	2～4	2	2～4	2～4

表 4-6　岩金矿伴生组分评价参考

元　素	铜	铅	锌	三氧化钨	锑	钼
	Cu	Pb	Zn	WO_3	Sb	Mo
质量分数/%	0.1	0.2	0.4	0.05	0.4	0.01
元　素	砷	碳	硫	钴	银	
	As	C	S	Co	Ag	
质量分数/%	0.2		2	0.01	2g/t	

中国金矿床成因类型划分见表 4-7。

表 4-7　中国金矿床成因类型划分

成因类型				典型矿床
类型	地质特征	亚类	建造	
岩浆热液金矿床	系指与重熔的中酸性侵入体或与混合岩化花岗岩在成因和时空分布上有关的热液型金矿床，可分三个亚类	（1）重熔岩浆热液金矿床	硫化物-金建造	河北峪耳崖
		（2）混合岩化-重熔岩浆热液金矿床	硫化物-金建造	山东玲珑、焦家
		（3）接触交代-热液金矿床	铅-锌-金建造	湖南水口山
			铜-金建造	辽宁华铜，山东沂南

续表 4-7

成因类型				典型矿床
类型	地质特征	亚类	建造	
火山及次火山-热液金矿床	系指在成因和时空分布上与火山及次火山活动有关的热液型金矿床，可分两个亚类	（1）火山热液金矿床	银-金建造	台湾金瓜石，吉林刺猬沟
		（2）次火山-热液金矿床	硫化物-金建造	黑龙江团结沟
沉积-变质金矿床	系指在沉积层中的成矿物质，在区域变质中进一步富集而形成的金矿床，其热液作用特征不显著		钴-金建造	黑龙江东风山
变质-热液金矿床	系指（富）含金的沉积层或火山-沉积岩石组合，在区域变质形成的热液作用下，形成与沉积变质岩系在成因和时空分布上有关的热液型金矿床，可分两个亚类	（1）古老绿色岩中的金矿床	硫化物-金建造	吉林夹皮沟，河北金厂峪，河南小秦岭
		（2）含炭质（火山）碎屑岩系中的金矿床	硫化物-金建造	辽宁四道沟
			铅-锌-银-金建造	河南银洞坡
			钨-锑-金建造	湖南沃溪
			砷-金建造	吉林二道甸子
地下（卤）水溶滤金矿床	系指主要在沉积岩地区。由地下热（卤）水溶滤作用而形成的金矿床，可分两个亚类	（1）碳酸盐系中的金矿床	石英-铁白云石-金建造	陕西二台子
			方解石-金建造	广西叫曼
			菱铁矿-金建造	四川西昌
		（2）碎屑岩系中的金矿床	砷-锑-汞-金建造	贵州板其、丫他

续表 4-7

成因类型				典型矿床
类型	地质特征	亚类	建造	
风化壳金矿床	系指在地台和近地表含金地质体，经风化淋滤形成，并主要在风化壳带产出的金矿床，可分三个亚类	（1）残余（铁帽）金矿床	褐铁矿-金建造	四川木里耳泽
		（2）淋积金矿床	铜-银-金建造	甘肃白银厂
		（3）残（坡）积金矿床	碎屑-金建造	内蒙古金盆
沉积金矿床	系指含金地质体的风化产物，经表生流水等介质搬运沉积而形成的砂金矿床，并包括部分已固结的古砂（砾）金矿床，可分五个亚类	（1）冲积砂金矿床	河床-河谷-河漫滩砂金建造	黑龙江兴隆沟
			阶地砂金建造	黑龙江桦南
		（2）洪积砂金矿床		内蒙古金盆
		（3）岩溶砂金矿床		湖南隆回、岩口
		（4）冰碛（水）砂金矿床		青海大场，四川漳腊
		（5）砾岩金矿床		吉林老头沟

注：资料来源于中国地质学会矿床专业委员会贵金属组，1985 年。

二、黄金地质勘查的单位概况

目前我国从事黄金地质勘查的单位有：国家地质“野战军”——中国人民武装警察黄金部队、中国地质调查局（国土资源部直属副部级事业单位）、中央企业——中国冶金地质总局、有色金属矿产地质调查中心（中编办批准成立的正局级事业单位），各省级有色金属地质矿产勘查局、冶金地质调查局（地质矿产勘查局），各个大型黄金企业如中国黄金集团、福建紫金矿业集团、山东黄金集团、山东招金集团等企业所属地质勘探公司等，而这其中比较特殊的就是中国人民武装警察黄金部队。

第二节　中国人民武装警察黄金部队

一、武警黄金部队历史沿革

中国人民武装警察部队黄金部队（以下简称武警黄金部队）组建于1979年，部队的基本任务是：承担黄金地质普查、勘探任务，经批准承担重点黄金矿山、产区的警戒任务和边远、艰苦地区的黄金生产任务。承担国家赋予的维护社会稳定和处置突发事件的任务。2011年12月21日国务院和中央军委联合下发文件，对武警黄金部队的职能任务“明确了新定位”：主要担负以区域地质调查、矿产远景调查为主的基础性公益性地质工作任务，多金属矿产资源勘查任务，地质灾害应急救援任务，执行维稳和处置突发事件任务。

武警黄金部队是一支为国家寻找黄金宝藏的专业队伍，1979~2009年，武警黄金部队官兵足迹踏遍祖国26个省、市、自治区，依靠科技攻坚克难，先后探明超大型岩金矿床2处，特大型岩金矿床7处，大型岩金矿床13处，大型砂金矿床8处，中小型岩砂金矿床190处，提交金矿普查、详查勘查地质报告280余份，累计探获黄金资源/储量1800多吨。截至2011年，武警黄金部队发现金矿床325处，探获黄金资源储量2269t，为近百座新建、扩建的黄金矿山提供了新的资源。

二、武警黄金部队成立30年勘探成果简介

武警黄金部队30年来探明超大型、特大型和大型矿山简介如下。

（一）超大型岩金矿床

（1）阳山金矿：位于川陕甘交界地带甘肃省文县境内，是武警黄金部队十二支队于1994年发现、1997年进驻勘探的超大型金矿。目前分为7个矿段，共发现矿脉近90条，累计探获黄金资源/储量达318t。阳山金矿的发现，改写了中国无200t以上独立金矿床的历史，成为排名亚洲第一、世界第六的类卡林型金矿。

（2）东闯金矿：位于豫陕交界的小秦岭地区，属河南省灵宝市与陕西省洛南县管辖，是武警黄金部队六支队于1981～1998年进驻勘探的超大型金铅矿床。分为6个矿段，共发现矿脉19条，累计探获黄金资源/储量146.527t，铅金属量30.96万吨。

（二）特大型岩金矿床

（1）寨上金矿：位于秦岭山脉西部、甘肃省岷县境内，是武警黄金部队五支队于1999年发现的特大型金矿。分为

南、北两个矿带，共发现矿脉20条，圈定矿体17个，累计探获黄金资源/储量74.909t。

(2) 团结沟金矿：位于小兴安岭东坡、黑龙江省嘉荫县乌拉嘎镇境内，是武警黄金部队一支队于1965~1980年发现并勘探的特大型金矿。共发现矿脉76条，累计探获黄金资源/储量81.591t。

(3) 哈达门沟金矿：位于内蒙古中西部乌拉山区，东偏南距包头市约40km，是武警黄金部队二支队于1986年发现的特大型金矿。分为3个矿段，共发现矿脉150条，累计探获黄金资源/储量71.128t。

(4) 东坪金矿：位于冀西北崇礼县境内，西偏南距张家口市约45km，是武警黄金部队五支队于1984~2002年发现并探明的特大型金矿。分为9个矿化带，共发现矿脉69条，累计探获黄金资源/储量82.763t。

(5) 大磨曲家金矿：位于山东省龙口、招远两市接壤地带，是武警黄金部队七支队于2001年进驻勘探的特大型金矿。圈定4个金矿体，累计探获黄金资源/储量57.638t。

(6) 大坪金矿：位于哀牢山东南段、云南省元阳县境内，是武警黄金部队十支队于1979~2003年探明的特大型金矿。共发现矿脉35条，累计探获黄金资源/储量51.764t。

(7) 金厂金矿：位于黑龙江省东部东宁县道河镇境内，是武警黄金部队一支队于1992年发现的特大型金矿，累计探获黄金资源/储量58.899t。

（三）大型岩金矿床

（1）金龙山金矿：位于秦岭山脉、陕西省镇安县境内，是武警黄金部队五支队于20世纪80年代末发现的大型金矿。分为4个矿段，共发现蚀变矿（化）体34条，工业矿体26条，累计探明黄金资源/储量44.758t。2008年，武警黄金部队五支队的“陕西省镇安县发现特大型金龙山金矿”项目，荣获中国地质学会“2007年度十大地质找矿成果”奖。

（2）砂宝斯金矿：位于黑龙江省北部漠河县境内，是武警黄金部队三支队于1992年发现并进行勘查的大型金矿，累计探获黄金资源/储量41.100t。

（3）大新金矿：位于湖南省新邵县境内，是武警黄金部队十一支队于2001年发现并进行勘查的大型金矿，累计探获黄金资源/储量30.593t。

（4）此外还有：河南省栾川县狮子庙金矿、河南省灵宝市出岔—乱石沟金矿、云南省墨江县墨江金厂金矿、河南省栾川县康山金矿、云南省弥渡县宝兴厂金矿、山东省蓬莱市后大雪金矿、新疆哈密市马庄山金矿、陕西省洛南县小秦岭南坡金矿等。

（四）大型砂金矿

（1）查拉班河砂金矿：位于黑龙江省塔河县与呼玛县交界处，累计探明砂金勘探储量16.467t。

（2）嘉陵江砂金矿：位于四川省广元市，累计探明砂金勘探储量10.159t。

（3）白水砂金矿：位于四川省青川县，累计探明砂金勘探储量 8.951t。

(4) 恩和哈达河砂金矿：位于内蒙古自治区额尔古纳右旗奇乾乡，累计探明黄金勘探储量 8.901t。

(5) 汨罗江砂金矿：位于湖南省汨罗江下游，累计探明砂金勘探储量 8.846t。

(6) 老沟河砂金矿：位于黑龙江省漠河县，累计探明砂金勘探储量 8.167t。

(7) 韩家园子—富西里砂金矿：位于黑龙江省大兴安岭地区呼玛县境内，累计探明黄金勘探储量 8.021t。

(8) 狼狈河、小西沟、阿里亚河砂金矿：位于内蒙古额尔古纳右旗奇乾乡境内，累计探明砂金勘探储量 8.011t。

三、新时期武警黄金部队业务调整转型

随着国家地勘行业市场化改革的深入推进，武警黄金部队自身的公益属性与参加市场竞争的矛盾日益凸显。为从根本上解决这一问题，2011 年 12 月 21 日，国务院、中央军委下发文件，将武警黄金部队业务领导关系由国家发改委调转到国土资源部，同时对黄金部队的职能任务作出新的定位，即：主要担负以区域地质调查、矿产远景调查为主的基础性公益性地质工作任务，多金属矿产资源勘查任务，地质灾害应急救援任务，维护社会稳定和处置突发事件任务，真正使武警黄金部队这块好钢用在国家最需要的刀刃上。武警黄金部队职能任务实现重大调整拓展，是从国家经济社会发展全局的高度作出的战略决策，新时期武警黄金部队将承担历史

重任成为“全国地质找矿行动计划”的主力军。

第二章 黄金的采、选、冶技术简介

第一节 矿产金采选与提金技术

黄金提取冶炼过程各单元工艺类型见表4-8。

表4-8 黄金提取冶炼过程各单元工艺类型

序 号	单元工艺	工艺类型
1	破碎/细磨	物 理
2	筛分与分级	物 理
3	选 矿	物理/表明化学
4	氧化预处理	湿法/火法冶金
5	浸 出	湿法冶金
6	固液分离与洗涤	物理/表明化学
7	溶液纯化与富集	湿法冶金
8	回 收	湿法/火法冶金
9	废物处置/处理	湿法冶金

一、金矿的开采

（一）金矿开采方法

黄金的矿床工业类型是以选冶工业生产利用为前提而确定的，它主要包括下列几种：（1）石英脉型金矿床（主要），它又可以分为三个亚类：石英单脉型金矿床、石英复脉型金矿床、石英网脉型金矿床；（2）破碎带蚀变岩型金矿床（我国20世纪70年代发现并探明确定的新工业类型，其总储量仅次于石英脉型金矿床）；（3）细脉浸染型金矿床；（4）石英-方解石脉型金矿床；（5）矽卡岩型金矿床；（6）糜棱岩型金矿床；（7）含砷卡林型金矿床；（8）氧化次生低品位型；（9）构造蚀变岩型；（10）铁帽型、隐爆角砾岩型等矿床。

采矿的方法很多，分类也很繁杂，常用的是以地压管理为依据的简要分类，见表4-9。

表4-9 采矿方法分类

自然支架采矿法	人工支架采矿法	崩落采矿法
全面采矿法	支架采矿法	壁式崩落采矿法
房柱采矿法	干式充填采矿法	分层崩落采矿法
留矿采矿法	水力充填采矿法	无底柱分段崩落采矿法
横撑支柱采矿法	胶结充填采矿法	有底柱分段崩落采矿法
分段矿房采矿法		阶段崩落采矿法
阶段矿房采矿法		

按回采时的地压管理方法将采矿方法分为三大类：空场采矿法、充填采矿法和崩落采矿法。

（1）空场采矿法：这类方法用于开采围岩和矿石都很稳固的矿床，地压管理是用采区中所留下的矿柱支撑和维护采空区。在回采过程中随矿石被采出后所形成的采空区不立即进行处理（充填或崩落）而空放着，这是本类方法的基本特征。

（2）充填采矿法：这类方法用在开采矿石比较稳固（允许在一定的暴露面积下进行回采工作）而围岩不够稳固（暴露面积不能很大，否则会引起冒落）的矿床。采场地压管理是在矿石回采期间必须用充填法的基本特征。支柱充填法亦属此类。根据充填料的特性本类方法可分为干式充填法、水砂充填法、胶结充填采矿法。

（3）崩落采矿法：本类方法用在开采围岩和矿石不够稳固或中等稳固的矿床。崩落法的地压管理是在崩落矿石的同时（或稍滞后）而围岩自动崩落或人工崩落充满采空区。这类方法主要有分层崩落法、分段崩落法（有底柱感无底柱）、阶段崩落法。

（二）岩金（脉金）开采

岩金（脉金）开采分为露天开采和地下开采两种，对于金矿而言，由于储量小和矿脉薄，很少采用露天开采金矿，大多采用地下采矿法。地下采矿法是从地下的矿块内采出矿石进行采准、切割和回采工作的总称。

1. 露天开采

露天开采境界封闭圈以上为山坡露天矿，封闭圈以下为深凹露天矿。掘沟、剥离和采矿是露天矿生产中的三个重要工程，而穿孔爆破、采装和运输生产工艺贯穿在每项工程中。

露天开采的生产工艺主要有：

（1）穿孔工作：穿孔是露天开采中的第一个工序，它为爆破工作提供装放炸药的孔穴。

(2) 爆破工作：爆破是露天开采的又一重要工序，其目的是为随后的采装工作提供适宜的挖掘物。在露天开采中，使用的爆破方法有：浅孔爆破法、深孔爆破法、硐室爆破法、药壶爆破法、外复爆破法等。

(3) 采装工作：是露天开采全部生产过程的中心环节，主要设备是电动挖掘机、前端装载机、推土机等。

(4) 运输工作：是露天矿主要生产工序之一，常用的运输方法有：窄轨铁路运输、公路运输和其他运输（如平硐溜井、斜坡卷扬等）。

2. 地下开采

岩金矿地下开采，即在地表以下进行开采作业，工作面不敞露于地表，矿床与地表之间由一系列的井巷联通。地下开采是岩金矿最主要的开采方式，金矿（矿山）可分为开拓、采准、切割和回采四个步骤。

(1) 矿床开拓。从地面掘进一系列巷道通达矿体，使地面与地下形成完整的提升、运输、通风、排水以及动力供应等系统，以便把人员、材料、设备、动力和新鲜空气送入地下，同时把矿石、废石、矿坑水、污浊空气等送到地面，从而在矿床与地表之间形成完整的运输（提升）、行人、通风、供排水、动力供应、充填、通讯联络等系统。为此目的而掘进的巷道，称为开拓巷道，如平硐、井筒、石门、阶段平巷、井底车场及其硐室、主溜井、充填井、斜坡道等。

常用开拓方法有：平硐开拓法、竖井开拓法、斜井开拓法、平硐与竖（斜）井联合开拓法、竖井与斜井联合开拓法、井筒与斜坡道联合开拓法等。具体采矿方法前面已经论述过，如有全面采矿法、留矿全面采矿法、留矿采矿法、充填采矿法等。

（2）矿块采准和切割：

1）矿块的采准工作：在已完成开拓的矿块中，掘进采准和切割巷道，将阶段划分成矿块，并在矿块内创造行人、凿岩、放矿、通风等条件的工作。

2）矿块切割工作：在进行或已完成了采准工作的矿块里，开辟自由面和自由空间，为大规模回采矿石创造良好的爆破和放矿条件，并把漏斗颈扩大成漏斗等工作。

常用采切系数和采切工作比重两项指标衡量采切工程量的大小。采切工作量是比较采矿方法优劣的一个重要指标。

（3）回采工作。回采工作是在进行或已完成切割工作的矿块中，进行的大量采矿工作。矿井服务年限的计算，矿床工业储量，矿井生产能力和矿井服务年限之间有下列关系：

$$A = \frac{QK}{T(1 - r)}$$

式中 A——矿井生产能力，t/a；

Q——矿床工业储量，t；

T——矿井服务年限，a；

K——矿石总回收率，%；

r——废石总混入率，%。

我国金属矿山经济上合理的矿井生产能力和服务年限可查阅有关资料。

表4-10为岩金矿山采矿方法现状一览表。

表4-10 岩金矿山采矿方法现状一览表

<table>
<tr><th colspan="2" rowspan="2">采矿方法</th><th colspan="2">所占比重/%</th><th rowspan="2">主要使用矿山</th><th rowspan="2">主要工艺特点</th></tr>
<tr><th>分项</th><th>小计</th></tr>
<tr><td rowspan="3">空场法</td><td>全面法</td><td>13</td><td rowspan="3">25</td><td>湘西、峪耳岩、秦岭、沂南、张家口、潼关、黄金洞等</td><td>采场内留不规则矿柱或人工砌柱，一般采用锚杆护顶，浅孔崩矿，电耙出矿</td></tr>
<tr><td>房柱法</td><td>7</td><td>张家口、湘西、潼关、小西南岔等</td><td>浅孔或中深孔崩矿，锚杆护顶，电耙出矿</td></tr>
<tr><td>分段法</td><td>5</td><td>金厂峪、夹皮沟、金翅岭等</td><td>全分段一次凿扇形中深孔，装药机装药，挤压爆破落矿，金厂峪铲运机出矿，其他矿用电耙</td></tr>
<tr><td rowspan="3">留矿法</td><td>浅孔留矿法</td><td>27</td><td rowspan="3">42</td><td>招远、五龙、金厂峪、夹皮沟、海沟、龙水、山岫远、峪耳岩、二道沟、乳山等</td><td>浅孔落矿，自重放矿或用电耙出矿。底部结构有普通漏斗平底结构。电耙溜井，无底柱等形式</td></tr>
<tr><td>中深孔留矿法</td><td>6</td><td>五龙、夹皮沟、招远、金厂峪等</td><td>中深孔崩矿</td></tr>
<tr><td>全面留矿法</td><td>9</td><td>丈峪、遂昌、秦岭哈图等</td><td>浅孔留矿法的落矿方式与全面法的搬运方式相结合的回采工艺</td></tr>
<tr><td>充填法</td><td>削壁充填法</td><td>10</td><td>31</td><td>湘西、金洞岔、招远、撰山子、金厂沟梁等</td><td>浅眼分次崩落矿岩，废石就地充填，矿石用电耙或胶轮车搬运。崩矿前，在废石层上铺草垫或旧皮带</td></tr>
</table>

续表 4-10

采矿方法		所占比重/%		主要使用矿山	主要工艺特点
		分项	小计		
充填法	干式充填法	8	31	红花沟、湘西、汀东、河西、夏甸、界河等	浅眼崩矿，红花沟用铲运机出矿充填，其他矿用电耙或人工。二步回采时，用块石水泥砂浆砌壁
	尾砂充填法	1		三山岛、湘西、招远等	浅眼崩矿，三山岛用铲运机出矿，其他矿用电耙。分级后的尾砂层用管道或钻孔自流输送采场充填，或事后充填采空区
	胶结充填法	12		焦家、新城、灵山、大水清、湘西等	新城、焦家为浅眼落矿，电耙出矿；一步矿房用尾砂胶结充填，二步矿柱用尾砂充填。灵山为下向进路回采，用钻孔及电耙输送混凝土充填料

注：1. 尾砂充填法的比重和指标不含三山岛金矿；2. 贫化损失率总计中含二次贫化和损失。

我国黄金工业生产仍然以岩金开采为主，伴生金和砂金开发为辅；在岩金矿山生产中，又以地下开采为主，露天为辅。由于黄金是贵金属，所以，国家一直提倡采用损失贫化指标均较低的充填采矿法，进入 21 世纪，我国岩金矿山使用三大类采矿方法而有 30 多种回采工艺，并且，随着黄金价格提高和开采品位降低，崩落法的使用也有所增加。目前，岩金矿山大多采用以浅眼留矿法为主，全面法、房柱法为辅的空场法约占60%以上，各种充填法约占30%，其余为崩落法及多种方法相结合。

（三）砂金开采与选矿

采金船采砂金的照片如图4-1所示。

图4-1　采金船采砂金

砂金矿床一般埋藏不深（约30～50m），通往砂金矿床的路也比较容易走，矿床剥离和开采或者开拓准备工程耗资不大，经济效益较好。一百多年前，世界上金矿的90%是开采砂金矿床获得的，不过随着大多数国家砂金矿床的开采殆尽，黄金开采主要转向开采脉金矿床。而开采砂金矿床，首先要进行矿床开拓，然后根据矿床的具体条件选用相应的采掘设备，主要的设备就是采金船。砂金矿床的开拓通常有下述几种方法：基坑开拓法、筑坝开拓法和联合开拓法。砂金矿选别的典型流程如图4-2所示。

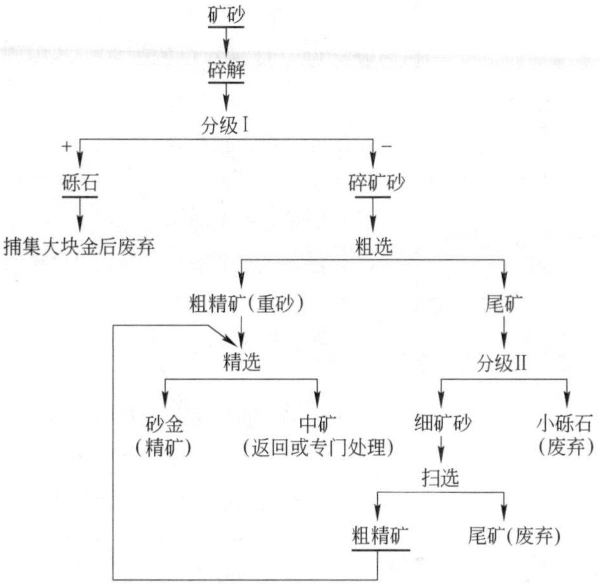

图4-2　砂金矿选别的典型流程

二、金矿的选矿与提金

处理金矿石的原则流程见表4-11。

表4-11　处理金矿石的原则流程

矿　石	主要组分	原则流程
自然金(砂金)	Au，AgAu	重选-混汞
自然金(脉金)	Au，AgAu	(1) 重选-混汞；(2) 重选-混汞-氰化；(3) 浮选-氰化；(4) 全泥氰化
铜金矿	$AuCu_2S$	(1) 浮选，铜精矿送铜冶炼厂，尾矿氰化；(2) 混合浮选，精矿混汞后送铜冶炼厂，尾矿氰化

续表 4-11

矿 石	主要组分	原 则 流 程
碲金矿	Au，Au_2Te	（1）混合浮选，精矿加氯氧化后氰化，尾矿氰化； （2）金浮选，精矿氧化焙烧后再氰化
含金黄铁矿	Au，FeS_2	（1）浮选，精矿送冶炼厂； （2）浮选，精矿氧化焙烧后再磨矿氰化
含金磁黄铁矿	Au，FeS_{1-x}	矿浆加石灰充气后氰化
砷金矿	Au，FeAsS	（1）浮选，精矿焙烧后氰化； （2）浮选，精矿加压氧化后氰化； （3）精矿或原矿生物氧化后氰化
含金碳质矿石	Au，C	（1）化学法氧化后氰化； （2）加煤油抑制石墨后氰化； （3）浮选，焙烧后氰化

注：资料来源于中南大学冶金学院。

选矿是把矿石破碎磨细以后，根据矿石中不同矿物的物理、化学性质，采用各种选矿方法将有用矿物与脉石矿物分开，并使各种共生的有用矿物尽可能相互分离，除去或降低有害杂质，以获得冶炼或其他工业所需原料的过程。选矿分为几个过程：首先是矿石的破碎与磨矿作业，然后是筛分、分级和洗矿，此后进行选矿的主体部分——矿物选别，主要方法有重选、浮选、磁选、化学选矿和电选等。黄金的生产工艺流程图如图 4-3 所示。

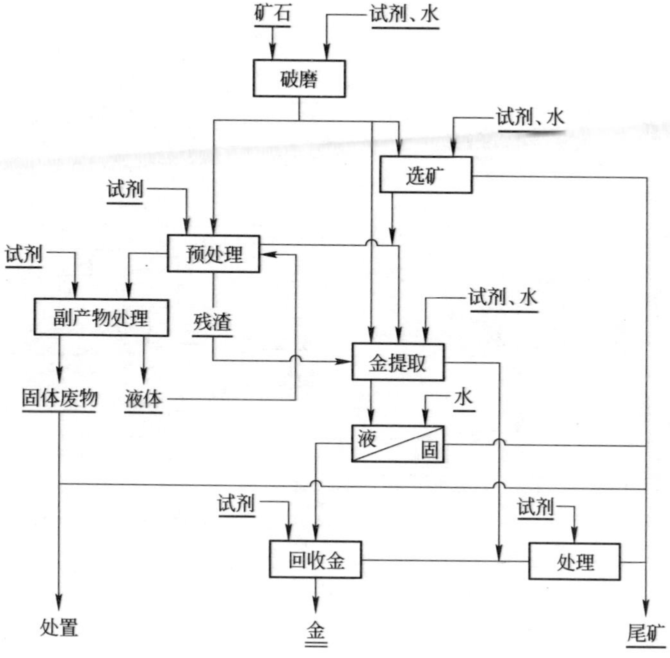

图 4-3　黄金生产工艺流程图

图 4-4 为黄金生产工艺方案选择概要。

（一）黄金选矿

1. 重选

重选法是一种古老而重要的选金方法。根据矿石中矿物颗粒的密度差，在流体介质（如水）中进行分选。重选法不仅是砂金矿石的传统分选方法，也是目前对含有游离金、品位极低的物料进行粗选的方法之一。重选不消耗药剂，对环境无污染，设备简单，能耗低，易于操作和管理。其缺点是对微细粒矿石的处理能力小，分选性差，因此只能作为辅

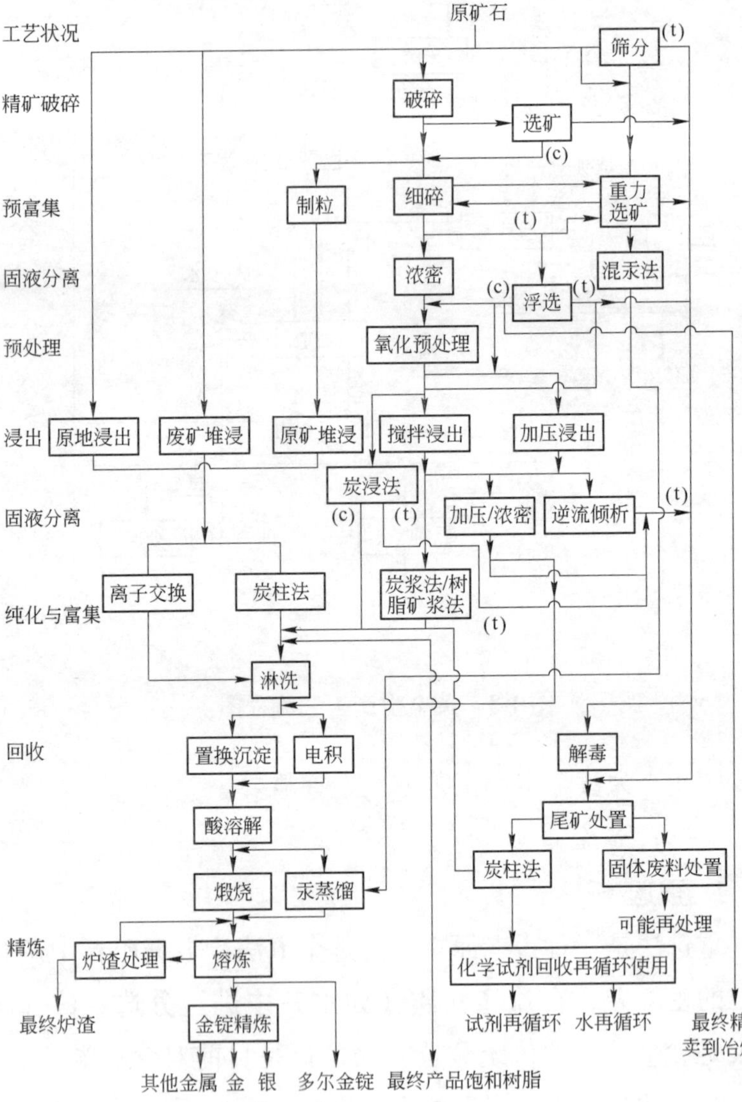

图 4-4 黄金生产工艺方案选择概要

c—精矿；t—尾矿

助手段。

选矿机是重选法的核心设备，其中以尼尔森（Knelson）选矿机为典型代表。该机是基于离心作用产生的高倍“强化重力”和流态化水松散富集床层的有机结合，是一种高效离心选矿设备。尼尔森选矿机的离心力被确定为60倍重力加速度，在高倍强化重力场内，不同密度矿物之间的重力差别被极大放大，使得矿物间很容易分离；另一方面，专利的流态化水松散床层不断吐轻纳重，有利于富集比的提高。目前，世界上已有70多个国家使用共计3000台左右尼尔森选矿机，均取得了良好的选矿指标。

2. 浮选

浮选法实质上是泡沫浮选法，在矿浆中添加化学试剂，并通入空气，经强力搅拌产生气泡，相关矿物附着在气泡上与其他矿物分离。金为亲硫元素，常与金属硫化物共生。金也常呈自然金形式产出，而硫化物和自然金为易浮矿物，可浮性较好。浮选法主要用于处理含金硫化物脉金矿。

由于金粒表面的疏水性，该法对不易用重选法或混汞法回收的细粒金具有明显的优势。捕收剂是浮选法的关键，常用的捕收剂有丁基黄药、戊基黄药、丁胺黑药等，但单一使用这些捕收剂存在选择上较差和对单体金捕收能力不强等问题。实践证明，几种药剂联合使用可以提高金浮选的回收率，例如丁基黄药和丁基铵黑药联合使用浮选山东莱山金矿，丁基黄药和戊基黄药联合使用浮选吉林某金矿（黄铁矿为主）和陆院沟金矿，均比使用单一浮选药剂有更好的金回收率。随着对浮选工艺研究的不断深入，分批给药、饥饿浮选、阶段磨浮、泥砂分选、加温浮选、分支浮选以及双回路循环浮选等工艺在工业上都得到了应用。如充气苏打法浮选金砷矿石已在贵州烂泥沟金矿、辽宁沙窝沟金矿进行了工业试验，均获得了浮选回收率大于90%的理想指标。

3. 磁选和化学选矿等其他方法

其他选矿方法有：磁选、化学选矿、手选、混汞提金、石蜡法、煤-油团聚法等。

（1）磁选：磁选是利用矿物之间的磁性差异，在不均匀磁场中分选矿物的一种方法。与其他选矿方法相比，磁选可应用的矿种虽较为有限，仅限含铁、锰的少数几种矿物，但其应用非常成功，另外磁选生产成本低廉，无污染也是其独特的优点。磁选法在贵金属选矿中主要应用于铁-铜伴生贵金属矿山和镍多金属矿石高冰镍的分选，因为单一的贵金属矿物基本没有磁性，或者磁性很弱，不能用磁选分选。在高冰镍分选中磁选用于选出贵金属合金，在铜铁矿石分选中，磁选作为综合回收磁铁矿之用。

（2）化学选矿：化学选矿是利用矿物之间或矿物组分之间化学性质的差异，采用化学方法改变矿物组成，分离和富集有用组分的一种选矿方法。化学选矿方法或者化学选矿与物理选矿方法组成联合流程，可以有效处理某些有用成分含量较低、有用矿物嵌布粒度细、组成复杂、用一般物理方法难以分选或者不可分选的矿物物料。化学选矿的发展与金银等贵金属和其他含量相对较低的元素的选矿富集密切相关，尤其是在金等贵金属氰化方面，更是得到了广泛的应用。

（二）矿产金提金方法

1. 混汞法提金

混汞法是一种传统的、古老而又普遍应用的选金方法，在黄金生产工业中占有很重要的地位，20 世纪 50 年代，其提金量占世界金总产量的 28% ~40%。矿浆中单体金粒表面和其他矿粒表面被汞润湿性的差异及汞继续向金粒内部扩散生成金汞合金，使金粒与其他矿物及脉石分离。混汞后刮取汞膏，经洗涤、压滤和蒸汞等使汞挥发而获得海绵金。蒸汞时挥发的汞蒸气经冷凝回收后，可返回使用。混汞法提金具有过程简单、操作容易、成本低廉等优点，尤其受到技术水平不高的大多数乡镇和个体金矿企业的欢迎。但该法存在对环境污染严重，综合回收率低，资源浪费严重等一系列的问题。该法简便经济，适于粗粒单体金的回收，但由于环境保护日益严格，混汞法已为重选、浮选和氰化法等所取代，目前已少有应用。

2. 氰化法提金

氰化法的原理是：金首先被氧化成 Au^+，然后与 CN^- 配合生成 $[Au(CN)_2]^-$ 进入溶液。金的氰化反应早在 1846 年由 Elsner 通过试验提出，从 1887 年开始用于从矿石中浸出金。之后氰化法逐渐得到广泛应用，并且很快取代了其他工艺，成为湿法提金的主要方法之一。早在 1846 年，Elsner 就提出了金的氰化反应方程式：

$$4Au + 8CN^- + O_2 + 2H_2O \longrightarrow 4Au(CN)_2^- + 4OH^-$$

目前，世界新建提金厂中约有80%都采用氰化法。强化氰化浸金新技术主要有：管道化加压氰化法，富氧氰化法，碱液热压氧化-氰化法，超声波强化法，加压氧化分解法（加压酸浸，加压碱浸，加压中性浸出），微生物氧化分解法，超细磨法和磁场强化法等。其中以超细磨法、细菌预氧化法等预处理工艺研究较多。氰化法提金的工艺流程如图4-5所示。金氰化的电势-pH值简化图如图4-6所示。

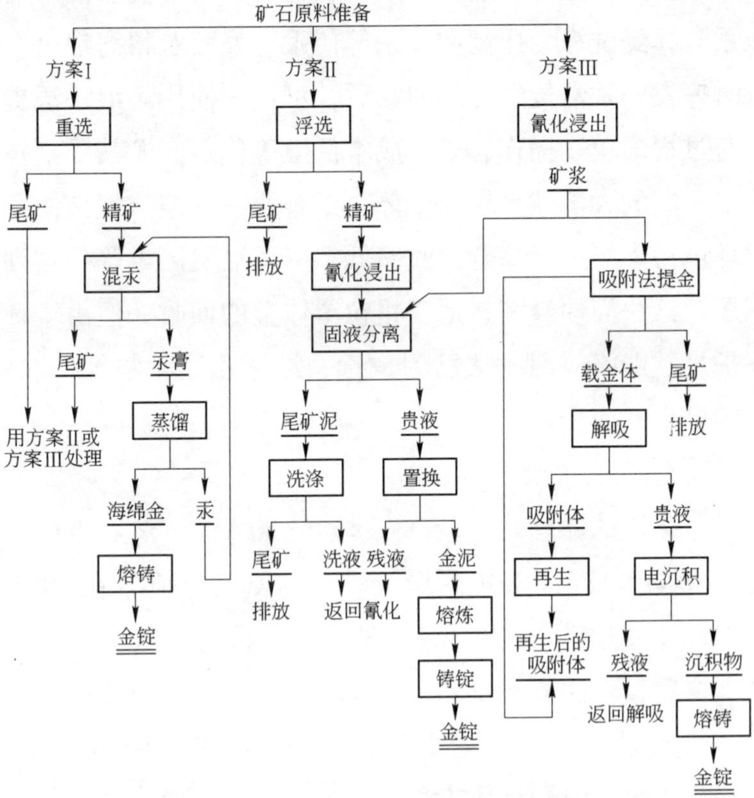

图4-5　氰化法提金的工艺流程

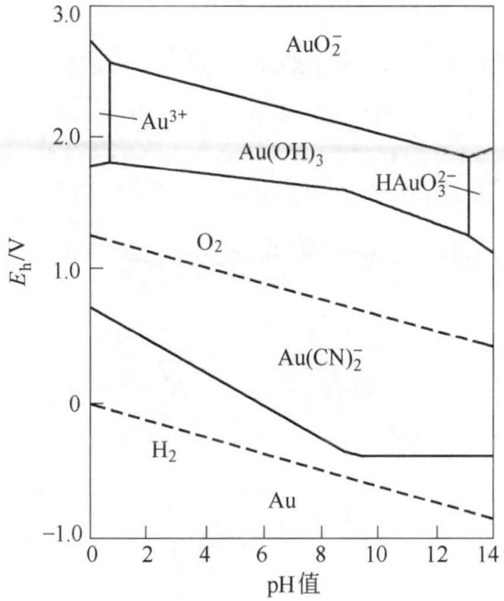

图 4-6　金氰化的电势-pH 值简化图

（CN^- 浓度为 10^{-2} mol/L）

分析金氰化的电化学理论发现，金的氰化反应本质上是电化学反应，对于一个电化学反应而言，其速度由氧和氰根离子穿过金属表面的界面层的扩散速度所控制；而且当氰根浓度超过一定数值后，氧的扩散速度就成为过程速度的控制因素，反之亦然；此外金的溶解速度应该直接正比于颗粒的表面积。金氰化的电势-pH 值简化图说明：（1）金的氰化物溶解总是位于氢线之上，氧线之下。这说明在氰化体系中可用空气来氧化金。（2）pH > 9，可降低体系的还原电势，有利于金的氰化溶解。另外，从安全和减少 HCN 挥发损失角度来看，pH 值也应高些。

研究纯金的氰化溶解动力学发现，纯金在氰化物体系中的溶解速度与溶液中的氧浓度、氰根浓度、金在溶液中暴露的总面积、搅拌速度、溶液温度等密切相关，因此根据可能的金氰化溶解反应式以及该反应受扩散控制的理论，利用 Fick 定律，可推导出金溶解速度最大时氰根和氧分子的浓度与它们的扩散系数之间的关系式：

$$\frac{[CN^-]}{[O_2]} = 4\frac{D_{O_2}}{D_{CN^-}}$$

或者

$$\frac{[CN^-]}{[O_2]} = 8\frac{D_{O_2}}{D_{CN^-}}$$

式中 $[CN^-]$，$[O_2]$——氰根和氧分子的浓度；

D_{CN^-}，D_{O_2}——氰根和氧分子的扩散系数。按大部分研究结果，D_{O_2}/D_{CN^-} 的平均值为 1.5。

（1）搅拌氰化法。氰化提金回收率很高，而且可以实现就地产金，避免了由于金精矿长途运输产生的各种弊端，有利于提高企业的经济效益。但其缺点是氰化物为剧毒药剂，工艺流程长，金的提取速度较慢。为了适应不同类型的含金矿石，提高金的回收率，降低成本，氰化法提金工艺不断革新。开始，由于矿石细磨的成本高，大批矿石连续浸出、脱水和过滤的方法还未研制出来，因此，在氰化法发展的第一阶段是渗滤浸出（或称池浸）。渗滤浸出只适宜于处理粗颗粒矿石，不允许物料中有黏土、矿泥等微细颗粒。因此，在浸出前要将细碎的矿石分级（淘洗），分离矿泥，将粗泥产品（砂）置于浸池中用渗滤法氰化处理。随着湿法冶金设备的完善，矿浆搅拌槽、过滤机、浓密机等不断地被研制出来，除了矿砂用渗滤浸出外，分出的矿泥产品可用搅拌槽氰化。随着磨矿、浓缩和过滤技术的进步与提高，氰化浸取转向从微细粒金矿石中提金，开始将全部矿石细磨后在强烈搅拌的槽中浸出。这种方法便称之为“全泥氰化”法。它具有回收率高、浸金速度快、提金周期短等优点，因此迅速得到推广应用。

搅拌氰化法浸金最早使用的是鼓泡空气氧化金，后来随着提金的科学化及人们对氧在浸出中的重要性的认识，出现了富氧浸出和液相氧化剂辅助浸出等各种助浸工艺，如双氧水或高锰酸钾助浸、氨氰助浸、加温加压助浸及硝酸铅助浸等。近年来，采用合适的 pH 值调整剂对氰化工艺的加强起到了非常重要的作用。在含铅、铜金精矿直接氰化浸金工艺中，用 $CaO + NH_4HCO_3$ 或 $NaOH + NH_4HCO_3$ 代替 CaO 作为调整剂，可以有效地提高金、银的氰化浸出率。这一工艺方法已经在国内黄金冶炼厂推广应用。

（2）堆浸法。堆浸法是处理低品位金矿和含金废料的最理想的方法，它的出现给早期被认为无经济价值的许多小型或低品位金、银矿带来了生机，也使从早期采矿废弃的含金废石中提金成为可能。堆浸的基本过程是将低品位矿石或含金废料等堆放在不透水的地面上，该地面上预先设置有完备的供排水系统，然后在矿堆上喷淋氰化物等浸出剂进行淋滤浸出，浸出后的含金贵液通过管道收集于贵液池中以作提金处理。

堆浸法设备简单，基建投资少，能耗较低，具有较好的经济效益。一般堆浸法基建和设备投资约为搅拌氰化浸金的20%～50%，生产成本约为搅拌氰化浸金的40%。自从1970年美国内华达州卡林第一个堆浸厂投产以来，堆浸技术不断改进提高，如制粒堆浸、环形堆浸台的连续堆浸、山谷充填式堆浸场、滴管喷淋技术等。尽管堆浸法的金浸出率较低，但其对金品位低至0.1～0.3g/t的金矿也有很好的浸出效果，而且矿堆规模可达到几十万甚至上百万吨级，金的回收率可达65%以上。同时，也可以通过改进制粒和喷淋方法、强化微生物作用、添加强化试剂等多种措施不断提高其浸出率，因此仍有较好的经济效益。紫金山金矿是以堆浸提金工艺为主的国内采选规模最大的黄金矿山，通过对提金工艺不断地进行优化，选矿工艺指标不断提高，堆浸浸出率逐年提高，已由50%提高到75%。

从常规氰化浸出液——氰化贵液中直接析出金的方法有：锌置换、铝置换和电积法。具体方法是将金先从稀溶液中富集，然后再行提取，如活性炭吸附、离子交换树脂吸附和溶剂萃取。锌置换得到的氰化金泥中金的含量一般较低，杂质含量较高；而通常锌丝置换的金泥，含金比锌粉置换的更低。对于金泥的火法处理方法是：先酸浸，然后将滤出物滤饼焙烧、熔炼，得到合质金（金银合金）。

3. 非氰化法提金

近些年来，非氰化提金技术有了很大发展，有些已在生产中得到应用。近几年来，研究较多的有硫脲法、硫代硫酸盐法、氯化法、多硫化物法、溴化法、碘化法、石硫合剂法、硫氰酸盐法等。

（1）硫脲法。硫脲提金工艺是最有可能取代氰化法的工艺之一。硫脲提金方法较多，常见的有硫脲铁浆法、硫脲炭浆法、离子交换树脂法、锌粉（铝粉，铅粉）置换法、电积法、溶剂萃取法等，工业上应用较多的是硫脲铁浆法、锌粉（铝粉）置换法。用硫脲提金，溶金速度快，比氰化法快4~5倍，可避免浸出过程中出现钝化现象；选择性高，对一些难选难浸矿石的浸出率高。缺点是它不适宜处理含碱性脉石较多的矿石，而且价格较贵，从贵液中回收金的工艺尚不成熟。

硫脲浸金的基本反应式为：

$$Au + 2Fe^{3+} + 2SC(NH_2)_2 = Au[SC(NH_2)]_2^{2+} + 2Fe^{2+}$$

在酸性介质中 Fe^{3+} 作氧化剂，金与硫脲形成配合物。硫脲-金配合阳离子适于用溶剂萃取法或离子交换法回收。硫脲铁浆法是在浸出的同时向矿浆中插入铁板或铁棒置换金，定期提取铁板并将表面金泥洗掉后再重复此过程。它与炭浆法都是在浸出的同时进行置换，有利于缩短流程，缺点是酸耗和置换材料消耗高。传统的硫脲提金工艺中采用电动搅拌或磁力搅拌，硫脲不稳定，易于氧化分解，而且浸出时间长，设备腐蚀严重。目前采用强化技术可以解决这些问题，如磁场强化硫脲提金技术和超声波强化硫脲提金技术。磁场强化硫脲提金技术是将外加磁场作用于硫脲浸金过程中，使浸出体系的物理化学性质发生变化，促进药剂与矿物的相互作用。利用超声波强化多项扩散体系，可减小体系的表观活化能，明显缩短浸出过程，降低溶剂用量。不同方法对难处理金矿（氧化矿）的浸出效果比较见表4-12。

表4-12 不同方法对难处理金矿（氧化矿）的浸出效果比较

指 标	氰化法	硫脲法	硫脲加 SO_2
浸出时间/h	24	24	5.5
硫脲消耗/kg · t^{-1}	7	34.4	0.57
SO_2 消耗/kg · t^{-1}			6.5
金浸出率/%	81.2	24.7	85.4
银浸出率/%	38.6	1.0	54.8

（2）氯化法（水氯化法）。氯化法始于19世纪中叶，后来因氰化法的出现而较少使用，自20世纪70年代起，才又重新得到应用，并发展了高温氯化挥发焙烧法、电氯化浸出法等。氯化法利用的是氯的强氧化性。在金-氯-水体系中，金被氯化而发生氧化并与氯离子配合进入溶液，故亦称水氯化法。氯在浸出过程中既为氧化剂又为配合剂。所采用的氯化物主要是氯气、次氯酸、氯酸盐等。氯化法有多种形式，如空气氧化-氯化浸金法，处理含砷碳质金矿，金浸出率达94%；焙烧-氯化浸金法，金浸出率达98%，比直接氯化浸金法高4%；炭氯浸金法，可使矿石预处理、浸出与回收在同一系统中进行；闪速氯化法，对传统的水溶液氯化法进行改进，使通入的氯气高度分散，可提高6%的金提取率，并降低25%的氯气消耗；电化学氧化法，在矿浆中加

入氯化钠然后通电，利用电解产生的次氯酸盐使碳质矿石氧化。水氯化法的最大优点是浸出速度快、浸出率高、原料丰富、价格便宜，但其主要问题是，在处理硫化矿时会有一部分或大部分硫化物溶解，使后面处理工序复杂化；对生产环境有影响，对设备腐蚀严重；氯气消耗量大。干氯化法即高温氯化法，它是在高温条件下使金与氯作用形成易挥发的 $AuCl_3$，通过冷却收尘，烟尘采用常规水冶法提金，对含微粒金的难选冶多金属精矿有一定作用，但尚需解决回转窑结窑、成本高等问题。

（3）硫代硫酸法。硫代硫酸盐浸出法是基于碱性条件下，金能与硫代硫酸盐形成稳定的配合物 $Au(S_2O_3)_2^{3-}$ 为防止 $S_2O_2^{3-}$ 分解，常加入 SO_2 或亚硫酸盐作稳定剂。研究表明，在 Cu^{2+} 催化作用下，金的溶解速度可提高 17～19 倍。该法特别适于处理含铜、锰、砷的难处理金矿石及碳质金矿，如美国 Newmont 公司于 1994 年发明的用硫代硫酸铵堆浸含碳质组分的金矿石。该法速度快，无毒，对杂质不敏感，金浸出率高，但硫代硫酸盐耗量高，不稳定，所以至今尚未推广应用。

（4）其他提金方法。石硫合剂法的原理是电化学-催化原理。该法为我国首创，可浸出含碳、砷、铜、锑、铅等的难处理矿石。所用试剂为廉价的石灰或 $Ca(OH)_2$ 与硫黄及适当添加剂的混合物，常温常压下，在碱性介质中与金形成稳定的配离子，实际上是多硫化物浸金与硫代硫酸盐浸金的联合作用，具有无毒、浸金速率快、对设备和材质要求不高等优点。

其他非氰试剂浸金法还有生物有机试剂法，如氨基酸类、类氰化合物和腐殖酸类等。氨基酸类分子在适合的氧化剂如高锰酸钾作用下可利用其分子中的氮氧配位原子与金形成有利的可溶性螯合物，使金溶解。类氰化合物有丙二腈、溴氰、硫氰化物、氨基酸钙等，这些药剂的毒性比氰化物的要小。腐殖酸类试剂来源广泛，价格便宜，一般在 pH 值为 10 以上的碱性条件和有氧化剂存在条件下，使浸出液中金质量浓度达 10mg/L。经磺化或硝化后的改性腐殖酸比天然腐殖酸的浸金能力高 15 ~ 19 倍，金浸出率可达 87%。生物有机试剂来源广泛，成本低，无环境污染，对就地浸出和堆浸有广阔应用前景。工业试验表明，氨基酸及腐殖酸的堆浸成本比氰化物堆浸成本略高，但明显比硫脲的低。

4. 复杂难处理含金矿石提金方法

难处理金矿石一般是指采用常规氰化法提取金时金的直接浸出率低于 80% 的矿石。随着金矿资源的大规模开采，富矿和易处理矿石逐年减少，难处理矿石已成为黄金工业的主要矿石资源，因此，世界各产金国都非常重视难处理金矿石生产工艺的研究，目前全球黄金总产量的 1/3 产自难处理金矿。这类矿石通常为含砷硫化物包裹型、碳质型矿石。含砷硫化物包裹型矿石在氰化物溶液中有较高的溶解度和溶解速度，但溶解产物易于在金粒表面形成致密薄膜，阻碍金的浸出。对此类矿石的预处理有火法和湿法。碳质型难浸金矿石中含有的天然碳质物质会优先吸附金氰配合物，目前比较普遍采用氧化法、炭浸法以及抑制法等处理。在用氰化物处理含铜金矿石时，铜、金与氰化物竞争配合导致氰化物大量消耗，而铜对炭吸附金也有一定影响。含金矿石的预处理方法主要是焙烧氧化法、生物氧化法和化学氧化法等，也有直接强化氰化-加压浸出法、炭浸法。非氰化法有硫脲浸出法、水氯化浸出法、硫代硫酸盐浸出法等。表4-13列举了各国学者研究分析的几种主要难处理金矿石及其原因。

表4-13 难处理金矿难处理原因

金矿石特征	难氰化原因
含微粒包裹金	微粒金包裹在石英或硫化物（黄铁矿、毒砂）中，难以用磨矿方法使金暴露
含 铜	氰化物消耗高，在金粒表面形成次生薄膜，阻碍溶解，氰化物溶液迅速疲劳
含 锑	金面上形成致密的膜，急剧降低溶解速度；与保护碱发生反应
含 碳	已溶金被碳质吸附
含黏土	恶化氰化浆的过滤性能；黏土能明显地吸附已溶金和氰化物
含 铁	在金粒上有氢氧化铁膜，阻碍金溶解

（1）难处理金矿微生物氧化预处理工艺。微生物氧化工艺在20世纪80年代得到了广泛研究，其最初用于从含铜废石中浸出铜，之后推广于难选金矿的预处理。在适宜的环境下，利用氧化亚铁硫杆菌等的新陈代谢产物直接或间接作用于砷黄铁矿和黄铁矿，使它们氧化和分解，将包裹的金暴露出来，然后再用常规方法回收金。该法主要应用于处理含

砷难浸金矿和碳质硫化物金矿。其与焙烧氧化、加压氧化同成为难处理金矿的3大预处理技术。在生物氧化过程中，矿石中对环境有污染的有害元素砷、硫等分解成相对稳定的无害盐类，经中和沉淀后可堆存。该法具有资源利用率高，环境污染小，对复杂的含砷、硫、微细包裹型金精矿（或含金矿石）的适应性强，生产操作简单，基建和生产费用低等优点，与堆浸技术相结合，是黄金提取最理想的技术之一。微生物氧化法也存在一些缺点，如氧化作业时间长，不能综合回收伴生的有价元素，工程菌放大周期长等。

（2）化学氧化预处理工艺。化学氧化法主要包括常压化学氧化法和加压化学氧化法。常压化学氧化法是为处理碳质金矿而发展起来的一种方法。常温常压下添加化学试剂进行氧化，如常压加碱氧化，在碱性条件下，将黄铁矿氧化成$Fe_2(SO_4)_3$，砷氧化成$As(OH)_3$和As_2O_3，后者进一步生成砷酸盐，可以脱除。主要的氧化剂有臭氧、过氧化物、高锰酸盐、氯气、高氯酸盐、次氯酸盐、铁离子和氧等。加压氧化是采用加氧和加热的方法，通过控制化学反应过程来使硫氧化。根据不同的反应过程，可采用酸性或碱性条件。加压氧化法具有金回收率高（90%~98%）、环境污染小、适应面广等优点，处理大多数含砷硫难处理金矿石或金精矿均能取得满意效果。加压氧化包括高压氧化、低压氧化和高温加压氧化。如加压硝酸氧化法，用硝酸将砷和硫氧化成亚砷酸和硫酸，使包裹金充分解离，金的浸出率在95%以上，缺点是酸耗较高。

另外，还有热压氧化法，采用热压氧化法预处理难浸金矿石，然后在高温下氰化浸出，金的浸出率达93.69%，工艺流程简单，操作方便，浸出时间短，是目前处理难浸出金矿的一种新兴工艺。该法是在较高的温度和压力下，加入酸或碱分解硫化物，使金暴露出来，进而达到提高金氰化回收率的目的。对于黄铁矿、毒砂等酸性或弱碱性物料，多采用酸性加压氧化工艺；而对于碳酸盐含量高、硫化物含量低的强碱性难处理金矿石，则多采用碱性加压氧化工艺。加压氧化法具有环境污染小，金回收率高，对有害金属锑、铅等敏感性低，反应速度快，适应性强等优点，但同时也存在对设备材料要求高、投资费用大、操作技术要求高、工艺成本较高、对含有机碳较高的物料效果不好等缺点。

电化学氧化法是通过电极反应氧化黄铁矿或砷黄铁矿，改变矿物的微观结构，提高矿物的孔隙度，并将砷、铁转化成砷酸铁、硫酸铁等从而解离出金。与其他方法相比，此法不污染大气，不存在高压问题，没有生物法苛刻的要求，同时氧化速度较快，因此受到广泛重视。

（3）焙烧法预处理工艺。焙烧法是将砷、锑硫化物分解，使金粒暴露出来，使含碳物质失去活性。它是处理难浸金矿最经典的方法之一。焙烧法的优点是工艺简单，操作简便，适用性强，缺点是环境污染严重。含金黄铁矿-砷黄铁矿矿石中加石灰石焙烧，可控制砷和硫的污染；加碱焙烧可以有效固定S、As等有毒物质。美国发明的在富氧气氛中氧化焙烧并添加铁化合物使砷等杂质进入非挥发性砷酸盐中，国内研发的用回转窑焙烧脱砷法，哈萨克斯坦研发的用真空脱砷法以及硫化挥发法、微波照射预处理法，俄罗斯研发的球团法等都能有效处理含砷难浸金矿石。而另外一种合理的办法是采用两段焙烧：第一段在弱氧化气氛下焙烧脱砷；第二段在强氧化气氛下再焙烧，使硫化物完全氧化。这样可以得到有利于氰化的多孔焙砂。

含砷金精矿两段沸腾焙烧装置示意图如图 4-7 所示。

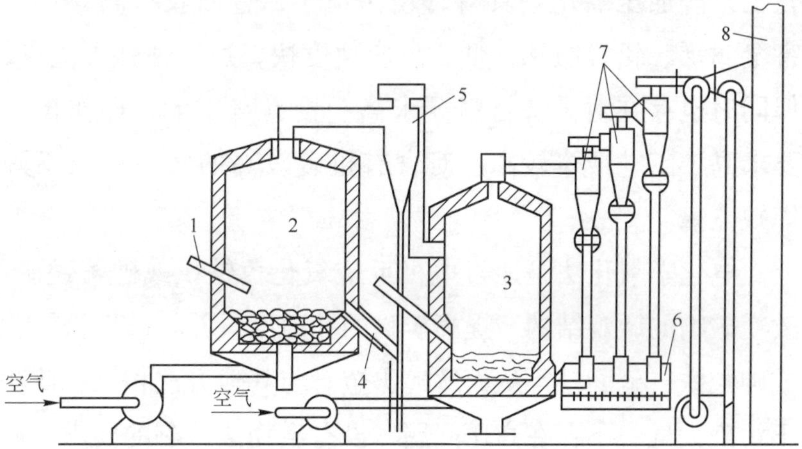

图 4-7　含砷金精矿两段沸腾焙烧装置示意图

1—加料管；2—一段焙烧炉；3—二段焙烧炉；4—排矿管；
5—中间旋风收尘器；6—焙砂水冷槽；7—旋风收尘器；8—烟囱

（4）几种预处理工艺的比较。目前国内应用较多的难处理金矿石预处理方法有细菌氧化法、加压氧化法和焙烧氧化法。难处理金矿石（精矿）三种预处理方法的特点见表 4-14。

表 4-14　三种难处理金矿石（精矿）预处理方法的特点

预处理方法	细菌氧化	加压氧化	焙烧氧化
工艺严格要求	不严格	严格	不严格
选择性氧化	是	否	否
基建投资	1.00	1.63	1.36
生产成本	1.00	1.00	1.02
金回收率/%	93	96	89
银回收率指标	高	低	较高
工业副产品	无	无	H_2SO_4，As_2O_3
操作条件	低浓度毒物	低浓度毒物	高浓度毒物
安全性	安全	高压高氧，危险	较安全

注：基建投资和生产费用以细菌化法为标准（1.00），按相对值折算。

三种预处理方法的主要特点表明：基建投资和生产费用以细菌氧化法为标准（1.00），按相对值折算。

（1）金回收率从高到低为加压氧化、细菌氧化、焙烧氧化，而银依次为细菌氧化、焙烧氧化、加压氧化。

（2）焙烧氧化法工艺最成熟，其次是细菌氧化法和加压氧化法，而后者的管理和工艺控制要求都很严格。

（3）基建投资对 1000t/d 以下的中小厂，细菌氧化（25% 固体，72h）投资最少，加压氧化最高；但对于 5000t/d以上的大厂，则焙烧法最少。

（4）黄金保护方面，细菌氧化和加压氧化无污染，而焙烧氧化法污染较严重，需有复杂而有效的收尘系统。

5. 金泥冶炼与碳浆提金

通过氰化法处理得到的氰化贵液通过锌粉置换后，得到金泥，金泥冶炼得到粗金锭（合质金）工艺流程如图 4-8 所示。

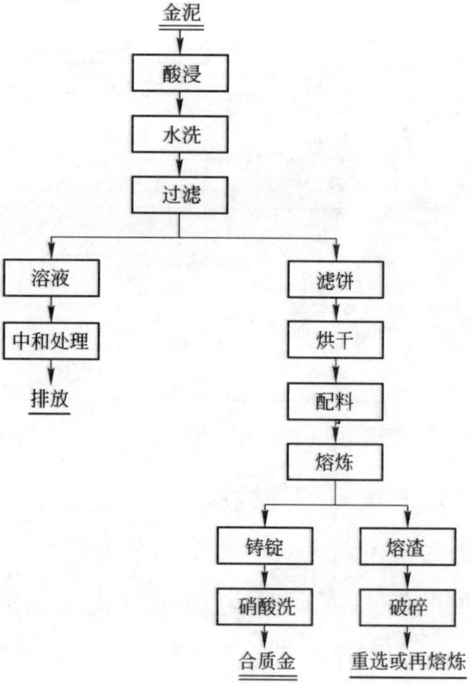

图 4-8 金泥冶炼工艺流程

炭浆法（Carbon in pulp，CIP）是从完成氰化浸出的矿浆中用活性炭吸附回收金的一种新工艺。CIP 法是在金被氰化浸出后向浸出矿浆中投入活性炭，关键技术是从活性炭上脱附金，由于早期缺乏脱附金的有效方法，只能将载金炭焚烧后从炭灰中回收金，但该法成本太高难以工业应用。美国矿务局 Zadra 教授开创的化学脱附炭上金的方法，使活性炭回收金的设想得以在 CIP 中实现。随着载金炭的化学脱附方法的改进，南非 AARL 实验室又发展了 AARL 脱附法。1973 年，世界上第一个工业化 CIP 厂在美国赫姆斯塔克投产，其后被迅速推广到世界各国，其工艺过程如图 4-9 所示。

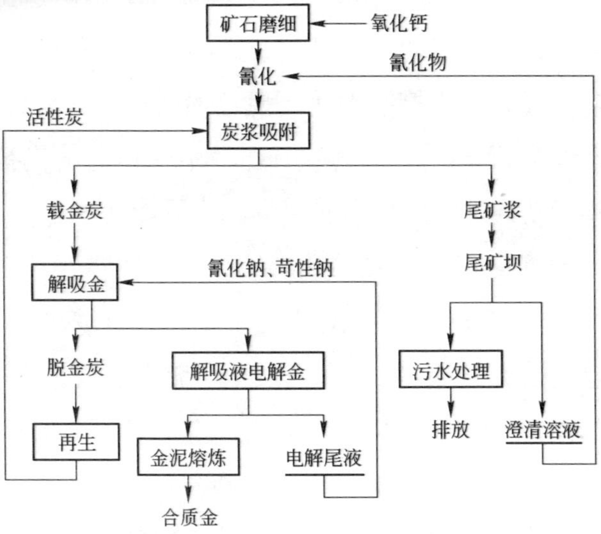

图 4-9 炭浆法提金工艺流程

第二节 有色副产伴生金冶炼技术

一、新中国成立后伴生金银冶炼技术回顾

（一）伴生金银冶炼技术的进步

传统火法金银冶炼技术改造：一是工艺流程的改进。改进后的铜铅阳极泥提取金银工艺流程为：（1）硫酸化焙烧脱铜，并蒸发回收粗硒；（2）脱铜硒的浸出渣、粗银与铅阳极

泥按1∶4混合，在贵银炉中还原，炼出贵铅（含贵金属的铅）；（3）经分银炉炼成金银合金，金银合金再经电解，产出金和银的成品。二是对旧设备的改造。主要有：建成外加温回转窑，用此设备同时完成硫酸化焙烧和蒸硒两道工序；将分银炉改造为手摇转动式，以利于进料、放渣和出炉等操作；将原电解槽（人工出槽）改为聚氯乙烯联通电解槽，使出槽、装槽可连续进行，减少非生产时间；用中频电炉代替坩埚地炉，改善劳动条件，减少金属损失和降低能耗等。

金银冶炼新工艺的研究和应用：20世纪70年代中期，金银冶炼厂与有关研究单位开展了冶炼新工艺的探索与应用，重点是研究选-冶联合流程及全湿法新工艺。1977年研究成功选冶联合处理铜阳极泥的工艺，该工艺对阳极泥中铜、硒的脱除改用氯酸钠做氧化剂酸浸；浸出渣用浮选法处理；并加配苏打与浮选精矿进行熔炼。该法与旧的火法工艺相比，金直收率提高了5%～10%，银直收率提高了4%。1974年试验成功用“水氯法”处理银阳极泥的工艺。该法用水溶液氯化分离出金、铂、钯，可得99.99%纯金，99.95%的纯铂钯。1981年和1982年还分别研究成功水火法处理新工艺和阳极泥湿法处理新工艺并运用于生产。

目前我国大型铜铅冶炼厂仍普遍使用传统的火法-电解工艺，但在设备和工艺条件等方面有重大改进，已经开始试验火法-湿法相结合的流程；中小冶炼厂则多采用湿法处理工艺。除了铜铅阳极泥外，人们对锡、锑、磷、镍、铁电解阳极泥以及锌渣、铋渣和浮选尾矿物的处理也做了一些有成效的工作。今后，阳极泥湿法处理新工艺或湿法-火法联合新工艺仍将是伴生金银冶炼的主要发展方向。

近些年来，国内多家铜镍锌冶炼项目企业引进国外先进技术，收到了很好的效果。如江西铜业公司、山东阳谷祥光铜业公司、安徽铜陵有色金隆铜业公司、甘肃金川有色集团、湖南株洲株冶火炬金属公司（锌厂扩建工程）等引进了奥图泰技术；铜陵有色公司则引进瑞典奥托昆普公司技术建造了世界最大的卡尔多炉，建成了年处理 4000t 铜阳极泥，年产黄金 12t、白银 350t、精硒 140t 的生产线。

（二）金银再生回收的技术进步

新中国建立前，金银再生回收技术极少，可谓空白。新中国成立后，从 1960 ~ 1961 年的白银大会战回收民间银元银器开始，金银再生回收得到一定发展。但回收量与总量的比率还偏低，20 世纪 80 年代黄金再生回收占产量的比重只有 5%，白银约为 12%。

金银市场开放前，金银的回收主要由国有企业承担。吉林冶金研究所和北京无线电综合元件厂，于 1978 年研究了使用碘和碘化钾的方法回收金；1982 年徐州稀贵金属研究所提出了硫脲退金的方法。生产银电接点和焊料的苏州合金材料厂除回收自身的废料外，还回收其他单位送来的废银。

金基合金废料的回收再生工作，主要配合创制新型金基合金系列进行。如昆明贵金属研究所从金液中用草酸还原法，获得纯度为 99.99% 的金。对金银含量低的废料，如破热水瓶胆、含金银的泥渣等，也进行了回收。如上海永胜金属提炼厂在20世纪70年代每年从中回收黄金140kg，截至1983年总计回收白银386t。北京稀贵金属提炼厂的黄金回收量也与其相当，截至1983年总计回收白银152t。

河北保定胶片厂从感光材料废料中回收银的成效显著。1971年该厂建成废胶片处理车间，使卤化银沉淀回收。该厂还与吉林冶金研究所、保定市银行等合作，研究出火法回收银的工艺。1978年又研究出废乳剂中回收银的工艺，使每年近40t的废乳剂得到处理。1980年建成含银污水处理站，进一步减少银的损失。1957年开始国内不少单位从定影液中回收银。如北京电影洗印厂、天津熔炼厂、北京稀贵金属提炼厂等单位分别建立了从定影液中回收银的车间。

白银黄金市场相继放开后，金银再生回收发展迅速，很多民营企业等纷纷参与白银的再生回收，形成了湖南永兴县和浙江仙居等再生白银产业基地。中国人民银行1999年批准永兴金银回收总公司自行销售回收金银，并实行优惠税收政策。目前国内民营企业白银产量占全国白银总产量的一半左右。20世纪70～80年代国内部分金银再生回收企业见表4-15。

表4-15 20世纪70～80年代国内部分金银再生回收企业

序号	企业名称	回收方法及产品
1	吉林冶金研究所、北京无线电综合元件厂	碘和碘化钾的方法回收金
2	国家物资局徐州稀贵金属研究所	硫脲退金

续表 4-15

序号	企业名称	回收方法及产品
3	苏州合金材料厂	废旧电触和焊料提银
4	昆明贵金属研究所	金液中用草酸还原法提金
5	上海永胜金属提炼厂	热水瓶胆、含金银的泥渣提金 三废提银
6	北京稀贵金属提炼厂	三废提金银
7	河北保定胶片厂	废胶片、废乳剂等提银
8	北京电影洗印厂、天津熔炼厂	定影液提银

注：资料来源于《有色金属工业50年资料汇编》。

二、有色副产阳极泥金银的回收技术

在通常情况下，铜矿黄金较多，铅矿含银较多，而镍矿含铂族金属较多，在电解精炼时，这些贵金属大部分都进入相应的阳极泥中，在重金属铜、铅、锑冶金过程产出阳极泥，阳极泥中的主要有价（值）金属为金银，因此从铅铜阳极泥回收金银是有色金银产量的最主要来源。

铜、铅精矿中所含的金银等贵金属在火法冶金过程中几乎全部进入粗铜和粗铅，粗铜和粗铅再进行电解精炼。铜电解阳极泥的产率为粗铜阳极板质量的0.2%～1%；铅电解阳极泥的产率比铜电解阳极泥的稍高，通常为0.9%～1.8%。阳极泥中除含金银等贵金属外，通常还含有Se、Te、Pb、Cu、Sb、As、Bi、Ni、Fe、Sn、S、SiO_2、Al_2O_3等，其含水量在35%～40%之间，铅阳极泥中Sb、As的含量比铜阳极泥高。

（一）铜阳极泥提取金银

铜阳极泥中各种元素的物相见表4-16。

表4-16 铜阳极泥中各种元素的物相

元素	主要物相
铜	Cu，Cu_2O，CuO，Cu_2S，$CuSO_4$，Cu_2Se，Cu_2Te，CuAgSe，$CuCl_2$
铅	$PbSO_4$，$PbSb_2O_6$
铋	Bi_2O_3，$(BiO)_2SO_4$
砷	$As_2O_3 \cdot H_2O$，$Cu_2O \cdot As_2O_3$，$BiAsO_4$，$SbAsO_4$
锑	Sb_2O_3，$(SbO)_2SO_4$，$Cu_2O \cdot Sb_2O_3$，$BiAsO_4$
硫	Cu_2S
铁	FeO，$FeSO_4$
碲	Ag_2Te，Cu_2Te，$(Au, Ag)_2Te$
硒	Ag_2Se，Cu_2Se
金	Au，Au_2Te
银	Ag，Ag_2Se，Ag_2Te，AgCl，CuAgSe，$(Au, Ag)_2Te$
铂族	金属或合金状态（Pt，Pd）
锌	ZnO
镍	NiO
锡	$Sn(OH)_2SO_4$，SnO_2

铜阳极泥火法处理主要有以下三个工序：硫酸化焙烧除铜除硒、还原熔炼生产贵铅、贵铅氧化熔炼除杂。

（1）硫酸化焙烧除铜除硒：硫酸化焙烧在回转窑内进行，铜阳极泥送入不锈钢混料槽，按铜、银、硒、碲和硫酸进行化学反应的理论量的130%～140%左右（铜阳极泥与浓硫酸的比例大概为1∶0.8），配加浓硫酸，搅拌成糊，用加料机均匀送入回转窑内进行硫酸化焙烧。硫酸化反应完成后，硒生成 SeO_2 挥发，挥发率可达 93% ~97%。含 SeO_2 和 SO_2 的气体经进料端的出气管进入吸收塔。塔内装水，SeO_2 溶于水形成 H_2SeO_3，并被 SO_2 还原成粉末状的硒，经水洗干燥得 95% 左右的粗硒。塔液和水洗液用铁置换后含硒低于 0.05g/L，弃去，含硒置换渣返回窑内处理。硫酸化焙烧使铜转化为 $CuSO_4$，用水浸渣使 $CuSO_4$ 进入水溶液而实现脱铜。脱铜渣送至下一工序，硫酸铜溶液用泵送至铜电解车间回收铜。

（2）还原熔炼：铜阳极泥经提硒脱铜处理的浸出渣、阳极泥或两者的混合物是还原熔炼的原料，配入粉煤和石灰等熔剂进行还原熔炼生产贵铅。熔炼的目的是把阳极泥中的金银富集起来，成为金银合金。熔炼在反射炉或者转炉（贵铅炉）进行，温度 1373 ~1473K，放渣后得到的是贵铅，贵铅是铅、铋和金银等的合金，其含银量根据原始物料含贵金属而定，一般含银 25% ~33%，含金 0.8% ~1% 等。熔炼贵铅所用的熔剂一般为苏打、萤石、石灰、石英，还要少量的还原剂如焦粉和铁。还原熔炼在转炉内进行。阳极泥中的金、银与还原出来的铅熔体形成贵铅，沉于炉底，少量的碲、铜、硒也进入贵铅。

（3）贵铅氧化熔炼除杂：将贵铅在反射炉或者转炉（分银炉或者灰吹炉）中 1273 ~1473K 温度下鼓风氧化，使铅、砷和锑氧化挥发，同时使一些不挥发的杂质氧化物如铜等造渣。当炉内合金含银达到 75% ~80% 时，加入苏打和硝酸钠使碲造渣，可得到含碲 3% 左右的碲渣，用作提碲的原料。继续吹风氧化使含银量达到97%~98%为止，浇铸成金银合金阳极，用来备作电解精炼阳极使用。铜阳极泥火法-电解常规工艺流程如图4-10所示。

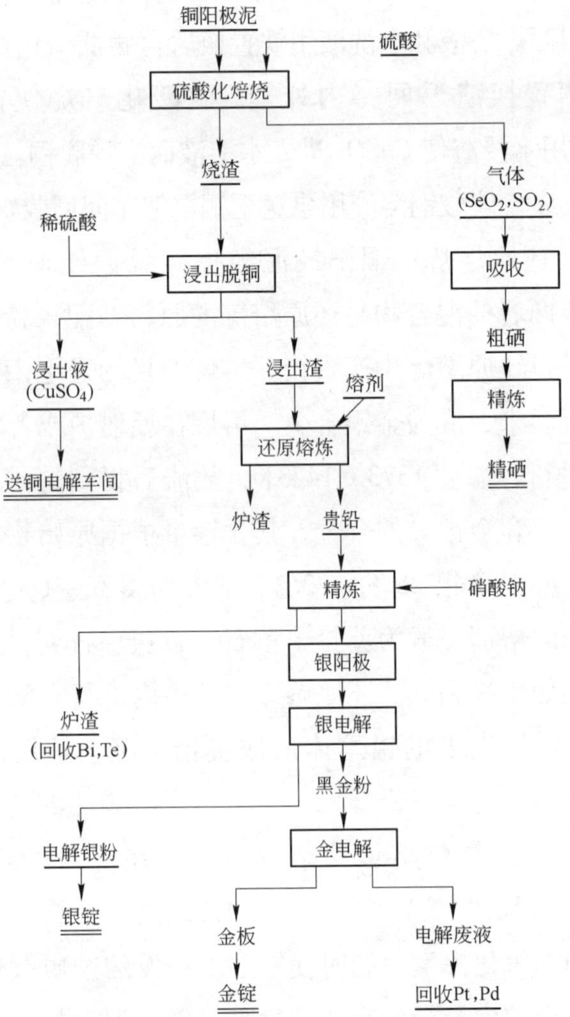

图4-10 铜阳极泥火法-电解常规工艺流程图

目前，国内铜阳极泥处理工艺主要有三大类：（1）全湿法工艺流程：硫酸化焙烧（或氧化焙烧）蒸硒—稀酸分铜—氯化分金—亚钠分银—金、银还原—银电解；（2）湿法-火法相结合的流程：加压浸出铜、碲—火法熔炼、吹炼（卡尔多炉）—银电解—银阳极泥氯化提金。对于规模小的企业采用较多流程为：硫酸化焙烧（或氧化焙烧）蒸硒—稀酸分铜—贵铅炉、分银炉熔炼—银电解。（3）选冶流程：湿法分离铜、硒—浮选分离贵、贱金属—分银炉熔炼—银电解—银阳极泥氯化提取金、铂、钯。浮选产生的尾矿返回铜系统进一步回收有价金属。

中国恩菲工程公司资料显示，在我国采用选冶流程的企业很少；对于20万吨/年规模以上的铜厂大多采用湿法-火法相结合的流程；中小规模的铜厂大多采用全湿法流程。采用全湿法流程的企业根据各厂的规模、原料的不同，在工艺上又有所不同。例如焙烧采用氧化焙烧；铜阳极泥中含碲高，则在氯化分金前增加碱浸工序；有的厂采用萃取提金，或采用不同的还原剂还原金、银。湿法流程的优点是工艺成熟、返料少，相对投资省，缺点是流程长、设备多，生产成本高，原料适应性差，同时能耗高；湿法-火法联合流程的优点是主干流程短，工艺设备少，生产周期短、能耗低、运行成本低，对原料适应性强，缺点是返料量大、直收率低。目前采用上述哪种流程的决定因素主要取决于铜冶炼的规模。而选择湿法流程的企业工艺流程取决于各自原料的成分。

（二）铅阳极泥提取金银

铅阳极泥的物相组成见表4-17。

表4-17 铅阳极泥的物相组成

金属元素	金属物相及化合物
银	Ag，Ag_3Sb，ε′-Ag-Sb，AgCl，$Ag_ySb_{2-x}(O\cdot OH\cdot H_2O)_{6\sim7}$，$x=0.5$，$y=1\sim2$
锑	Sb，Ag_3Sb，$Ag_ySb_{2-x}(O\cdot OH\cdot H_2O)_{6\sim7}$，$x=0.5$，$y=1\sim2$
砷	As，As_2O_3，$Cu_{0.95}As_4$
铅	Pb，PbO，PbFCl
铋	Bi，Bi_2O_3，$PbBiO_4$
铜	Cu，$Cu_{0.95}As_4$
锡	Sn，SnO_2
其他相	SiO_2，$Al_2Si_2O_3(OH)_4$

铅阳极泥是铅电解精炼过程中产出的一种副产品，主要是由阳极粗铅中还原电位较高的杂质金属及在电解液中的不溶成分组成的，其成分和阳极泥产率主要取决于阳极成分、铸造质量和电解的技术条件，所以各种组分都有较大的波动范围。铅阳极泥产率一般为粗铅的1.2%～1.8%，通常含有Au、Ag、Se、Te、Pb、Cu、As、Sb、Bi、Ni、Fe、Sn、SiO_2、Al_2O_3和铂族金属等有价元素，在一般情况下，银、铅、锑、锡以及铜、砷等元素的总量占干重的70%以上，阳极泥含水量通常在35%～40%之间。目前，铅阳极泥的处理基本上有三种方式：一是火法-电解处理工艺，有的厂将铅阳极泥和铜阳极泥进行混合熔炼；二是全湿法工艺；三是

湿法-火法联合流程。

铅阳极泥冶金的常规方法是火法熔炼-氧化精炼-电解法（见图4-11）。对于含硒、碲高的铅阳极泥，火法熔炼前通常先脱除硒和碲，铜高时也包括脱铜。经熔炼产出的贵铅进行鼓空气氧化精炼得到金银合金，银品位达96%以上。再经电解精炼得到银、金产品。火法处理铅阳极泥一般是将铅阳极泥与助熔剂一起加入到转炉中还原熔炼，使产生以铅、铋、金、银为主的合金，烟化的砷、锑用布袋收尘。铜、铋是火法熔炼最难排除的元素，它们在贵铅分银时需要很高的温度和较强的氧化条件才能成渣；而且铜、铋黏度较大，成渣时常夹带金、银，导致金、银损失；烟气中含有有毒的砷氧化物，会污染环境；铅阳极泥熔炼时，返渣多，金、银直收率低，生产周期长，特别不适于中小企业采用。因此，阳

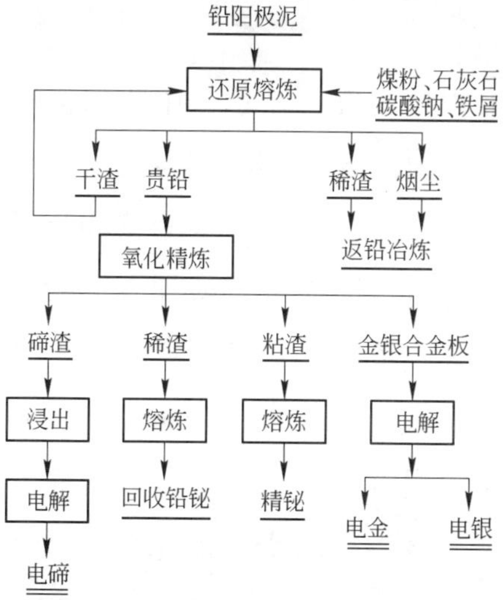

图4-11　铅阳极泥火法工艺流程图

极泥湿法处理工艺应运而生。采用湿法工艺处理铅阳极泥，金、银收率高，生产周期短，对环境无污染。对金、银含量较低的铅阳极泥，采用湿法工艺更具明显优势。

目前我国处理铅阳极泥的工艺流程主要有以下三种：(1) 传统的火法流程：贵铅炉还原熔炼—分银炉氧化精炼—银电解；(2) 湿法-火法流程：湿法除贱金属—碱转化—分银炉精炼—银电解；浸出液分别水解沉锑—中和沉铋—氧化沉铜；(3) 全湿法流程：湿法除贱金属—浸出渣氯化分金—氨水浸银—金、银还原—银电解；浸出液分别水解沉锑、铋—氧化沉铜；对于湿法除贱金属工序又有三氯化铁体系、盐酸+食盐体系、盐酸+氧化剂体系、氢氧化钠体系等。有的是先除铜，然后再除贱金属。传统的火法流程的优点是对原料适应性强，处理能力大，缺点是直收率低，劳动环境差。

中国恩菲工程公司资料显示，由于目前各厂原料的不确定性及规模的大型化，8 万吨/年以上的铅厂和铜铅联合企业大多采用此法。湿法-火法流程的优点是金属直收率高，劳动环境较好，有价金属能有效地加以回收。该流程银的直收率可比传统的火法流程提高 8% 左右，该流程的缺点是一次投资较大，所需试剂品种多，介质腐蚀性强，原料成分要求相对稳定，所以通常适用于中小规模的企业。全湿法流程通常适用于处理含金较高的铅阳极泥。

(三) 铅铜阳极泥混合处理工艺流程

工艺流程基本类似，分为还原熔炼、氧化精炼和电解等几个过程，铅、铜阳极泥混合处理流程见图4-12。

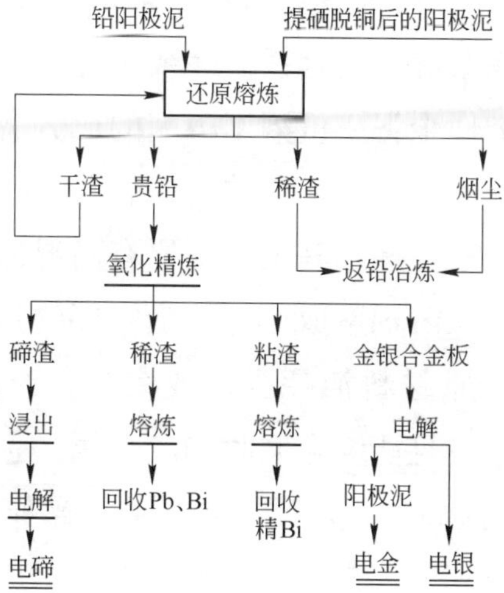

图4-12　铅、铜阳极泥混合处理流程

黄金加工技术包括：熔炼铸锭工艺、压力加工、金银焊接、金化工产品盐类加工、金饰品加工、金银材料（线丝板带箔等）加工、合金材料加工、电镀工艺等，限于篇幅本书不做介绍。

第三节　黄金的精炼

黄金精炼的目的就是除去杂质，提高金的纯度，获得符合各种不同要求的黄金产品，以满足市场交易的要求。精炼是一个包括许多工艺过程的系统。由于用于精炼的原料中含有大量的锌、铜、铁、铅等杂质，严重影响从金泥中提纯和冶炼黄金的纯度，故在精炼工序之前必须除去这些杂质。常用的除杂方法主要有硫酸除杂法、盐酸除杂法、硝酸除杂法、控电氯化除杂法、混合铵盐除杂法等。其主要原理都是采用合适的溶剂使金泥中可溶于溶剂的成分溶解，形成可溶性盐，而金不溶解，达到除杂的目的。

金的精炼方法很多，其工艺主要有高温氯化工艺、化学工艺、电解工艺和溶剂萃取法等。最主要的是电解法，其特点是操作简单，原材料消耗少，效率高，产品纯度高且稳定，劳动条件好，且能综合回收铂族金属。企业在选择黄金精炼工艺时应对物料性质、环保要求、操作成本、生产周期、产品质量要求等因素进行综合考虑。

一、 高温氯化精炼

高温氯化精炼工艺是在冶炼炉内熔化粗金，然后向焙烧体内通入氯气，由于各种金属杂质（Fe、Zn、Pb、Cu、Ag等）与氯的化学亲和力不同，从而选择性地把杂质氯化除去，使金得到提纯。

氯化精炼在高温下（1150℃）进行，氯气与金属杂质发生如下化学反应：

$$2Fe + 3Cl_2 \longrightarrow 2FeCl_3$$

$$Zn + Cl_2 \longrightarrow ZnCl_2$$

$$Pb + Cl_2 \longrightarrow PbCl_2$$

$$Cu + 1/2Cl_2 \longrightarrow CuCl$$

$$Ag + 1/2Cl_2 \longrightarrow AgCl$$

在 1150℃ 的高温下，生成的氯化物（$FeCl_3$、$ZnCl_2$、$PbCl_2$）易气化而被除去，$CuCl_2$、AgCl 以熔体状态进入浮渣与金分离，使金得到精炼。该工艺对合金的成分适应范围较宽，但其氯化过程的控制（氯气用量、时间、温度、通气速度）难以准确把握，产品质量难以稳定达标；其次，氯化过程会有少量的金挥发，造成金的损失；此外，金含量低的原料应用该法很不经济。氯化精炼工艺流程见图 4-13。

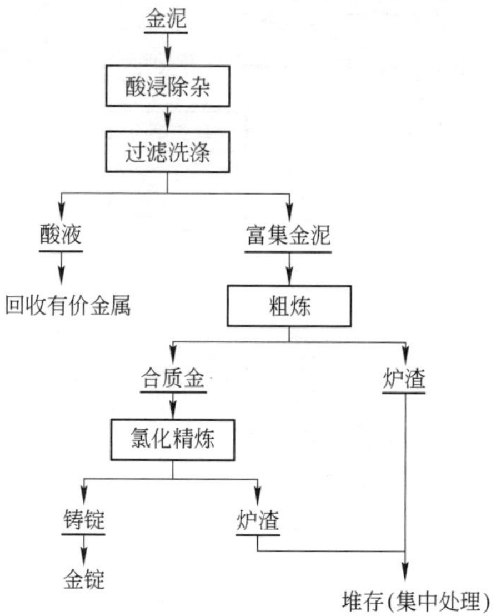

图 4-13　氯化精炼工艺流程

二、黄金的化学精炼

化学精炼工艺目前有 2 种技术路线，一种是化学法溶解杂质，金不被溶解，如硝酸除杂法、硫酸除杂法等；另一种就是化学法溶解金，然后选择性沉淀金，如溶解沉淀工艺、溶剂萃取工艺。具体来说金的化学精炼法主要采用硫酸浸煮、硝酸分银、王水分金和氯化分金、草酸或亚硫酸钠还原等方法。化学法精炼黄金的工艺流程如图 4-14 所示。

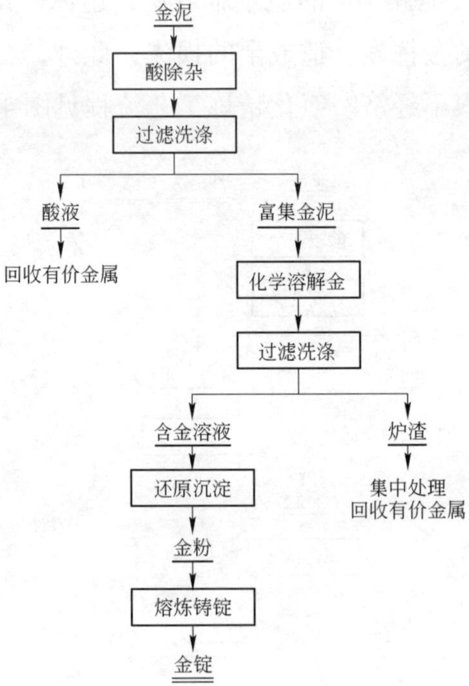

图 4-14　化学法精炼黄金的工艺流程

三、黄金的电解精炼

黄金的电解精炼的原料一般要求质量分数为 90% 以上的粗金，以粗金铸成阳极，以纯金片作阴极，以氯金酸水溶液及游离盐酸作电解液。在金电解精炼过程中，金从阳极溶

解形成 Au^{3+} 离子，移向阴极放电析出沉积在阴极上，当达到一定程度后将阴极取出净化处理铸锭，其金纯度在99.99%以上。

新鲜的电解液通过溶解金制得，造液有王水法和电解法两种。采用还原沉淀法回收废电解液中的金。如果来料中杂质含量高，电解液必须经常再生或预先除去来料中过多的杂质。黄金电解精炼的规模通常都不大，电解槽通常多用硬聚氯乙烯塑料槽或者耐酸瓷槽。黄金电解的工艺流程见图4-15。

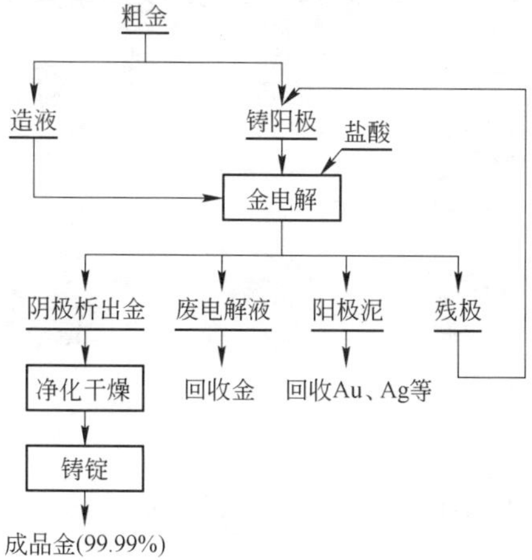

图 4-15 黄金电解的工艺流程

目前中国采用的精炼工艺方法主要有两类：一是引进瑞典波立登精炼工艺及全套设备，如招远黄金精炼厂，中原黄金冶炼厂（2012 年开始搬迁改造前）等；另一类是国内自行研制的全湿法精炼工艺。通过全湿法精炼工艺制得 95% ~

99%的粗金，再通过电解法精炼提纯以获得99.99%的高纯金。其中国内约90%以上的黄金精炼企业采用电解精炼法，其特点是操作简便、原材料消耗少、效率高、产品纯度高且稳定、劳动条件好、能综合回收铂族金属。约5%的黄金精炼企业采用溶剂萃取法提纯黄金，该方法对原料适应性强，生产周期较短。(从含金废料中回收金将在第五篇介绍)。

第三章 黄金的采、选、冶装备

图4-16为矿产黄金生产流程与简单设备示意图。

图4-16 矿产黄金生产流程与简单设备示意图
(资料来源：山东黄金集团公司)

第一节 采选装备

一、采矿设备进展

世界先进国家地下矿山的采、装、运以及其他辅助作业如喷锚、装药、松石等设备，基本上实现了无轨化，并向大型化发展。近些年来，中国金属矿山在无轨化、大型化、液压化和自动化方面有了较大的进展，先后研制成多种规格的铲运机、液压钻车，地下牙轮钻机，各种凿岩台车和胶轮辅助车辆等。采矿设备最新进展如下：

（1）穿孔设备：通过将露天矿使用的潜孔和牙轮两种凿岩方式引用到井下，实现了从小直径浅孔、中深孔向大直径深孔的发展，使地下采矿实现了较大的变革。如瑞典地下矿山使用潜孔钻，直径为165mm，生产能力为50m/(工·班)，每米崩矿量为15～30t；加拿大基德克利克矿和澳大利亚芒特艾萨矿使用的牙轮钻机，直径为170～250mm，凿岩速度为6～10m/h，每米崩矿量为75～88t。在国外，液压凿岩台车已成批生产并广泛使用（图4-17），与风动凿岩机相比，效率高50%～100%，而且没有雾气，还便于自动化。瑞典等国已使用了程序控制台车，无需工人操作，可自动定好炮孔位置，自动钻进。

中国国内黄金矿山目前仍以手持式风动凿岩机为主，少数矿山引进液压凿岩台车。新城金矿井下无轨开采使用了我

图 4-17 供应履带双臂液压凿岩台车

国同类地下矿山开采中进口设备种类最多，性能最先进，配置最齐全的无轨采矿设备。中国地下高风压潜孔钻机在瑞典 ROC-306 型潜孔钻机基础上仿制成 DQ-150J 型高压潜孔钻，在凡口铅锌矿 VCR 法中使用，但存在回转、行走力不足等问题。地下牙轮钻机 KY-120 型和 KY-70 型在凤凰山铜矿、铜陵狮子山铜矿和黄沙坪铅锌矿等使用，主要问题是钻头寿命短。我国自行研制的 10 多种全液压钻车，其中有两种中深孔采矿液压凿岩台车在云锡公司、大厂矿务局和小寺沟铜矿使用。

（2）装运卸设备：国外装运卸设备的发展较快，从柴油铲运机、电动铲运机到遥控铲运机，斗容从最小 0.38m^3 到最大 15m^3 各种型号和规格。我国在引进消化、吸收的基础上，研制生产了 20 多种不同型号和规格的铲运机（图 4-18）。国产的铲运机从规格品种上来说，已能满足我国地下矿山生产需要，但在设备性能、质量和备件供应方面与国外先进设备相比，还存在着相当的差距。

图 4-18　铲运机

（3）辅助设备：国外矿山的喷锚、装药、撬顶松石等都采用机械化辅助车辆。如阿特拉斯公司生产的锚杆台车，阿立马克公司生产的松石机（撬顶、清理浮石用），尼特诺贝尔公司生产的装药车等均已在地下矿山普遍使用。20 世纪 80 年代我国地下金属矿山先后从芬兰、瑞典、法国、德国、美国、加拿大等国引进锚杆钻车（图 4-19）、混凝土输送和喷射车、装药车、松石机（撬毛车）、自行式碎石机、抛掷充填车、材料车、检修车、润滑车、人车、平板车等无轨辅助设备，这些引进设备为无轨辅助设备的国产化提供了有利条件。

随着科学技术的发展，地下金属矿山已有越来越多的设备（工序）实现了遥控或全自动化。如阿特拉斯公司的 Simba209 型遥控潜孔钻机，DataRobolt 型长锚索安装机；芬

图 4-19　液压锚杆钻车

兰 ARA 公司研制的铲运机计算机控制系统；蒙塔贝特公司的 Rofore 型自动钻车，无人驾驶汽车等业已出现；连续自动出矿系统、自动化运输系统、分析作业设备通讯调度系统、设备故障诊断和监测系统等均不同程度地应用于个别矿山。瑞典基鲁纳铁矿的整个地下运输系统—列车装载、取样、主水平的运输、计量、卸载、破碎、箕斗提升和卸载，已全部自动化，并在地下集中控制室内遥控。近些年来，我国已研制出铲运机遥控装置，用于 $2m^3$ 和 $3.8m^3$ 铲运机；在凡口铅锌矿、梅山铁矿、西石门铁矿已采用微机连锁的集中运输控制系统，提高行车安全程度和线路的通过能力，并在箕斗提升、装卸自动化等方面都有着一定的进展。综上所述，目前国内外地下矿都十分注重改革、创新，卓有成效地把露天矿的同类设备引进到井下，不断地更新设备和工艺，从而获得较高的生产效率。

表4-18列举了国内部分代表性岩金露天矿山主要装备。

表4-18 国内部分代表性岩金露天矿山主要装备

矿山名称	矿山装备			
	穿孔设备	铲装设备	运输设备	辅助设备
长山壕金矿	115~165mm液压钻机	4.5m^3液压挖掘机	30t自卸汽车	213kW推土机、4.0m^3前装机、120t振动压路机、12t洒水车，平路机
锦丰金矿	115~165mm液压钻机	6.7m^3液压挖掘机	63t自卸汽车	213kW推土机、4.0~6.0m^3前装机、150t振动压路机、12t洒水车，12t装药车，平路机
滩金山金矿	115~165mm液压钻机	4.5m^3液压挖掘机	30t自卸汽车	213kW推土机、4.0m^3前装机、120t振动压路机、12t洒水车，平路机

二、选矿设备

图4-20为某日处理3000t金矿选厂车间的照片，图4-21

为某金矿露天选厂的照片，图 4-22 为山东某金矿 GM3240 滚动轴承球磨机的照片。

图 4-20 某日处理 3000t 金矿选厂车间

图 4-21 某金矿露天选厂

（一）破碎与磨矿设备

破碎与磨矿作业是岩金矿山选矿厂物料加工过程中必不可少的主要工艺环节，其费用一般约占选厂总成本的40% ~60%。因此，如何通过研制和应用碎磨设备以

图 4-22　山东某金矿 GM3240 滚动轴承球磨机

提高效率、减少能耗、降低成本，是破碎与磨矿技术发展的关键。

（1）破碎机。破碎机是将大块物料变成小块物料的设备，根据工作原理、技术特征和结构，可以分为摆动式破碎机（颚式破碎机等）、旋摆式破碎机（旋回破碎机、圆锥破碎机（图 4-23）、双腔旋转破碎机等）、辊压式破碎机（对辊式破碎机、高压辊破碎机等）和冲击作用破碎机（锤式破碎机、反击式破碎机、笼形破碎机）等几种类型。

黄金矿山的破碎设备以大破碎比和超细碎为发展方向。法国诺德伯格公司生产的 HP 系列破碎机是这一技术的典型代表。该设备与传统破碎机相比，具有破碎比高、处理量大、运转安全可靠、操作灵活方便等优点，国内已有多家黄

图 4-23 圆锥破碎机

金企业使用。西澳大利亚开发研制的威斯考恩（Wescone）破碎机的破碎比更大，能替代典型的两段磨矿回路中的第一段磨矿。

（2）磨矿设备。磨矿是将小块矿石的粒度进一步变小，使目的矿物与脉石单体解离，从而达到分选的要求；而磨矿方式分为干磨、湿磨和润湿磨。常见的磨矿设备有：棒磨机、球磨机、自磨机（半自磨机）和砾磨机等。

由德国洪堡公司（KHD Humboldt）研制的高压辊磨机，不仅破碎比高，功耗低，且能使矿物更好的解离，这种设备在美国、巴西、印度和智利等国的铁矿得到应用，金矿在澳大利亚的 Argyle 和俄罗斯的 Suchoj Log 得到应用，国内金矿已进行过工业试验，有应用的趋势。

由中国黄金集团公司在原矿焙烧产业化示范工程中应用的以MLS2417立式辊磨机为核心的干式磨矿系统，首次在国内将水泥行业的磨矿技术引入到黄金行业，具有多项创新性专利技术，待其成功生产后，将为黄金行业的破磨技术带来多项变革性。

图4-24为某金矿选矿车间球磨机组的照片。

图4-24 某金矿选矿车间球磨机组

（3）筛分与洗矿设备。对于筛分设备，常见的设备类型主要有：振动筛、固定筛、滚轴筛、圆筒筛、弧形筛和细筛等。分级设备一般按介质分类主要有干式分级机和湿式分级机两类；而常用的洗矿设备有：圆筒洗矿机、槽式洗矿机、水力洗矿筛、筛分设备及螺旋洗矿机等。

（二）选矿设备

图4-25为湖北某黄金公司选矿车间磨浮工段的照片。

图 4-25 湖北某黄金公司选矿车间磨浮工段

1. 重选设备

重选法是砂金选矿的最基本方法。砂里淘金就是用重选法从砂金矿中回收金，由于金密度大，在各类重选法中，金总是从各种介质流中沉降下来，而泥砂则被冲走。砂金选矿中，采用跳汰选矿、摇床选矿、溜槽选矿、螺旋选矿机等都能很有效地回收金。金的重选是通过各种重选设备完成的，比较普遍的有：（1）溜槽；（2）淘金摇动槽；（3）跳汰机；（4）螺旋选矿机；（5）摇床；（6）离心选矿机；（7）干式选矿机等。

各种重选设备都对其所处理的物料有一定的粒度范围要求，超过和低于这个粒度范围将得不到好的选别效果。因此，物料在入选前必须进行分级。重选过程中，常用的筛分分级设备有固定格筛、振动筛、转筒筛和弧形筛等。

大于2mm的物料，多采用筛分的方法进行分级。如砂金矿的矿砂在进入溜槽选矿之前，要用固定格筛或振动筛进行筛分，把大于15～20mm的砾石筛出；在采金船上则用转筒筛把大于10～20mm的砾石筛出。脉金矿的磨矿产品如需用跳汰机选别时，可用振动筛进行分级，使小于3～5mm的矿粒进入跳汰机，而大于3～5mm的矿粒则返回磨矿机再磨。

小于2mm的物料分级，一般都采用水力分级机。选矿过程中所用的水力分级机有如下几种形式：

（1）上升水流水力分级机：这种设备又分为自由沉降式和干涉沉降式两种。在重选之前，用这类分级机可将物料按等沉比分成不同级别，以利选矿。

（2）圆锥分级机：用于事先将入选物料分成矿砂和矿泥以利于选矿，也可用于脱水。

（3）离心式分级机（水力旋流器）：用于微细级别的分级或者脱泥、脱水。

（4）机械分级机：在磨矿循环中作为预先筛分或控制分级。

目前国内外利用重选法回收黄金白银的主要设备有：跳汰机（图4-26）、溜槽、离心选矿机、尼尔森选矿机、法尔肯选矿机等。金银矿山主要重选设备的应用特点及分选粒度范围见表4-19。

表 4-19 金银矿山主要重选设备的应用特点及其分选粒度范围

设备类型			分选粒度/mm			应用特点
			一般	最大	最小	
粗粒重选设备	重介质选矿设备	振动溜槽	75～6	100	3	分选粒度粗，处理量大，分选精度高，适于预选贫化率高的矿石，介质制备及其回收工艺系统复杂
		鼓形分选机	100～6	300	5	
		圆锥分选机	50～6	75	1.5	
		涡流分选机	35～2	75	0.5	
		重介质旋流器	20～2	35	0.5	
	矩形大粒跳汰机		50～10	70	0.074	分选精度较差，处理量较大，工艺过程简单，分选精度不如重介质
中粒重选设备	跳汰机	旁动隔膜跳汰机	12～0.1	18	0.074	处理量较大，富集比高，可用于粗选及精选作业
		侧动隔膜矩形跳汰机	12～0.1	18	0.074	
		复振跳汰机	12～0.1	18	0.074	
		圆形跳汰机	12～0.1	18	0.074	
		下动圆锥跳汰机	6～0.1	20	0.074	
		锯齿波跳汰机	8～0.074	25	-0.074	
		梯形跳汰机	5～0.074	10	0.037	
	枱 浮		5～0.2	6	0.074	能分离出粗粒硫化矿物，产品多、分选效率高，处理量小

续表 4-19

设备类型		分选粒度/mm			应用特点
		一般	最大	最小	
砂矿重选设备	摇床	2 ~0.037	3	0.02	处理量小，富集比高，可得多种产品，多用于精选
	螺旋选矿机	2 ~0.1	3	0.074	处理量较摇床大，省水省电，结构简单。富集比低，用于粗选作业
	螺旋溜槽	0.6 ~0.05	1.5	0.037	
	扇形溜槽	1.5 ~0.074	2	0.037	
	圆锥选矿机	1.5 ~0.074	2	0.037	处理量大，省水电，占地面积小，富集比低，用于粗选作业
矿泥重选设备	离心选矿机	0.074 ~0.01	—	—	处理量大，富集比低，用于矿泥粗选作业
	各种皮带溜槽	0.074 ~0.01	—	—	处理量小，富集比高，用于矿泥精选作业

BS-K 型浮选机设备如图 4-27 所示。山东某公司 GM3236 球磨机、FLG-3000 分级机设备如图 4-28 所示。

图 4-26　跳汰机（重选设备）

图 4-27　BS-K 型浮选机设备

图4-28 山东某公司GM3236球磨机、FLG-3000分级机设备

长春黄金研究院的资料显示，近年来在岩金矿重选设备与工艺的发展方向是在技术指标上力求达到混汞工艺水平以取代它。如国外研制的在线压力跳汰机、尼科尔瑟跳汰机、自动摇床、法尔肯选矿机和尼尔森选矿机等。其中具代表性的是由加拿大利马（Lee Mar）工业公司研制开发的尼尔森（Knelson）选矿机，已被国内外多家金矿应用。应用效果表明，虽其一次性投资大，但自控程度高，对矿物中的细粒金回收更为有效。

国内的岩金重选设备与工艺配置的进步也较快，长春黄金研究院较早研制的与尼尔森（Knelson）选矿机的工作原理相似的STL型水套式离心选矿机，通过与其他重选设备配套应用，不仅可获得与混汞工艺相类似的技术效果，而且工艺改造成本和设备投资低，可操作性强。因而近年来在国内多家岩金矿山应用并彻底取代了混汞作业。

2. 浮选设备

浮选机是完成浮选过程的主要设备。浮选机应具备工作连续、可靠、电耗少、耐磨、构造简单等良好的力学性能，并具有充气作用、搅拌作用和调节作用的专门功能。浮选机根据充气方式不同，基本上分两大类：机械搅拌式和压气式。机械搅拌式浮选机通过叶轮（或棒轮）快速回转搅拌矿浆，利用负压从槽底部吸入外部空气对矿浆进行充气。压气式浮选机无机械搅拌装置，由安装在槽下部的充气器引入压力空气对矿浆充气并进行搅拌。

目前浮选设备的发展方向是高效、节能和大型化。浮选设备的发展趋势之一是设备大型化，目前浮选设备大型化在选矿厂受到越来越多的重视，国内外知名设备厂家目前都在不断地研制节能设备，其中一种方法就是设备大型化。在有色金属选矿厂，浮选槽已经有160m^3甚至240m^3大型浮选设备；在贵金属选矿厂，浮选槽容积也有奥拓昆普公司38m^3；国内公司生产的39m^3浮选槽也在大量使用。大型浮选槽的应用既能节约资源，又能减少厂房面积，从而减少投资，比使用大量的小容积浮选槽要便于管理，生产效益也大大改善。国外主要的体现是浮选柱的应用。浮选柱具有结构简单、占地面积小、成本低、建设周期短和精矿质量好的特点，发达国家浮选柱的应用已经达到了较高的水平，从最初只用于粗选作业发展到目前的粗选、扫选及尾矿回收等作业。我国在浮选机改型方面进行了许多研究，对老式的A型浮选机作了改进。最新研制的 SF 型、BS-K4 型、JJF 型、QF 型、CHF-Y 型高效浮选机已在黄金矿山推广应用。生产实践证明选别指标均优于老式浮选机，且节能近 50%。

山东某黄金集团某金矿浮选车间如图 4-29 所示。

图 4-29 山东某黄金集团某金矿浮选车间

目前主要的浮选设备有：

（1）叶轮搅拌式浮选机。这是一种带有辐射式叶片的叶轮进行搅拌充气的浮选机。我国广泛应用的是国产 XJK 型浮选机，其充气量大，生产能力大，检修方便。叶轮搅拌式浮选机与浮选柱相比，具有搅拌力强、药剂消耗少、可以处理粗颗粒密度大的矿粒、能适应复杂流程、应用范围广、指标较稳定等优点。缺点是构造复杂、功率消耗大、液面不稳定、充气量小等。

（2）棒型浮选机。这是近年来研制成功的一种新型机械搅拌式浮选机。棒型浮选机与 XJK 型浮选机相比，具有浮选速度快、效率高，用于混合浮选时单位容积处理能力大；适应性强，选别指标高；对于粗细粒级都能有效回收，特别是用于密度大、粒度粗的矿物选别时，能克服使用其他浮选机时的沉淀现象，能获得较高的回收率指标；槽身浅、搅拌力强、充气量大、电力消耗省等优点。主要缺点是吸入槽结构复杂，维修不方便；分离浮选效果不如混合浮选好；由于有两个槽子，现场更改流程复杂。

（3）浮选柱。浮选柱是一种深槽型压气式浮选机，其结构简单，主要由柱体和充气装置构成。浮选柱已广泛用于选别有色金属硫化物矿，含金硫化物矿，铁矿以及煤、磷、萤石等非金属矿。浮选柱与机械搅拌式浮选机相比，其优点是：构造简单、制作容易、占地面积少、基建费用低；选矿富集比大、处理量较高、简化了工艺流程；维修、操作方便，易于自动控制；易损件少、耗电少。缺点是：工作不稳定，压缩空气耗量大，药剂用量较多，精矿品位较低，检修时造成金属流失。最近研究证明，采用浮选柱有可能提高金的回收率，因为它的比较平静的矿浆液相能使选择性捕收剂达到更有效的应用，它们也有可能使调整气体（如氮气和二氧化硫）达到更有效应用。

（4）泡沫浮选机。该类浮选机给矿是从上部引入到泡沫床，而不给入矿浆区。其特点是：浮游比较大的矿粒；在同样速度下处理量非常高，因此成本较低，尤其是功率消耗很低；由于可处理粗粒矿粒，因而磨矿和脱水费用大大降低；改变了回收率与浮选时间的关系，当停留时间增加时，回收率降低而品位增高，这与矿浆充气式浮选机的情况相反。

（5）闪速浮选机。这是一种新型的 skin-air 充气刮泡式浮选槽，对金的浮选有重要意义，尤其是在尾矿未经氰化浸出（如铜-金矿石）的浮选厂应用中非常重要。由于金和某些金矿物的密度很大，这就意味着它们在磨矿分级回路中不断循环，磨到足够细度后才能排出旋流分级机外。与其他矿物一样，粒度很小，将影响浮选效果。在浮选回路中安装闪速浮选机使得单体金的回收得到改善，加药量较少，浮选速度加快。泡沫层的控制很重要，泡沫的负载量很高和精矿粒度较粗，会使泡沫的稳定性降低。山东某金矿封闭式浮选机的照片见图 4-30。图 4-31 为山东某黄金公司日处理 2000t 浮选车间的照片。

图 4-30　山东某金矿封闭式浮选机

3. 磁选设备

磁选设备常以 H 的大小来划分磁选机的种类（强磁与

图 4-31 山东某黄金公司日处理 2000t 浮选车间

弱磁）；磁选设备按其磁场强度及梯度可以划分为：（1）弱磁场磁选机：该磁选机磁极表明磁场强度 H_0 为 80～120 kA/m，该磁选机主要用来分选各种强磁性矿物；（2）弱磁场磁选机：该磁选机磁极表明磁场强度 H_0 为 800～1600kA/m，该磁选机主要用来分选各种弱磁性矿物；（3）高梯度磁选机：该磁选机的磁场强度与强磁选机相近，可以回收微细粒磁性矿物。常见的磁选设备有：CT 型永磁磁力滚筒、湿式筒式磁选机、琼斯型强磁选机和高梯度磁选机等。

第二节 冶炼与精炼装备

一、矿产金冶炼与精炼

河南某黄金冶炼厂（搬迁改造前）的外景及内景照片

如图4-32、图4-33所示。

图4-32 河南某黄金冶炼厂外景（搬迁改造前）

图4-33 河南某黄金冶炼厂内景（搬迁改造前）

由于采取的工艺方法不同，装备也不同，这里以河南某黄金冶炼厂（改造前）为例，主要生产设备有：焙烧炉、电收尘、浸出槽、浓密机、压滤机、萃取箱、电解槽、电除雾、热交换器、吸收塔等；精炼则是引进瑞典波立登精炼工艺及全套设备。图 4-34 是搅拌氰化工艺流程图。

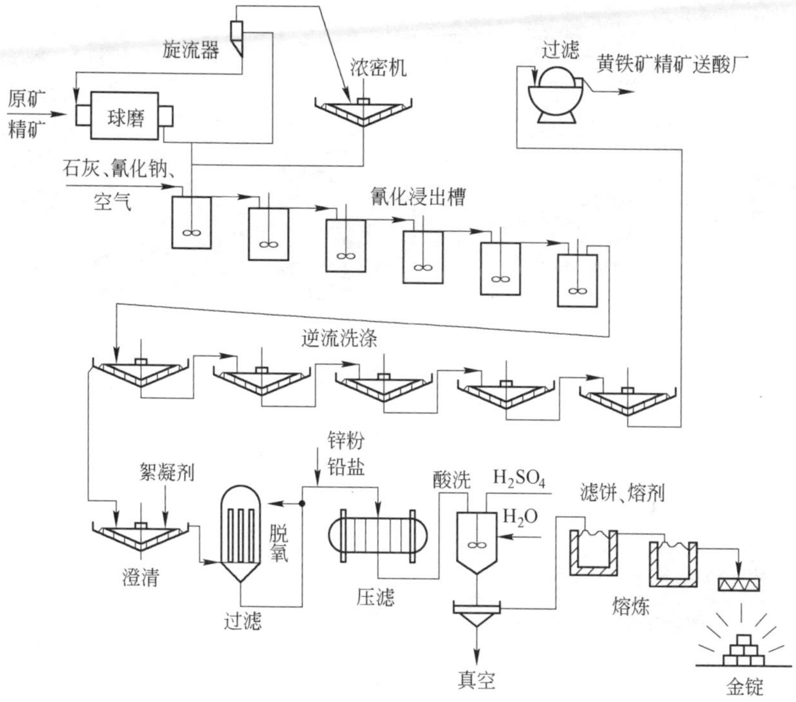

图 4-34 搅拌氰化工艺流程图

图 4-35 为贵州某金矿黄金冶炼厂的照片。图 4-36 是山东某黄金冶炼厂氰化车间的照片。

生物氧化技术是近年来在黄金难选冶领域迅速兴起的一项环境友好的高新技术。该技术是利用自然界中的微生物，优选出嗜硫、铁的浸矿菌种。经过适应性培养、驯化，在适宜的环境下，利用微生物的直接作用和代谢产物的间接作

图 4-35　贵州某金矿黄金冶炼厂

图 4-36　山东某黄金冶炼厂氰化车间

用，直接和间接地氧化、分解硫化矿肌体，把金的包裹体——黄铁矿、砷黄铁矿破坏，使金充分暴露解离，为氰化提金创造了有利条件。同时，在生物氧化过程中产生的有害元素经石灰铁盐法沉淀后堆存，不会对环境和大气造成污染。国内的生物氧化提金技术发展较快，经过"九五""十五”科技攻关，取得了多项具有完全独立知识产权的科技成果。2000 年 12 月，利用长春黄金研究院“九五”国家重大科技攻关成果建设的国内首家生物氧化-氰化提金厂（50t/d）在山东烟台建成投产。2003 年 7 月，由中国黄金集团公司控股兴建的黄金行业首家国家高技术产业化示范工程——辽宁天利金业公司 100t/d 生物氧化厂建成投产，该厂至今一直稳定运行生产，而且各项经济技术指标均已超过设计要求。2006 年通过进一步的工艺优化和新培养驯化菌种的应用，使处理量提高至 150t/d（超过原设计的 50%），金、银回收率，生产成本，氧化矿浆的浓度，菌种的适温范围和耐砷能力等指标均处于国际最高水平。到目前为止，我国已成为世界上拥有生物氧化提金厂最多的国家之一。

图 4-37 是某金矿细菌氧化堆浸提金现场的照片，图4-38 是河南某黄金冶炼厂的循环经济生产现场，图 4-39 新疆某金矿 ϕ12m 三层浓缩机的照片。

图 4-37 某金矿细菌氧化堆浸提金现场

图 4-38 河南某黄金冶炼厂的循环经济生产现场

图 4-39 新疆某金矿 ϕ12m 三层浓缩机

黄金精炼虽然是整个黄金工业生产过程的最末端环节，但精炼工艺技术选择的是否合理，直接关系到黄金产品的质量和金的总回收率。因此，国内外黄金生产企业对黄金精炼极为重视，国内研究开发出了多种既符合国情，又高效、先进的精炼工艺和设备，保证了国内黄金生产企业对最终产品质量的工艺技术需求。如吉林夹皮沟黄金矿业公司采用长春黄金研究院研究开发的氯氨净化精炼工艺取代原有的火法冶炼工艺，既改善了冶炼环境，又提高了冶炼回收率，产品质量稳定在国家1号金标准。山东国大黄金股份公司采用的是酸化还原电解精炼工艺。金、银纯度分别达到99.99%和99.97%。广东河台金矿采用的是溶剂萃取精炼工艺。多年的生产实践表明，该工艺技术成熟，而且金的回收率可达99.9%以上。另外，最近几年，一些企业如河南灵宝黄金冶炼厂的循环经济生产发展得也不错。

图4-40是山东某黄金集团氰化氧化酸浸新工艺设备的照片。

图4-40 山东某黄金集团氰化氧化酸浸新工艺设备

二、有色副产金冶炼与精炼金属与装备

图4-41是某黄金精炼厂车间的照片，图4-42是湖北某有色金属稀贵金属厂黄金浇铸的照片。

图4-41 某黄金精炼厂车间

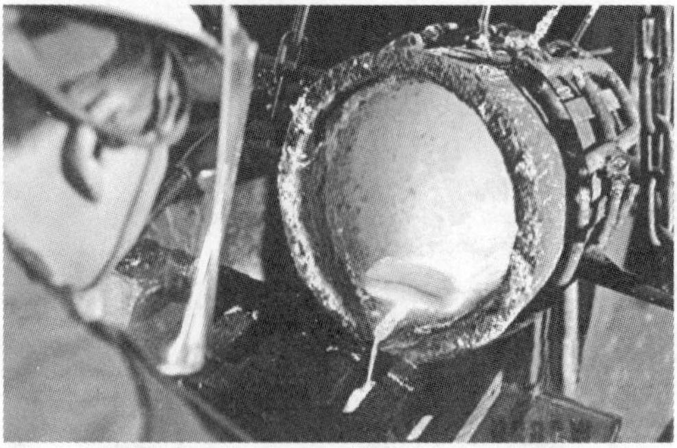

图4-42 湖北某有色公司稀贵金属厂黄金浇铸

随着企业规模的不断扩大和对综合回收的重视，铜铅锌冶炼企业对于原有的提取金银及有价金属的技术越来越重视，各企业均为此进行了探索和试验，力求从中提高企业的

经济效益。

（一）铜冶炼方面

铜阳极泥的处理技术没有太大的进展，采用湿法流程的企业均在各自的工艺流程上进行优化，以提高金属回收率，降低生产成本。目前有些大型企业面临整体搬迁或集中处理集团内部的阳极泥等问题，所以希望设备大型化、自动化，以提高生产效率，降低生产成本，例如要求阳极泥处理核心设备——卡尔多炉由0.8m^3 增大到2m^3 或4m^3。

（二）铅冶炼方面

随着国家对铜铅新规模的产业准入政策的实施，铅厂规模的不断扩大，采用常规流程的贵铅炉远远不能适应企业的发展要求，河南某公司开发了“富氧底吹还原熔炼-氧化精炼技术”，在底吹还原过程中锑和砷先氧化挥发或进入浮渣与贵金属分离，得到一次烟灰、一次渣和金银品位相对高的贵铅，热态贵铅自流入精炼炉氧化精炼产出合格的银阳极板。并在配料、氧化程度、反应温度、进料速度等方面实现了自动化，大大提高了单台设备的处理能力和自动化水平，同时降低了劳动强度，改善了工作环境，单台炉日处理铅阳极泥25t（干），从阳极泥到阳极板的周期由原来4天缩短到2天；吨铅阳极泥能源消耗较传统火法降低1081元；金银回收率分别为99%、98.5%，直收率均为95%。

在银电解精炼方面目前我国各厂大多采用手工作业，随着银产量的提高，手工作业远远不能满足企业的要求。大型的银电解精炼厂正在尝试采用圆盘定量浇铸大耳阳极，自动排列，整槽阳极机械出装，以改变目前手工作业的现状。

（三）锌冶炼方面

对于铅锌联合企业，目前均将铅银渣并入铅冶炼系统，以回收其中的铅和银；但对于单一的锌冶炼厂，无论是浸出渣还是铅锌渣，企业均考虑银的回收，目前在银的浮选方面都有了新的进展。如云南某公司对含银300g/t浸出渣采用酸性浮选，采用一粗三精三扫流程，得到约2%的铅银精矿，银的回收率达到83%～85%。湖南某公司对浮选药剂进行优化，采用一粗二精三扫流程，使得银的回收率达到84%以上。

云南某公司将含银200g/t的锌浸出渣与铅系统热熔渣搭配在烟化炉内连续吹炼，金属挥发率Zn约为91%、Pb约为96%，Ge约为94%，Ag为80%，烟化炉密闭负压操作改善了工作环境，实现了微机在线检测、控制，不仅提高了有价金属的回收率，而且使渣无害化。

瑞典波立登（Boliden）公司发明的贵金属精炼工艺在国际上推广较快。我国的三大黄金企业：中金黄金股份有限公司、山东黄金集团公司、招金集团公司先后引进了该项技术，部分有色骨干金银企业也引入该技术。生产实践证明，波立登金银精炼技术具有如下优点：（1）工艺流程短，自动化程度高，安全可靠，产品质量稳定；（2）可处理各种原料（如合质金、金泥、含金重砂），进料灵活，规模可大可小；（3）处理时间短，生产系统中无滞留金，无环境污染；（4）回收率高，生产成本低，只消耗少量盐酸和氯气。

在引进吸收的同时，企业根据自身生产特点对工艺进行了改进与创新，使其更具技术优势。图 4-43 是瑞典波立登金银精炼核心设备——卡尔多炉的照片。

图 4-43　瑞典波立登金银精炼核心设备——卡尔多炉

第五篇

黄金绿色循环经济与行业品牌建设

第一章　黄金再生回收与环境保护

第一节　黄金的再生回收与资源综合利用

金在二次资源中的形态主要有：以液体状态处于含金废液中（如含金氰化废液和含金废王水等），以固体状态处于表面镀金废料和合金等其他固体废料中，以固体或液体状态存在于金矿的采选和冶炼各个环节中。市场的含金废料以前两类废料为主。主要的金和含金废旧原料的种类及重要处理方法见表 5-1。

表 5-1　主要的金和含金废旧原料的种类及重要处理方法

种　类	处理方法
首饰、装饰品、货币铸造及加工碎屑、毛刺、电镀残屑及废料镀金电子元、器件、可控硅接点、基盘、牙科齿套、合金和板、包（覆）金金属和合金、金笔尖	（1）火法富集； （2）氯化熔炼； （3）液氯化后置换； （4）提篮阳极电解

续表 5-1

种　类	处理方法
镀金集成电路板、镀金印刷线路板、金字对联、金字招牌、牙科塑料	焚烧后火法富集或湿法浸出
电镀阳极泥	火法富集或湿法浸出
铂铑热电偶丝、金铂喷丝头、铱金笔尖、金、铂、钯、铱合金	（1）火法富集； （2）王水溶解后分离提纯
含金硅质电子元件	（1）火法富集； （2）硅腐蚀剂除硅
炼金坩埚、耐火炉衬、光学金属玻璃、金属陶瓷、电阻、电容器	破碎筛分后分类熔炼
氰化液 氯化液 王水液 各种洗水	（1）锌、铜置换（或亚铁还原）； （2）活性炭吸附； （3）离子交换； （4）溶剂萃取

一、从含金废液中回收金

（一）含金氰化废液中金的回收

含金氰化废液主要是镀金废液（一般酸性镀金废液含金 4～12g/L，中等酸性镀金废液含金 4g/L，碱性达 20g/L）。常用的回收含氰镀金液中金的方法有电解法、置换法、吸附法、离子交换法和溶剂萃取法等。根据含氰镀金废液的种类和金含量可以选择单种方法处理，也可以采取几种方法联合处理。

部分企业在处理含氰废液时，对氰化物的危害认识不足，没有及时破氰。较多含氰二次废液渗入土壤或进入工业废水系统，应切实采取措施加以解决。

（二）含金废王水中金的回收

从含金废王水中回收金的基本原理是给游离状态或配位状态的金离子提供电子，使其转化为原子状态而得到金的单质。常用的给金离子提供电子的方法有两种：一是在废王水溶液中加入适当的还原剂使金离子得到还原；二是通过电解方式给金离子提供电子，使金在阴极析出。

目前在工业上得到应用的可用于回收废王水中金的还原剂主要有硫酸亚铁、亚硫酸钠、活泼过渡金属（如锌粉和铁粉等）、亚硫酸氢钠、草酸、甲酸和水合肼等有机还原剂。使用还原法回收废王水中的金时必须注意废王水的酸性和氧化性的强弱。通常情况下，废王水的酸性和氧化性很强，在加入还原剂之前必须设法降低其酸性和氧化性。

问题：含金废王水的赶硝和还原过程中，酸性废气排放超标的问题应予以重视，加以解决。

二、从含金固体废料中回收金

从电子工业含金废料、电镀工业含金废料和冶金工业含金废料等含金固体废弃物中回收金的方法和技术很多，其共同点是在回收处理前必须先进行挑选分类，必要时还必须进行拆解（如各类含金废电器和元器件），以达到火法或湿法处理前的初步富集。湿法工艺回收固体废弃物中的金的主要步骤如下：

（1）造液。将经过挑选分类的含金固体除去油污和夹杂或碎化。造液用酸主要有王水以及盐酸、硝酸和硫酸等单一酸。

（2）金属分离富集。根据造液后的溶液中所含金属的性质不同，设计一定的分离和富集工艺，将贱金属和贵金属、贵金属相互之间进行分离。对于含贵金属量很低的贵金属混合溶液，在进行后续操作之前通常应对贵金属进行富集操作，即将含贵金属的溶液中贵金属的含量提高到可以进行高效回收的程度。

（3）贵金属的提取。经过分离、富集和净化后的富集液，通常可以采用化学还原或电解还原的方法将贵金属从溶液中提取出来（变成贵金属单质），从而达到与绝大多数杂质分离的目的。所用还原剂的种类和浓度因富集液的种类、贵金属的含量以及贵金属在溶液中的存在形态的不同而不同。

（4）粗金的精炼。经过还原的粗金一般呈小颗粒。精炼的方法通常是将还原金粉熔铸成大块，然后再进行电解精炼。比较经济的做法是在得到粗金小颗粒后不再进行上述熔铸和电解精炼，而是直接进入贵金属制品的深加工工艺。从粗金粉进行深加工是一个很有前途的方法。

三、从镀金废料中回收金

镀金废料的金一般处于镀件的表面，许多镀金废件在回收完表面金层后，其基体材料可以重复使用。常用方法有利用熔融铅熔解贵金属的铅熔退金法，利用镀层与基体受线膨胀系数不同的热膨胀退镀法，利用试剂溶解的化学退镀法和电解退镀法等。金废料的分类见表5-2。

表 5-2　金废料的分类（再生金原料来源）

<table>
<tr><th colspan="3">金废料分类</th><th rowspan="2">品质与形状</th></tr>
<tr><th>类别</th><th>组别</th><th>废料名称</th></tr>
<tr><td rowspan="13">金及金合金废料</td><td rowspan="3">含金废液</td><td>含金氰化废液</td><td>1 级 碱性镀金废液含金量大于 20g/L;
2 级 一般酸性镀金废液含金约为 4 ~ 12g/L;
3 级 中等酸性镀金废液含金量不大于 4g/L</td></tr>
<tr><td>含金废王水</td><td>一般是处理含金固体废料采用王水溶解</td></tr>
<tr><td>其他镀金</td><td></td></tr>
<tr><td rowspan="8">固体废料</td><td>金加工中边角料</td><td>金加工中产生的边角料</td></tr>
<tr><td>印刷电路中废料</td><td>电子、电工和微电子工业中印刷电路上金浆料烧结薄膜</td></tr>
<tr><td>金丝材</td><td>IC 配线、引线、废二极管中金丝</td></tr>
<tr><td>废旧首饰</td><td>金首饰</td></tr>
<tr><td>牙科材料</td><td>齿科铸造用金，如金牙、镀金牙</td></tr>
<tr><td>金矿尾矿</td><td>金矿尾矿中固体矿石</td></tr>
<tr><td>覆层金</td><td>复合材料中金复合层</td></tr>
<tr><td>固液混合物</td><td>回收金浆料</td><td>金浆料生产总边角料或使用过程中部分尾料</td></tr>
</table>

注：资料来源于有色金属技术经济研究院、全国有色标准化技术委员会贵金属分委员会。

第二节 黄金工业环境保护

黄金工业的废水、废气、废渣主要来源于生产的三个过程：采矿作业、选矿作业和提金作业，而提金工艺普遍采用氰化法，特别是氰化物剧毒，因此黄金工业的环境保护更加任重道远。黄金工业环境保护主要包括废水处理、废气处理、废渣粉尘处理和氰化物管理四个方面。

一、废水处理

黄金工业水污染主要表现在氰化产生的含氰废水，冶炼产生的含汞、铜、铅锌等重金属离子的酸性、碱性废水，浮选产生的含黄药、黑药、2号油等浮选药剂的浮选废水，生物氧化预处理中产生的含砷、消泡剂、絮凝剂、微生物等生物氧化废液，此外还有生活污水等。

（一）含氰废水处理

黄金工业所涉及的氰化物属于无机氰化物，主要有氰化物、氰酸盐、硫氰酸盐、氯化氰和金属配合氰化物，含氰废水主要来自氰化提金生产，是生产后排出的废水。氰化物对人、牲畜、水生物、植物和衍生物等都产生极大的危害。氰化物对温血动物和人的危害较大，其特点是毒性大、作用快。其发病机理为氰离子与氧化型细胞色素氧化酶中的三价铁结合，阻断氧化过程中三价铁的电子传递，使组织细胞不能利用氧，形成内窒息。氰化氢的作用极其迅速，在含有很低浓度氰化氢的空气中，仅在很短时间内就会引起人的头痛、不适、心律不齐；高浓度氰化氢的空气，能使人立即死亡；在中等浓度的氰化氢空气中，2～3min 内就出现初期症状，大多数情况下在1h 内死亡，也有24h 后死亡的；刺激皮肤和通过皮肤吸收，亦有生命危险。在高温情况下，特别是与刺激性气体混合而使皮肤血管扩张时，由于容易吸收 HCN，所以更危险。

对牲畜的毒性体现在：黄金工业的含氰废水经碱氯处理后约含有 0.4～10g/L 的食盐，如果水中氰化物处理程度不够，牛等大牲畜大量饮用后可能造成中毒或者死亡。氰化物对水生物的毒害体现在：当氰离子质量浓度为 0.04～0.1mg/L 时，就能使鱼类致死；为防治中毒，国家规定渔业水体总氰化物质量浓度不得超过 0.005mg/L。氰化物对植物的作用体现在：灌溉中氰化物质量浓度超过 1mg/L 时，对小麦水稻等生产就造成影响；在质量浓度为 50mg/L 时，大部分受害致死，少数残存植株已不能结出果实等。

根据采用的提金方法和生产工艺，大致可以将含氰废水分为七种，见表 5-3。

表 5-3 氰化厂含氰废水分类

氰化原料	提金方法	废水种类	分类	废水组成含量/mg·L^{-1}			
				CN^-	SCN^-	Cu	Zn
金精矿	锌粉置换	贫液	高浓度	500～2300	600～2800	300～1500	50～300
	炭浆法	氰尾澄清水或滤液	高浓度	500～1500	600～1500	300～1000	△
	贵液电积	贫液	高浓度	—	—	—	△

续表 5-3

氰化原料	提金方法	废水种类	分类	废水组成含量/mg·L^{-1}			
				CN^-	SCN^-	Cu	Zn
原矿或烧渣	锌粉置换	氰尾及部分贫液	中浓度	70～500	50～350	10～200	50～200
	炭浆法	氰尾	低浓度	50～350	30～300	10～150	△
	树脂矿浆法	氰尾	低浓度	～250	—	—	△
尾矿堆浸	炭吸附	贫液、废渣	低浓度	10～100	～1500	～100	△

注：—表示没有或未公开发表的数据；△表示锌浓度取决于矿石。

国内含氰废水处理方法比较多，早期有碱氯法（液氯法、次氯酸钠法、漂白粉法、二氧化氯法等）、酸氯法、因科法、酸化吸收—中和法、臭氧法、电解法、离子交换法、活性炭催化氧化法、生物法、加压水解法等。20 世纪 90 年代开始出现溶剂萃取法、过氧化氢-铜催化氧化法、酸化沉淀—中和法（二步沉淀法）等，组合处理工艺也开始普遍应用。国外早期主要是碱氯法、因科法，20 世纪 90 年代开始出现生物氧化法、湿式氧化法、超临界水氧化法等。目前，国内外处理含氰废水的工艺方法繁多，但应用哪一种工艺主要取决于含氰废水的质量浓度、性质以及实际处理的效果。这里举例介绍两种处理方法。

（1）突发污染事故的应急处理方法。最简易的方法是利用硫酸亚铁盐水溶液快速地将废水中的氰化物转化为微毒配合物，也有人称这种方法为化学配合法。主要化学反应为：

$$FeSO_4 \cdot 7H_2O = Fe^{2+} + SO_4^{2-} + 7H_2O$$

$$Fe^{2+} + 6CN^- = Fe(CN)_6^{4-}$$

$$2Fe^{2+} + Fe(CN)_6^{4-} = Fe_2[Fe(CN)_6]$$

最终转化成普鲁士蓝型不溶性化合物。该方法的特点是操作简单、成本低，但废水处理后却达不到国家排放标准。20 世纪 70 年代，国内有的企业曾经采用该方法，但现在均不采用。从环境安全防范的观点出发，这种方法可以作为氰化物产生突发性污染事故时而采用的快速补救方法之一，硫酸亚铁溶液投入水中可以迅速降低水中含氰污染物所造成的危害程度，减小对环境的危害，特别是对水生生物的伤害。废水中 CN^- 的质量浓度很低时，该方法的处理效果不好。

（2）中、低质量浓度含氰废水处理的碱性氯化法。碱性氯化法是国内外普遍采用的一种方法。在碱性含氰废水中加入高价态的氯氧化剂，常用的氧化剂有：ClO_2、Cl_2（气液两种）、漂白粉、次氯酸钠、次氯酸钙、亚氯酸盐等。在碱性溶液中，一般生成 OCl^- 或高价态的氯化合物，氰化物首先被氧化为氰酸盐，进一步氧化为二氧化碳和氮。主要化学反应为：

$$OCl^- + CN^- + H_2O = CNCl + 2OH^-$$

$$CNCl + 2OH^- = CNO^- + Cl^- + H_2O$$

$$2CNO^- + 3OCl^- = CO_2\uparrow + N_2\uparrow + 3Cl^- + CO_3^{2-}$$

氧化反应的pH值控制在11左右，操作简单，加入氯氧化剂后只需搅拌即可。若废水成分复杂，氯氧化剂消耗量高，一般是理论值的4～9倍，药剂纯度不高或硫氰酸根含量高时氯氧化剂消耗量更大；当含有亚铁氰配合物时，会氧化成铁氰配合物而成为可溶性的基团，处理后的废水难以达到国家排放标准。该方法的特点是药剂来源广泛、价格低、设备投资少，但工作环境污染严重，会产生氯化氰二次污染物，对操作工人危害较大，而且药剂耗量大，长期使用设备腐蚀严重。

（二）含砷废水处理

中国黄金资源中有很大一部分是硫化矿，一般以雌黄（As_2S_3）、雄黄（As_2S_2）和砷黄铁矿（FeAsS）的形式存在。提取金银等元素时有相当数量的砷进入废水中。通常含砷废水的处理分为：化学法处理含砷废水、物化法处理含砷废水和微生物法处理含砷废水。其中化学法处理含砷废水已经比较成熟，其中主要有中和沉淀法、絮凝沉淀法、铁氧化法、硫化物沉淀法，适用于高浓度含砷废水处理。中和沉淀法在工程上应用较广，主要机理是在废水中添加碱（一般采用氢氧化钙），以提高pH值，使废水中的砷生成亚砷酸钙、砷酸钙和氟化钙沉淀，一般适用于砷含量比较高的酸性废水。

（三）重金属废水处理

黄金工业废水都含有重金属（铜、锌、铬、镉、铅、铁等）。含重金属的废水主要来源于矿井井下排水、废石堆浸沥水、选矿厂尾矿排水、冶炼厂湿法冶炼废水和除尘排水。尤其是矿坑水、废石堆浸沥水、氰化废水和湿法冶炼废水，一般都含有多种重金属。重金属废水的处理方法一般有中和法、沉淀法、离子交换法和其他方法。而中和法是处理重金属酸性废水的常用方法，常用的中和剂有石灰、苛性碱和碳酸钠，此方法可以处理任何性质任何浓度的酸性重金属（Cu、Pb、Zn、Ca、Fe、Mn 等）；而沉淀法是去除黄金工业废水中重金属（Cu、Pb、Zn）的最通用方法；而离子交换法是应用于去除废水中重金属的最广泛的方法之一。

（四）含浮选药剂废水处理

金矿石在浮选工艺中投加了大量的浮选药剂，如通常采用丁基黄药、松节油，个别选厂采用丁胺黑药，还有采用煤油作为捕收剂。残留在浮选尾矿和浓密机脱水中的浮选药剂未加处理就外排，将会给环境造成污染。通常含浮选药剂废水的处理方法包括：化学法（包括氰化分解法、臭氧化法、置换回收法、酸化或碱化法等）、物理法（包括曝气法、紫外线照射法等）、物理化学法等（包括吸附法、凝聚法和离子交换法等）。

（五）含悬浮物废水处理

采金船在采选过程中，产生大量的含悬浮物废水，如果不加治理直接排放，废水中的悬浮物会使受纳水系水质混浊，降低水质透光性，影响水生生物的呼吸、代谢作用，甚至会使鱼类窒息死亡。大量的悬浮物还会造成河道阻塞，干涸后吹起扬尘，形成二次污染。悬浮物是分散的矿物颗粒，主要成分是含蒙脱水的水云母和高岭土，化学组成为硅、铝、钙、镁、铁等元素的氧化物混合体，颗粒一半在0.1～50μm之间，其中大于1μm的达80%。含悬浮物废水的处理方法主要有：自然沉降、筑坝围池等。

二、废气粉尘处理

大气污染主要表现在火法冶炼、熔炼烟气、湿法冶炼酸气、采矿和矿石破碎粉尘等，具体废气处理包括：二氧化硫气体处理、含砷废气的处理、氮氧化物的治理、烟尘回收和粉尘治理、三氧化二砷的处理与回收等。

（1）二氧化硫气体处理与回收。二氧化硫（SO_2）是目前大气污染中危害最大的一种，中国政府已经对二氧化硫的排放施行总量控制，在生产过程中，二氧化硫主要来源于高硫难处理矿石的焙烧预处理，在黄金冶炼中为高硫难处理金精矿的焙烧预处理；另外矿山冬季燃煤采暖锅炉烟气中也含有少量的二氧化硫。对于二氧化硫烟气的净化与回收，主要采取生产硫酸（接触法生产硫酸）的方法来进行；对于烟气中二氧化硫废气的去除，主要采用石灰净化法。其他二氧化硫烟气的净化与回收方法还有：钠碱吸收法、氨法脱硫、海水脱硫和吸附法等。

（2）含砷废气的处理。目前难处理金矿多属共生矿床，尤其是砷、碲含金矿石较多，品位高，储量较大，远景可观；处理这些矿石时，金浸出率在20%～80%之间。为提高金回收率必须焙烧后浸出，但对环境污染相当严重，往往会使居民和工人的身体健康受到严重影响。为了解决环境污染，提高金的回收率，增加黄金产量，做到综合利用，目前含砷废气的处理主要是通过过程控制来提高黄金回收率和改变砷对环境的污染。而对于气体中砷化物（特别是三氧化二砷）的处理，主要是通过采取新的捕收、处理和储存三氧化二砷（As_2O_3）的工艺方法来迅速减少砷污染状况，而捕收可采用布袋除尘，布袋材料现在发展到聚苯撑硫效果比较满意，其改善了物理卸除尘饼的情况，既去除了砷又回收了As_2O_3。

（3）氮氧化物的治理。黄金等贵金属湿法冶炼过程中硝酸分银、王水溶金工艺中产生的大量氮氧化物，NO_x的排放给自然环境和人类生产生活带来严重的影响。目前氮氧化物的治理主要有JHN工艺及其设备，采取吸收的方法处理，设备主体是三个吸收塔，遵循的原理是气液两相间的物质传递理论，应用最广泛且较成熟的是双膜理论（滞留膜理论），它不仅仅适用于物理吸收，也适用于气液相反应。

（4）汞气污染预防。采用混汞提金，涉及汞气污染治理。汞能以液态金属、盐类或蒸气进入人体内。混汞作业产生的汞蒸气及含汞废水具有无色、无臭、无味、无刺激性的特点，不易被人察觉，对人体的危害较大。我国汞的排放标准为：1）气体中允许排放的含汞量极限浓度为0.01～0.02mg/m^3；2）排放的工业废水中汞及其化合物的最高允许浓度为0.05mg/L。防治汞污染，必须将装汞容器密封，严禁汞蒸气外逸。混汞车间和蒸汞室应有良好的通风。不慎泼洒于地面的汞应立即用吸液管或混汞银板进行收集，无法收集时应洒上硫黄粉。为便于汞的回收，除地面保持一定坡度外，墙和地面间应做成圆角。

（5）烟尘回收。黄金冶炼过程中的烟尘含有金、银、铜、铅、锌等有价金属，回收烟尘可以减少金银不必要的损失，提高金银回收率，减少资源的浪费，提高金银产量，增加企业效益，也可以减少烟尘对环境的污染。在金泥冶炼过程中，通过吸尘器回收烟尘，可以有效回收其中包含的金、银、铜、铅、锌等有价金属。通常烟尘回收有金银的回收和锌的回收等，如金泥冶炼烟尘回收锌，可以通过浸出得到硫酸锌溶液来生产活性氧化锌；而金泥冶炼烟尘经过硫酸处理，再经过碱浸除铅，可以回收金银，经过碱浸后的浸渣可以返回冶炼工段与金泥一起处理，也可以单独处理。

（6）粉尘治理。粉尘污染也是黄金工业环境治理的一部分，主要是对采矿、选矿和运输过程中产生的粉尘进行治理。湿式凿岩是抑制采矿粉尘的重要举措。选矿粉尘主要采用喷洒水和除尘器收尘的方式进行处理。抑制矿石、废石运输粉尘的方法主要是采用喷洒水和喷洒抑尘剂方法进行抑尘和降尘。

三、废渣处理

固体废弃物主要表现在浮选尾矿、氰化尾矿、采矿废石、冶炼废渣等，废渣处理主要包括：尾矿处理与综合利用、废石处理与综合利用、其他固体废弃物的处理与利用。

（1）尾矿处理与综合利用。尾矿是开采的矿石经选矿或其他提金工艺回收金和其他有用组分后废弃的固体粉料，一般粒径在 0.15mm 以下，一般堆存在尾矿库中。选矿厂排出的浮选尾矿，一般呈现碱性，污染物主要是各种浮选药剂，为一类固体废物。氰化厂排出的氰化尾矿，一般呈碱性，主要污染物是氰化物和重金属，一般情况下为二类固体废物。尾矿的处理堆存方式一般有干堆和湿堆两种，尾矿的回收分为金属的回收和非金属资源的综合利用，而尾矿砂的综合利用主要是用作水泥配料、建筑原料和充填材料。

（2）废石处理与综合利用。采矿产生的固体废弃物主要是井巷建设和围岩剥离产生的采矿废石，通常采用修建排石（土）场的方式进行处置。排石（土）场占用大面积土地，对生态环境影响较大，遇到风力还产生扬尘，影响周围空气，对土壤和植被造成影响。采矿废石综合利用分为低品位采矿废石利用、土料或者石土混合料资源利用以及石料资源利用。其中金品位小于 1g/t 的低品位采矿废石在黄金矿山普遍存在，随着技术的进步，如低品位矿石堆浸技术的推广，原先很多被认为是低品位的采矿废石都被重新作为原料得到利用。

（3）其他固体废弃物的处理与利用。其他固体废弃物的处理与利用包括废堆浸矿的处理、非活性炭的处理、废树脂的处理、冶炼渣的处理、中和渣的处理，以及生活垃圾的处理等。废堆浸矿的处理主要采用自然降解（微生物作用、挥发、空气作用、阳光作用等）和化学破坏（碱氯法、二氧化硫-空气法和过氧化氢法）。

四、氰化物管理

采用氰化法提取黄金要用到剧毒的氰化物，因此世界各国都对氰化物的生产、流通和消费管理得十分严格。氰化物的使用应符合《国际氰化物管理规范》的实践原则和标准。氰化物规范包括适用于氰化物使用的原则和标准，包括购买（采购）、运输、处理/储存、使用、设备退役、作业安全、应急反应、培训以及公众咨询和发布。《国际氰化物管理规范》是一种通过多方利益相关者之间的对话而自发形成的工业方案，隶属联合国环境开发署，由国际氰化物管理协会（ICMI）管理。

国际氰化物管理协会（ICMI）创建于2003年，是在联合国环境规划署和国际金属与环境理事会（现为国际采矿与金属委员会）指导下，由黄金白银行业与其他利益相关方指导委员会发展起来的组织。ICMI为使用氰化物的金银矿、氰化物厂家和运输公司制订了自愿的行业实践国际规范，致力于强化氰化物的安全管理，它是对全球有关公司遵守各自所在行政区的相关法律、法规之外的补充；现在世界各国原生矿产黄金白银冶炼都用到氰化物，全球规模较大的金矿和氰化物厂家大多已加入该组织。目前《国际氰化物管理规范》已经得到西方八国集团（G8）和世界银行国际金融公司等的批准与支持。

为了加强国际氰化物的管理，国际氰化物管理协会曾经于2008年12月9日在北京举办了一届“国际氰化物管理规范”培训班；当时会议讲解的重点内容是“金矿验证协议”“生产验证协议”和“运输验证协议”，来自国内氰化物生产、运输、使用（如金银矿山等）企业的人员参加了培训。国际氰化物管理协会、中国有色金属工业协会金银分会、中国五矿化工进出口商会领导出席了培训班开班仪式，会议讲解的重点内容是“金矿验证协议”“生产验证协议”和“运输验证协议”。2010年11月18日时任中国有色金属工业协会顾问、中国有色金属工业协会金银分会会长的周菊秋先生在中国有色金属工业协会大楼会见了来华访问的国际氰化物管理协会（ICMI）代表团一行。代表团由国际氰化物管理协会（ICMI）会长保罗·贝特曼（Paul Bateman）先生带队，成员包括该协会副会长兼秘书长 Mr. Norm Greenwald，以及该协会来自美国、法国、澳大利亚、加拿大四国的会员代表。双方在友好的气氛中就氰化物在中国白银、黄金行业中的使用运输管理交换了意见，双方约定未来继续扩大两协会的合作与交流，在中国政府大力倡导节能减排、加强环境保护促进可持续发展的情况下这种合作有着更为广阔的前景。

第二章　黄金行业绿色经济发展

绿色经济（green economy）是以市场为导向、以传统产业经济为基础、以经济与环境的和谐为目的而发展起来的一种新的经济形式，是产业经济为适应人类环保与健康的需要而产生并表现出来的一种发展状态。换言之，绿色经济是指人们在社会经济活动中，通过正确处理人与自然、人与人之间的关系，高效、文明地实现对自然资源的永续利用，使生态环境持续改善和生活质量持续提高的一种经济发展模式。“绿色矿山”是指矿产资源开发全过程，既要严格实施科学有序的开采，又要将矿区及周边环境的扰动控制在环境可控制的范围内；对于必须破坏扰动的部分，应当通过科学设计先进合理的有效措施，确保矿山的存在、发展直至终结，始终与周边环境相协调，并融合于社会可持续发展轨道中的一种崭新的矿业形象。

2007 年，国土资源部开始提出发展绿色矿业的倡议，“国家级绿色矿山”的要求包括依法办矿、规范管理、资源综合利用、技术创新、节能减排、环境保护、土地复垦、社区和谐、企业文化九大方面。这些要求大致可以分为两类：一类是以矿山企业的技术力为主导的，包括资源的综合利用、技术创新、节能减排；另一类是以矿山企业的责任心为主导的，包括依法办矿、规范管理、环境保护、土地复垦、社区和谐、企业文化。为推动矿业发展方式转变，2008 年国务院颁布的《全国矿产资源规划（2008 ~ 2015 年）》提出，发展绿色矿业、建设绿色矿山的要求。2010 年国土资源部发布的《关于贯彻落实全国矿产资源规划发展绿色矿业建设绿色矿山工作的指导意见》提出，国家级绿色矿山须具备综合利用、技术创新、节能减排、环境保护、土地复垦等

9项基本条件，绿色矿山建设工作全面推进。

2011年3月19日，国土资源部按照《国土资源部关于贯彻落实全国矿产资源规划发展绿色矿业建设绿色矿山工作的指导意见》（国土资发［2010］119号）文件要求，经矿山企业自愿申请、协会推荐、专家评估及社会公示，确定煤炭、黑色金属、有色金属、黄金、化工、建材6个行业37家单位为首批国家级绿色矿山试点单位，其中黄金行业有6个矿山入选首批国家级绿色矿山试点单位名单，见表5-4。

表5-4　首批国家级绿色矿山试点单位名单（黄金行业）

序　号	单 位 名 称
1	山东黄金矿业股份有限公司三山岛金矿
2	贵州锦丰矿业有限公司锦丰（烂泥沟）金矿
3	招金矿业股份有限公司夏甸金矿
4	招金矿业股份有限公司金翅岭金矿
5	山东黄金矿业股份有限公司新城金矿
6	山东省平邑归来庄金矿

注：资料来源于国土资源部。

2012年3月23日，国土资源部公告确定了183家第二批国家级绿色矿山试点单位名单，黄金矿山有21家，见表5-5。

表5-5　第二批国家级绿色矿山试点单位名单（黄金行业）

序　号	单 位 名 称
1	河北金厂峪矿业有限责任公司（金厂峪金矿）
2	河北张家口弘基矿业有限责任公司黄土梁金矿

续表 5-5

序　号	单 位 名 称
3	河南灵宝市金源矿业有限责任公司金源二矿
4	河南灵宝黄金股份有限公司灵金一矿
5	河南嵩县金都矿业有限责任公司萑香洼金矿
6	山东金洲矿业集团有限责任公司金青顶（金）矿区
7	广西贵港市金地矿业有限责任公司龙头山金矿
8	陕西太白黄金矿业有限责任公司新星金矿
9	安徽省濉溪县刘楼铜铁（金）矿
10	辽宁省排山楼黄金矿业有限责任公司（排山楼金矿）
11	甘肃肃北县金鹰黄金有限责任公司鹰咀山金矿
12	甘肃岷县天昊黄金有限责任公司鹿峰金矿
13	甘肃玛曲格萨尔黄金实业股份有限公司大水金矿
14	甘肃徽县宏远矿业有限责任公司天坪金矿
15	甘肃省合作早子沟金矿有限责任公司（早子沟金矿）
16	湖南省新邵县龙山金锑矿
17	湖南沅陵沃溪金锑钨矿
18	湖南黄金洞矿业有限责任公司（黄金洞金矿）
19	贵州金兴黄金矿业有限责任公司紫木凼金矿
20	贵州紫金矿业股份有限公司水银洞金矿
21	浙江省遂昌金矿有限公司（遂昌金矿）

注：资料来源于国土资源部。

2013 年 2 月 28 日，国土资源部公告确定了 242 家第三批国家级绿色矿山试点单位名单，黄金矿山有 30 家，2 家独立银矿——河北承德燕山银业有限公司（丰宁银矿）、吉林四平昊融银业有限公司（四平银矿）也首次入选国家级绿色矿山试点单位名单，见表5-6。

表 5-6　第三批国家级绿色矿山试点单位名单（黄金行业）

序　号	单 位 名 称
1	辽宁招金白云黄金矿业有限公司（招金白云金矿）
2	中国黄金集团夹皮沟矿业有限公司二道沟矿
3	福建省双旗山矿业有限责任公司双旗山金矿
4	山东黄金矿业（鑫汇）有限公司（鑫汇金矿）
5	山东烟台市牟金矿业有限公司邓格庄金矿
6	山东黄金矿业（莱州）有限公司焦家金矿
7	山东黄金矿业（沂南）有限公司铜井金场分矿
8	山东招金矿业股份有限公司大尹格庄金矿（注：示范基地支撑矿山）
9	山东招金矿业股份有限公司河东金矿（注：示范基地支撑矿山）
10	河南灵宝黄金股份有限公司灵金二矿
11	河南灵宝黄金投资有限责任公司投资三矿
12	河南桐柏兴源矿业有限公司上上河金矿
13	河南灵宝鸿鑫矿业有限责任公司鸿鑫一矿（注：示范基地支撑矿山）
14	湖北省嘉鱼蛇屋山金矿有限责任公司湖北省嘉鱼蛇屋山金矿
15	广西田林高龙黄金矿业有限责任公司高龙金矿
16	广西贺州市金琪矿业有限责任公司张公岭金银铅锌矿
17	海南山金矿业有限公司抱伦金矿
18	云南金山矿业有限公司东川新山金矿
19	陕西略阳铧厂沟金矿

续表 5-6

序　号	单 位 名 称
20	新疆西部黄金伊犁有限责任公司阿希金矿
21	吉林海沟黄金矿业有限责任公司小海沟金矿
22	辽宁金凤黄金矿业有限责任公司金凤金矿
23	辽宁二道沟黄金矿业有限责任公司二道沟金矿
24	内蒙古太平矿业有限公司浩尧尔忽洞金矿
25	湖北三鑫金铜股份有限公司鸡冠咀金矿
26	中国黄金集团江西金山矿业有限公司金山金矿
27	河北省怀来宏达矿业有限公司麻峪口铁矿
28	内蒙古包头鑫达黄金矿业有限责任公司哈德门金矿
29	湖北鸡笼山黄金矿业有限公司鸡笼山金矿
30	河南金源黄金矿业有限责任公司祁雨沟公峪金矿

注：资料来源于国土资源部。

绿色矿山建设的目标是到 2020 年，全国绿色矿山格局基本形成，大中型矿山基本达到绿色矿山标准，小型矿山企业按照绿色矿山条件严格规范管理。资源集约节约利用水平显著提高，矿山环境得到有效保护，矿区土地复垦水平全面提升，矿山企业与地方社区和谐发展。目前，中国矿业联合会绿色矿山促进工作委员会也正式成立。

第三章　黄金行业品牌与产业基地建设

金银市场放开以后，行业协会加强品牌与产业基地建设，认真培育行业特色区，对促进金银工业又好又快发展发挥了很好的示范作用。

第一节 行业品牌建设

2002年1月根据中国黄金协会《关于授予中国黄金行业特色区域特定称号的规定（试行）》的要求，中国黄金协会授予山东省招远市“中国金都”称号；此后又分别授予了河南省灵宝市“中国金城”称号、陕西省潼关县“华夏金城”称号、上海市黄浦区豫园商城地区“中国黄金珠宝第一城”称号、贵州省黔西南布依族苗族自治州“中国金州”称号、江苏南京市江宁区“中国金箔城”称号、中国黄金集团夹皮沟矿业有限公司“中国黄金第一矿”称号、福建紫金山金（铜）矿“中国第一大金矿”称号、贵州贞丰县“中国金县”称号、山东招远市阜山镇“中国黄金第一镇”称号、山东招远市九曲蒋家村“中国黄金第一村”称号等。

2004年10月17日，中国有色金属工业协会正式授予湖南永兴县“中国银都”称号，并颁发了牌匾和证书。此外，继1997年被北京市商业委员命名为“京城黄金第一家”后，北京菜市口百货股份有限公司（简称菜百公司）又在2005年荣获中国商业企业管理协会授予的“中国黄金第一家”殊荣；2007年10月中国工艺美术协会正式授予福建省莆田秀屿上塘“中国银饰之乡”牌匾等。此外，还有“中国黄金第一品牌投资金条”“中国黄金投资理财第一家”“中国黄金制造第一家”“中国黄金第一金号”“中国黄金珠宝婚庆第一品牌”“中国金镶玉第一品牌”“全球铂金理财第一家”等称号、牌匾被陆续授予颁发。

表5-7为中国黄金白银行业特色区域特定称号简表。

表5-7 中国黄金白银行业特色区域特定称号简表

序号	命　名	黄金特色区域	授牌时间	授牌地点
1	中国金都	山东招远市	2001. 1. 28	北京
2	中国银都	湖南永兴县	2004. 10. 17	湖南长沙
3	中国金城	河南灵宝市	2005. 1. 18	河南灵宝
4	华夏金城	陕西潼关县	2005. 3. 28	陕西潼关
5	中国黄金珠宝第一城	上海豫园商城地区	2005. 4. 29	上海豫园
6	中国金州	贵州黔西南州	2005. 9. 28	贵州黔西南
7	中国金箔城	江苏南京江宁区	2006. 4. 6	江苏南京江宁
8	中国黄金第一矿	中国黄金集团夹皮沟矿业有限公司	2006. 9. 16	吉林桦甸市
9	中国第一大金矿	紫金矿业集团福建紫金山金（铜）矿	2008. 4. 26	福建上杭县
10	中国金县	贵州贞丰县	2010. 6. 29	贵州贞丰县
11	中国黄金第一镇	山东招远市阜山镇	2007. 11. 28	北京
12	中国黄金第一村	山东招远市九曲蒋家村	2007. 11. 28	北京
13	中国黄金第一家	北京菜市口百货股份有限公司	2005. 1. 28	北京

续表 5-7

序号	命　名	黄金特色区域	授牌时间	授牌地点
14	中国黄金第一品牌投资金条	中国黄金集团营销有限公司（中金公司）旗下“中国黄金投资金条”	2010. 1. 8	北京
15	中国黄金投资理财第一家、全球铂金理财第一家	深圳市瑞金国际投资控股有限公司（深圳市粤豪珠宝有限公司）	2012. 3. 20	广东深圳
16	中国黄金制造第一家	深圳百泰珠宝首饰有限公司	2011. 9. 15	广东深圳
17	中国银饰之乡	福建省莆田市秀屿区东峤镇上塘	2007. 10. 28	福建莆田市
18	中国珠宝玉石首饰特色产业基地（20 个）	深圳罗湖、广州番禺等 20 个珠宝玉石首饰产地	—	—
19	2012 年度中国珠宝零售业十大品牌等	北京菜百、上海老凤祥、上海老庙、中金珠宝等	2012. 12. 11	北京

注：资料来源于中国有色金属工业信息中心（安泰科）、有色协会金银分会。

第二节　珠宝品牌建设

2012 年 12 月 11 日，由中国珠宝玉石首饰行业协会、国土资源部珠宝玉石首饰管理中心、上海黄金交易所、上海钻石交易所联合主办的2012年中国珠宝年会暨行业表彰大会在京举行。大会中，对中国珠宝玉石首饰行业协会评选出的2012年度中国珠宝零售业十大品牌，中国珠宝制造业十大品牌，30家中国珠宝最具竞争力品牌，62家中国珠宝玉石首饰行业优秀放心示范店企业，进行了表彰及颁奖。详细名单见表5-8～表5-10。

表5-8　2012年度中国珠宝零售业十大品牌名单

（以品牌名称拼音为序）

序号	企业名称	品牌名称
1	北京菜市口百货股份有限公司	菜百
2	广东潮宏基实业股份有限公司	潮宏基
3	上海老凤祥有限公司	老凤祥
4	上海老庙黄金有限公司	老庙
5	浙江明牌珠宝股份有限公司	明牌
6	昆明七彩云南（国际）翡翠珠宝有限公司	七彩云南
7	千禧之星珠宝股份有限公司	千禧之星
8	中国黄金集团黄金珠宝有限公司	中国黄金
9	周大福珠宝金行（深圳）有限公司	周大福
10	周大生珠宝股份有限公司	周大生

表5-9　2012年度中国珠宝制造业十大品牌名单

（以品牌名称拼音为序）

序号	企业名称	品牌名称
1	深圳市甘露珠宝首饰有限公司	爱得康
2	深圳市百泰珠宝首饰有限公司	百泰首饰

续表 5-9

序　号	企 业 名 称	品牌名称
3	深圳市宝怡珠宝首饰有限公司	宝　怡
4	深圳市翠绿首饰股份有限公司	翠绿首饰
5	华昌珠宝有限公司	华　昌
6	千足珍珠集团股份有限公司	千　足
7	深圳市星光达珠宝首饰实业有限公司	星光达
8	怡安（集团）有限公司	怡　安
9	深圳市缘与美实业有限公司	缘与美
10	深圳市粤豪珠宝有限公司	粤豪珠宝

表 5-10　2012 年度中国珠宝业最具竞争力品牌名单

（以品牌名称拼音为序）

序 号	企 业 名 称	品牌名称
1	太原市基点商贸有限公司	CC 卡美
2	北京恒信玺利珠宝股份有限公司	I Do
3	深圳市爱迪尔珠宝股份有限公司	IDEAL
4	深圳市宝福珠宝首饰有限公司	宝亨达
5	上海城隍珠宝有限公司	城　隍
6	沈阳萃华金银珠宝股份有限公司	萃　华
7	福州德诚珠宝有限公司	德　诚
8	东方金钰股份有限公司	东方金钰
9	北京国华商场有限责任公司	国　华
10	沈阳荟华楼黄金珠宝首饰有限公司	荟华楼
11	深圳市吉盟珠宝股份有限公司	吉　盟
12	上海金伯利钻石有限公司	金伯利
13	武汉金凰珠宝股份有限公司	金凰珠宝

续表 5-10

序号	企业名称	品牌名称
14	深圳市金嘉利珠宝首饰有限公司	金嘉利
15	东莞市金龙珠宝首饰有限公司	金　龙
16	深圳金叶珠宝销售有限公司	金　叶
17	深圳市晶永恒珠宝有限公司	晶永恒
18	六福集团（国际）有限公司	六　福
19	黑龙江六桂盛世珠宝首饰集团有限责任公司	六桂福
20	北京德瑞恩钻石有限公司	瑞　恩
21	深圳赛菲尔珠宝首饰有限公司	赛菲尔
22	通灵珠宝股份有限公司	通　灵
23	深圳市仙路珠宝首饰有限公司	仙　路
24	武汉新世界珠宝金号有限公司	新　金
25	上海亚一金店有限公司	亚　一
26	浙江越王珠宝有限公司	越　王
27	山东招金银楼有限公司	招金银楼
28	昭仪新天地股份有限公司	昭　仪
29	周生生（中国）商业有限公司	周生生
30	深圳市钻之韵珠宝首饰有限公司	钻之韵

在中国珠宝玉石首饰行业协会、国土资源部珠宝玉石首饰管理中心、上海黄金交易所及上海钻石交易所共同举办的2012中国珠宝年会暨行业表彰大会上，“中国黄金”荣获“2012年度中国珠宝零售行业十大品牌”。作为中国黄金集团公司的全资子公司，中国黄金集团黄金珠宝有限公司（中金珠宝）以“中国黄金”央企品牌为依托，始终秉承集团公司“超常规思维、跨越式发展”的理念，以提升“中国

黄金在消费者和投资者心目中的价值和地位”为使命，实施“品牌 + 连锁”的经营战略，“冲市场、聚人气、树品牌”，努力成为黄金珠宝首饰销售和投资领域的创新者和领导者，不断开拓全新的黄金投资和珠宝消费市场。中金珠宝奋勇拼搏，在短短六年的时间里，已迅速发展成为在全国拥有 27 个品牌服务中心，1600 多家中国黄金专卖店，年销售额过 300 多亿元的大型专业黄金珠宝生产销售企业。

第三节　黄金、珠宝玉石首饰产业基地建设

一、中国珠宝玉石首饰特色产业基地

为了贯彻落实党的十六大精神，坚持科学发展观和实现区域经济协调发展，促进地区经济结构调整和产业优化，有效推动珠宝特色产业基地的建设和发展，2006 年中国珠宝玉石首饰行业协会、国土资源部珠宝玉石首饰管理中心发起并开展了“中国珠宝玉石首饰特色产业基地”认定和培育工作，截至 2009 年底，先后授予深圳罗湖等 20 个“中国珠宝玉石首饰特色产业基地”。中国珠宝玉石首饰特色产业基地的发展，或基于当地历史文化的积淀，或凭借当地宝玉石资源的开发和利用，直接得益于我国改革开放的政策，得益于当地政府的大力支持，得益于我国经济的快速发展。

目前，我国 20 个珠宝玉石首饰特色产地，特色鲜明，

优势突出，无论是珍珠养殖、玉石雕刻还是首饰加工等，都为所在的城市或地区增添了经济和社会效益，也为珠宝产业的繁荣带来了生机。主要几个基地如下：以深圳罗湖、广州番禺等为代表的镶嵌加工类珠宝特色产业基地；以内蒙古赤峰、辽宁阜新、辽宁岫岩、浙江青田、福州晋安、山东昌乐、江苏东海等为代表的资源依托型特色产业基地；以河南镇平和广东四会、平洲为代表的资源整合型特色产业基地；以云南瑞丽、云南腾冲、福建莆田为代表的珠宝旅游型特色产业基地；以浙江诸暨、苏州相城为代表的淡水珍珠特色产业基地；广西梧州的人工宝石特色产业基地；青岛城阳的流行饰品加工贸易特色产业基地等。随着各珠宝特色产业基地的综合竞争实力的提高，区域品牌的知名度和美誉度也有了较大提升。

二、黄金珠宝基地建设

20 世纪 80 年代，中国开始了牵动世界目光的第三次起飞，敏感的世界黄金珠宝业立刻意识到随着中国的改革开放，世界黄金珠宝市场即将迎来一次前所未有的发展机遇，中国逐步发展成为世界黄金珠宝的最大消费国之一，中国黄金珠宝产业基本形成了东南（以广东省为代表）、北方（以山东招金市为代表）和西南（以重庆市、四川成都市为代表）等众多产业基地。

（一）广东省黄金珠宝产业基地

2006 年以来，广东省黄金及其他贵金属珠宝产业迅猛发展，形成了勘探、开采、选冶、交易、投资、珠宝首饰加工和零售完整的产业链条，产业规模居全国首位，广东已经成为我国最大的黄金珠宝产业基地。2010 年，广东省全省共有黄金矿山生产企业 5 家，产能 100t 以上的贵金属冶炼厂 4 家，各种较大规模珠宝加工、批发、零售企业近 3000 家，从业人员近 50 万人，黄金及其他贵金属珠宝加工产业实现年产值约 1400 亿元，占全国 70% 以上，占全球近 30%，黄金投资市场年交易额达 1000 多亿元。

2010 年广东省加工黄金约 350t，占全国黄金加工量的 70% 以上，全省黄金珠宝行业中共有 31 个中国名牌产品、29 个中国驰名商标、22 个省名牌产品和 21 个省著名商标，是黄金名牌最多的省份。广东已成为国内最大的黄金珠宝产业加工制造基地，龙头地位突出。广东省已形成多个具有一定国际影响力的黄金珠宝加工产业集聚地。其中，深圳、广州番禺和花都、东莞是全国黄金珠宝首饰和彩色宝石加工产业主要集聚地；揭阳市阳美、广州荔湾、佛山平洲和肇庆四会是全国翡翠玉器加工产业主要集聚地；钻石加工产业集聚地主要在广州从化、番禺和珠海；半宝石加工产业集聚地为汕尾可塘；珍珠加工产业集聚地为湛江。深圳罗湖区黄金珠宝产业集聚基地是广东省第一批产业升级示范区。中国黄金产业龙头企业——中国黄金集团公司，也在深圳设立了深圳中金黄金创意有限公司布局黄金珠宝产业。

此外，在商业流通领域，广东省已涌现出友谊、广百、东百、同心、潮宏基、金大福、金龙、艺华、金叶、粤宝、真牌、佳盛、金达、周大生、兆亮、吉盟等一批省重点黄金珠宝零售连锁企业，并吸引香港周大福、六福、周生生、金至尊等知名品牌进驻广东省，在全省范围内广设消费、服务平台，既丰富了广东省黄金珠宝零售、消费市场，又有力促进了广东省黄金及贵金属自主品牌的发展。

（二）中国金都——山东招金黄金珠宝产业基地

中国金都——山东招远地处环渤海黄金隆起带的胶东半岛，黄金储量十分丰富。据科学测定，境内保有黄金地质储量300t，远景储量高达3000t以上。与此同时，采金、炼金和黄金加工的悠久历史使招远形成了独特而丰富的黄金文化。始自于20世纪80年代的改革开放，给招远传统的黄金生产带来了勃勃生机。此后20年间，黄金年产量由30万两突升到100万两。一条以黄金勘探、开采、冶炼、精炼和深加工为龙头的黄金产业链迅速形成，一大批世界著名的黄金珠宝企业纷至沓来，一个大黄金市场、大黄金文化、大黄金经济的格局初现端倪，山东招金黄金珠宝产业基地以中国金都黄金珠宝首饰城（图5-1）和招金银楼为代表。

（三）西南黄金珠宝产业基地

2013年重庆牵手香港商会打造西部最大珠宝产业基

图 5-1 中国金都黄金珠宝首饰城

地。相关报道显示日前在 2013 年渝港经贸交流会暨项目签约重庆·香港工业园揭牌仪式上，重庆市外经贸委、巴南区政府与香港瑞安集团及香港四大商会签订了《重庆·香港城、香港工业园项目合作框架协议》，此为香港四大商会首次联手，将在重庆市建设内陆地区最具规模效益的港资产业园；其中重庆巴南区经济园区开发建设管理委员会与金源香港集团有限公司、香港珠宝总商会、香港珠宝金饰零售商会签订了《香港珠宝产业基地入驻重庆·香港工业园框架协议》。据悉，香港珠宝产业基地由金源香港集团有限公司投资打造，香港珠宝总商会、香港珠宝金饰零售商会负责引导香港珠宝企业向巴南转移，吸引企业落户“香港珠宝产业园”。该项目位于重庆·香港工业园拓展区——巴南界石园区，占地 540 亩，将引进各类珠宝企业300余家，年产值及销售总额不低于700亿元人民币；该园区将着力打造西部最大的集珠宝生产、加工、贸易于一体的产业基地。

而继重庆牵手香港商会打造西部最大珠宝产业基地后，四川成都日前联手深圳水贝国际珠宝城共同打造“成都国际珠宝交易中心”，据悉，该中心具有3万平方米超大规模体量，规模体量相当于水贝国际珠宝城的3倍，是成都乃至西部地区唯一体量最大、品牌最全、款式最新的珠宝交易聚集基地。根据有关资料显示，“成都国际珠宝交易中心”兼具产品展示、批发配送和零售功能，预计2013年年底开业运营。中心全面建成开业后，将是集黄金珠宝批发零售、款型展示、珠宝文化弘扬等于一体的大型专业平台，将极大优化西部地区珠宝经销商的选款、进货、提货半径，全面覆盖川、滇、藏、贵、青、疆、陕、甘、宁9个省区，以及重庆直辖市，并深度渗透至四川省内20个二级地市，真正实现成都由“西部珠宝消费之都”到“西部珠宝之都”的转型升级，使成都成为西部黄金珠宝交易聚集基地。预计将有260余家来自国内外的企业、品牌入驻，年销售额达50亿元人民币，并提供2800多个就业岗位，经济效益和社会效益显著。该项目的落成，将从根本上改变西部无专业珠宝批发交易平台的行业格局，成都将成为和深圳、上海、北京并立的珠宝行业中心城市。

第四节 黄金文化品牌建设

中国历史文化与黄金文化源远流长，黄金及其相关物质、非物质遗产成为中国历代历史文化变迁的重要载体与象征之一。2005 年 8 月 17 日，国家文物局正式宣布将在四川成都金沙遗址出土的“四鸟环日（太阳神鸟，图 5-2）金饰”图案确定为“中国文化遗产标志”。而开展黄金工业旅游、兴建黄金博物馆等是黄金文化传承和品牌建设的重要方式，黄金工业企业可以开展以现有的厂（矿）区、生产线、生产工具、劳动对象和产品等为主要吸引物的专项旅游，通过让游客了解黄金工业生产与工程操作等全过程，获取科学知识，满足旅游者精神需求和吃、住、游等基本旅游享受，黄金工业旅游是一种特殊、新型的信息传播方式。黄金矿区发展黄金工业旅游符合循环经济模式，将促进金矿区工业旅

图 5-2 四鸟环日（太阳神鸟）金饰图案

游资源优势向旅游产业优势转化，对矿区的经济结构转型和社会发展具有非常重要的意义。有利于保护和利用矿业遗产，弘扬矿业历史和文化；有利于加强矿山环境保护和恢复治理，改善生态环境的状况；有利于解决部分就业问题，构建以矿区工业旅游产品为核心的集商贸、餐饮、艺术、娱乐、服务为一体的文化产业链，带动第三产业的快速发展；有利于促进矿区经济转型，推动矿区社会经济的可持续发展。

目前中国金都——山东招远（代表企业山东招金集团、中矿集团等）、福建紫金矿业集团、浙江遂昌金矿、山东黄金集团乳山金矿、江西铜业集团德兴铜矿等纷纷发展黄金工业旅游，并形成了一定的产业经济效应。如山东招金建设有亚洲最大的黄金博物馆（图5-3），山东中矿金业公司（山东中矿集团）投资兴建中国黄金实景博览苑（被誉为“中国黄金第一游”，图5-4），福建紫金矿业集团兴建紫金山国家矿山公园（图5-5），山东黄金集团等投资兴建乳山黄金文化公园（5-6），浙江遂昌金矿兴建遂昌

图5-3　黄金博物馆（山东招金）

图 5-4　中国黄金实景博览苑

图 5-5　福建紫金山国家矿山公园

图 5-6　山东黄金集团乳山黄金文化公园

金矿国家矿山公园（图 5-7），江西德兴进行“铜都”“金山”“银城”工业旅游开发等。图 5-8 为山东招远罗山国家森林公园的照片，图 5-9 为福建紫金山国家矿山公园的照片。

图 5-7 浙江遂昌金矿国家矿山公园

图 5-8 中国金都——山东招远罗山国家森林公园

图 5-9 福建紫金山国家矿山公园

第六篇

黄金产品标准体系

第一章　国内黄金产品标准概况与分类

贵金属——金、银、锇、铱、铂、钌、钯、铑八种元素由于具有良好的耐腐蚀和耐氧化性、很高的熔点、良好的导电性和催化活性，已成为现代工业和国防建设的重要材料，被广泛应用到环境资源、生物、医药、航空、航天、船舶、武器装备、电子信息、国防等高技术领域，并广泛运用于冶金、化工、电气、电子、信息、能源、环境保护、航空航天航海等工业和其他高新产业，被誉为“现代工业维他命”和“新的高技术金属”。根据全国有色金属标准化技术委员会统计资料显示，为满足市场经济发展的需要，中国贵金属产品标准不断增多，截至2012年，全国贵金属产品标准共有157项。该标准体系在保障中国贵金属材料产品质量、适应加入WTO后的市场变化、满足市场中各利益方的要求等方面发挥了重要的作用。中国目前贵金属产品标准构成见表6-1。

表 6-1 中国目前贵金属产品标准构成

分类	电接触功能材料	电子封装材料	贵金属盐	环保及催化功能材料	高纯材料	感光、医用、装饰领域	矿产、再生贵金属
产品标准数	67	34	16	6	5	9	15

注：数据来源于全国有色金属标准化技术委员会（中国有色金属工业标准计量质量研究所）；资料截至 2012 年。

黄金位列 8 大贵金属之首，中国目前已有黄金产品标准 23 项（相关产品合计 50 项左右），不包括国防工业军用标准。其中国标为 12 项，其他为行业标准，YS/T 标准为 6 项，YB/T 为 2 项，HG/T、SJ/T 和 QB/T 各 1 项。

黄金产品有几种分类方法。（1）按元素组成和结构特点可分为：合金材料、有机配合物材料和复合材料等；（2）按性能特征可分为：结构材料和功能材料；（3）按具体用途可分为：能源材料、航空材料、航海及海洋材料、电子材料、电工材料、环境及环保材料、生物医学材料、信息材料等；（4）按金属可分为：金基材料、其他金属基含金材料等；（5）按形状尺度可分为：常规材料和低维材料。

根据已有的产品标准及其主要适用领域结合分为四个领域：矿产单质产品、半导体封装、电接触、化工装饰等。其中，矿产单质主要是黄金从原生矿产、精矿冶炼和精炼产品，这个领域的主要产品适用于黄金储备、首饰行业，共有标准 6 项；半导体封装主要包括半导体封装用辅助集成材料，如靶材、键合丝材和浆料等，共有标准8项；电接触主要包括作为电接触使用的金产品功能材料，共有标准6项；化工装饰及其他主要包括金的化合物和装饰作用的金，共有标准3项。从以上分析看出，半导体封装和电接触功能材料为主要产品大类，这也说明黄金产品的主要工业应用领域为半导体封装和电接触领域，其对产品要求较多，单个独立标准也较多，当然这只是从标准数量上的简单分析，据实际行业统计，黄金使用量最大的领域还是投资保值和珠宝首饰。

表6-2列出了黄金及其相关主要产品标准目录。

表6-2 黄金及其相关主要产品标准目录

序号	标准编号	标 准 名 称
1	GB/T 15159—2008	贵金属及其合金复合带材
2	GB/T 23516—2009	贵金属及其合金异型丝材
3	YS/T 201—2007	贵金属及其合金板、带材
4	YS/T 202—1994	贵金属及其合金箔材
5	YS/T 203—2009	贵金属及其合金线材
6	YS/T 207—1994	导电环用贵金属及其合金管材
7	YS/T 408—1998	贵金属器皿制品
8	GJB 946A—2003	贵金属及其合金管材规范
9	GJB 947A—2003	贵金属及其合金丝、线、棒材规范
10	GJB 953A—2008	贵金属及其合金板、片、带材规范
11	GJB 954A—2003	贵金属及其合金电刷丝材和线材规范
12	GJB 955A—2003	贵金属及其合金电位器绕组裸丝材规范
13	GJB 2508—1995	航空航天用贵金属合金窄薄带材规范
14	JB/T 8901—1999	贵金属铠装热电偶电缆

续表 6-2

序号	标准编号	标准名称
15	GJB 1941—1994	金电镀层规范
16	GJB 2032—1994	贵金属及其合金毛细管规范
17	HB 5187—1996	航空用贵金属及其合金电位器裸线
18	HB 5188—1996	航空用贵金属及其合金电刷线材
19	HB 5189—1996	航空用贵金属及其合金管材
20	HB 5190—1996	航空用贵金属及其合金板、带材
21	HB 5191—1996	航空用贵金属及其合金丝材
22	HB 5291—1984	航空电位器用油性漆包贵金属合金线
23	HB 7470—1996	贵金属异形丝材
24	GB/T 1775—2009	超细金粉
25	GB/T 8750—2007	半导体器件键合金丝
26	GB/T 17472—2008	贵金属浆料规范
27	GB/T 18762—2002	贵金属及其合金钎料
28	GB/T 23611—2009	金靶材
29	GB/T 26292—2010	金锗蒸发料
30	GB/T 26312—2010	蒸发金
31	YS/T 604—2006	金基厚膜导体浆料
32	GJB 3426—1998	真空器件用贵金属钎料规范
33	GJB 5273—2003	厚膜金导体浆料规范
34	GJB 6468—2008	金锡合金钎料规范
35	GJB 6469—2008	贵金属及其合金复合钎料规范
36	SJ/T 10753—1996	电子器件用金、银及其合金钎焊料

续表 6-2

序号	标准编号	标 准 名 称
37	YS/T 592—2006	电镀用氰化亚金钾
38	HG/T 3446—2003	化学试剂 氯金酸（氯化金）
39	GB/T 17168—2008	齿科铸造贵金属合金
40	QB/T 1734—2008	金箔
41	QB/T 2062—2006	贵金属饰品
42	QB/T 2997—2008	贵金属覆盖层饰品
43	GB/T 4134—2003	金锭
44	GB/T 8930—2001	合质金锭
45	GB/T 26021—2010	金条
46	GB/T 26020—2010	金废料、分类和技术条件
47	GB/T 26308—2010	银废料分类和技术条件
48	YB/T 2430—1988	金精矿
49	YB/T 4067—1991	冶金用金块矿
50	……	

注：资料来源于全国有色金属标准化技术委员会（中国有色金属工业标准计量质量研究所）。

第二章　黄金产品标准与国际标准对比

通过对国际 ISO 标准检索，只有一项 ISO10713：92《首

饰 金合金覆盖层》产品国际标准；地区先进标准中，EN标准体系中有三项标准，主要为航空航天系列金基合金的粉末及浆料、箔片和钎焊丝材产品标准，该三项产品标准主要满足航天空间站的要求；各国标准化行业组织制定的标准体系中，美国材料试验协会的ASTM标准体系最为丰富，共有7项产品标准，其中电连接功能材料四项标准，矿产单质金锭、半导体封装和化工电镀各一项产品标准；日本工业协会颁布的JIS金产品标准共有11项，除1项为金铜焊料外，其他10项均为牙科用金及金合金材料、焊剂产品；英国BS标准体系中金产品标准只有3项，1项为电镀氰化亚金钾，其他2项为齿科行业；前苏联标准中6项标准，主要为金锭、箔、丝、带材标准。对于国际黄金产品标准，总体来看，除美国ASTM标准经2005年后确认外，大部分标准年代较为久远，前苏联和英国标准大部分为20世纪90年代初期制定，欧盟EN和日本JIS标准为2000年前后制定的。

我国黄金标准体系与国际黄金标准和国外黄金先进标准相比有以下不同：

（1）国际标准体系同我国标准体系偏重不同。国际ISO标准体系偏重齿科材料和首饰用金标准，对于作为工业应用的金原料和加工材没有涉及，且已有的金产品标准都是2000年以前制定的；而ASTM作为标准体系最完备的材料标准，其中主要涉及大部分电接触贵金属及其合金材料，都是2000年以后修订或重新确认的，其中对于半导体封装（如黄金粉体和金浆料）和首饰用黄金却很少涉及；日本 JIS 标准和英国 BS 体系中，产品标准主要为齿科材料标准，占有很大比重；而前苏联标准中黄金产品标准主要为不同形状金产品标准，大部分为 20 世纪 80 年代制定的。目前我国工业应用的金产品比较丰富，而标准制定略显滞后，但关键黄金材料基本都有相关标准。

（2）我国在半导体封装用黄金和产品领域的标准化工作已领先于国外。这主要由于世界半导体封装重心向我国转移，同时我国太阳能电池封装产业快速发展，催生了黄金浆料和超细金粉体材料的研究进展，当然这也与我国企业积极参与制定国家标准和行业标准是分不开的。但同时从产品标准水平也应该看到，我国贵金属浆料产品还只能满足半导体封装一般水平，达国内先进，对于高端产品，我国目前尚不能提供，大量高端浆料产品需要依靠进口。尤其部分封装材料产品质量尚不能达到太阳能电池产业封装要求，急需产业和相关标准化工作的跟进。

（3）与国际标准 ISO 和日本 JIS 标准体系相比，中国齿科贵金属标准工作需要加强。中国已有一项《齿科铸造贵金属》，该标准等同于采用 ISO 8891 和 ISO1562，相对于日本齿科材料贵金属标准的细化，中国齿科材料贵金属产业发展尚有一定差距，需要进一步加强标准制定工作。

目前，中国黄金产品标准大部分为 2005 年后制定或修订的，宏观上讲这与我国政府近一些年提出并实施的标准战略是分不开的。国家标准战略的实施，使企业提高了对于标准化工作的重视程度，积极参与国家标准和行业标准制修订工作。微观上讲这与标准化行业管理部门近些年对标准化工作的大力支持是分不开的。同样，也由于半导体封装业增加了对金产品的使用，企业对标准的热情及积极性也空前高涨，推动了我国标准化工作快速发展，满足行业快速发展的要求，目前黄金产品的标准修订仍在继续。

第三章 《金锭》《金条》产品国家标准介绍

第一节 国标 GB/T 4134—2003《金锭》标准编制情况说明

一、修订工作概况

根据原国家有色金属工业局 2001 年下达的标准制修订计划，江西铜业公司、内蒙古乾坤金银精炼股份有限公司、成都长城金银精炼厂、株洲冶炼厂（以下简称四家主起草单位）负责 GB/T 4134—1994《金锭》国家标准的修订任务。其他参加起草单位为大冶有色金属公司、白银有色金属公司、铜陵有色金属公司、云南铜业股份有限公司。

2001 年 9 月 13 日在内蒙古呼和浩特市召开了由中国有色金属工业标准计量质量研究所、四家主起草单位、全国有代表性的生产企业和用户、国家金银质检中心等 9 家单位 16 名代表组成的《金锭》标准修订座谈会。2002 年 4 月 1 日在北京召开了第一次《金锭》标准修订工作会议；2002 年 7 月 15 ~ 17 日在内蒙古呼和浩特市召开了第二次《金锭》标准修订工作会议。会议由中国有色金属工业标准计量质量研究所主持召开，参加会议的单位有：四家主起草单位、上海黄金交易所等 17 家单位的 29 名代表。与会代表就标准（第二稿）讨论稿的内容达成如下基本共识：

（1）修改的《金锭》标准主要条款修改采用美国 ASTMB562—95《精炼金》标准。

（2）在 Au99. 995、Au99. 99、Au99. 95、Au99. 50 四个牌号的基础上增加了 Au99. 90 牌号。Au99. 995、Au99. 50 两个牌号的杂质含量等同于采用美国 ASTMB562—95 标准，其他三个牌号杂质含量按 GB/T4134—94 标准不变。

（3）较 GB/T 4134—94 标准新增杂质元素的分析方法条款放到前言部分。将标准条款的 3. 4. 4 条移至 3. 3. 1 条后面。删除标准中的 5. 1. 3 条款。

二、标准制定原则和依据

（1）GB/T 4134—1994 是在黄金市场由中国人民银行统

一管理时制定的标准，目前国家已放开黄金市场管理，各黄金生产企业将依据市场来决定产品规格、价格、质量等。

（2）修订标准应有利于产品出口，同时也可以起到规范和引导消费市场的作用。

（3）修订标准应该根据实际积极采用国外先进标准，促进我国黄金产业靠拢或达到国际先进水平。

（4）修订标准应切实可行，具有可操作性。

（5）修订标准应充分考虑金生产企业的产品质量和相关企业的意见与建议，以及市场、用户的需求。

三、标准主要内容的确定

（1）依据其他冶炼产品标准的状况，同时也为了满足用户的要求，通过两次工作会的协调，多次地走访调研最终形成报批稿。

（2）较原国家标准 GB/T 4134—1994 增加了 Si、Pd、Mg、As、Sn、Cr、Ni、Mn 八个杂质含量要求。增加了 Au99.995、Au99.50 两个牌号，删除了 Au99.9 牌号。金锭的化学成分修改采用美国 ASTMB562—95 标准（其中 Au99.995 牌号等同采用）。Au99.99 牌号中 Ag 由 0.004 改为 0.005，Cr、Mn 由 0.0005 改为 0.0003，删除“总和”栏和注 2、注 3，注 1 作为单独条款提出。

（3）物理规格中的 3.3.1 条删除“金锭两端和两侧厚度不应 >1mm”。删除 3.3.3、3.3.5 条。

（4）表面质量中的 3.4.3 条中改为不允许有浇铸切口以

外的其他机械加工痕迹。删除“3kg 金锭可有切口”。

(5) 试验方法中删除4.4.3条。

(6) 5.4 仲裁取样方法中删除5.4.1条,5.4.2.4试样的制备a、b、c三条分别改为5.4.3、5.4.4、5.4.5条。

(7) 考虑到进出口的要求以及国际惯例,草案中的物理规格、产品包装等要求较原标准有所增加和变动。

(8) 由于草案中新增加了杂质元素,故原GB/T 11066—1989《金化学分析方法》已不适用,建议尽快加以修订。

四、新一轮《金锭》标准修订再次启动

2013年3月1日,全国有色金属标准化技术委员会发布了《关于国家标准《金锭》和《银锭》征求意见的函》(有色标委[2013]5号),根据国家标准化管理委员会的(标委综合[2012]50号文)要求,由全国有色金属标准化技术委员会归口、由江西铜业股份有限公司负责新国标——GB/T 4134—2003《金锭》(计划号:20121144-T-610)和GB/T 4135—2002《银锭》(计划号:20121169-T-610)国家标准的修订任务,这标志着国家标准《金锭》和《银锭》10年来再次修订进入实际运作阶段。

五、GB/T 4134—2003《金锭》版标准与国内外相关标准对照表(见表6-3)

表 6-3 GB/T 4134—2003《金锭》与相应国外标准对照表

国家	标准号及名称	牌号	Au 含量(不小于)/%	Ag + Cu 含量(最大值)/%	杂质含量(不大于)/%								
					Ag	Cu	Fe	Pb	Bi	Sb	Si	Pd	Mg
美国	ASTMB 562—95 精炼金	99.995	99.995		0.001	0.001	0.001	0.001	0.001	0.001	0.001	0.001	0.001
		99.99	99.99		0.009	0.005	0.002	0.002	0.002	0.002	0.005	0.005	0.003
		99.95	99.95		0.035	0.02	0.005	0.005	—	—	—	0.02	—
		99.50	99.50	—	—	—	—	—	—	—	—	—	—
		牌号	Au 含量(不小于)/%	Ag + Cu 含量(最大值)/%	杂质含量(不大于)/%								
					As	Sn	Cr	Ni	Mn	Pt	Zn	Rh	
		99.995	99.995		—	0.001	0.0003	—	0.0003				
		99.99	99.99		0.003	0.001	0.0003	0.0003	0.0003				
		99.95	99.95		—	—	—	—	—				
		99.50	99.50		—	—	—	—	—				

国家	标准号及名称	牌号	Au 含量(不小于)/%	Ag + Cu 含量(最大值)/%	杂质含量(不大于)/%								
					Ag	Cu	Fe	Pb	Bi	Sb	Si	Pd	Mg
前苏联	ГОСТ 28058-89 金锭技术条件	3JIA-1TT	99.99		0.005	0.0005	0.0005	0.0005	0.0005	0.0005		0.0005	
		3JIA-1	99.99		0.005	0.001	0.001	0.001	0.001	0.001		0.003	
		3JIA-2	99.98		0.015	0.005	0.001	0.005	0.001	0.001		0.005	
		3JIA-3	99.95		0.035	—	—	—	—	—		0.010	
		牌号	Au 含量(不小于)/%	Ag + Cu 含量(最大值)/%	杂质含量(不大于)/%								
					As	Sn	Cr	Ni	Mn	Pt	Zn	Rh	
		3JIA-1TT	99.99			0.0005	0.0005	0.0005	0.0005	0.0005	0.0005	0.0005	
		3JIA-1	99.99			0.001	0.0005	0.0005	0.0005	0.001	0.001	0.001	
		3JIA-2	99.98			0.001	0.0005	0.0005	0.0005	0.005	0.001	0.001	
		3JIA-3	99.95			—	—	—	—	0.005	—	0.002	

续表 6-3

国家	标准号及名称	牌号	Au 含量(不小于)/%	Ag + Cu 含量(最大值)/%	杂质含量(不大于)/%								
					Ag	Cu	Fe	Pb	Bi	Sb	Si	Pd	Mg
中国	GB/T 4134—1994 金锭	Au-1	99.99		0.005	0.002	0.002	0.001	0.002	0.001			
		Au-2	99.95		0.020	0.015	0.003	0.003	0.002	0.002			
		Au-3	99.90		—	—	—	—	—	—			
		牌号	Au 含量(不小于)/%	Ag + Cu 含量(最大值)/%	杂质含量(不大于)/%								
					As	Sn	Cr	Ni	Mn	Pt	Zn	Rh	
		Au-1											
		Au-2											
		Au-3											

国家	标准号及名称	牌号	Au 含量(不小于)/%	Ag + Cu 含量(最大值)/%	杂质含量(不大于)/%								
					Ag	Cu	Fe	Pb	Bi	Sb	S	Pd	Mg
中国	GB/T 4135—2003	99.995	99.995		0.001	0.001	0.001	0.001	0.001	—	0.001	0.001	0.001
		99.99	99.99		0.009	0.005	0.002	0.002	0.002	0.002	0.005	0.005	0.003
		99.95	99.95		0.035	0.02	0.005	0.005	—	—	—	0.02	—
		99.50	99.50	—	—	—	—	—	—	—	—	—	—
		牌号	Au 含量(不小于)/%	Ag + Cu 含量(最大值)/%	杂质含量(不大于)/%								
					As	Sn	Cr	Ni	Mn	Pt	Zn	Rh	
		99.995	99.995		—	0.001	0.0003	—	0.0003				
		99.99	99.99		0.003	0.001	0.0003	0.0003	0.0003				
		99.95	99.95		—	—	—	—	—				
		99.50	99.50		—	—	—	—	—				

第二节 国标 GB/T 26021—2010《金条》标准编制情况说明

一、任务来源及计划要求

根据国家标准化管理委员会 2008 年 7 月 25 日发出的《关于下达 2008 年第二批国家标准制修订计划的通知》（国标委综合［2008］118 号）的要求，由紫金矿业股份有限公司和中国有色金属工业标准计量质量研究所负责起草国家标准《金条》，计划编号：20079083-T-610，完成年限为 2009 年。技术归口单位为全国有色金属标准化技术委员会，由紫金矿业股份有限公司和中国有金属工业标准计量质量研究所为主组成编制组，由云南铜业股份有限公司、山东招金金银精炼厂、四川天泽贵金属有限责任公司、内蒙古乾坤金银精炼股份有限公司、河南豫光金铅有限责任公司、长春黄金研究院参加起草。本标准主要起草人有：向磊、廖占丕、熊辉昌等。

二、编制过程（包括编制原则、工作分工、征求意见单位、各阶段工作过程等）

根据标准计划要求，紫金矿业股份有限公司和中国有色金属工业标准计量质量研究所组织标准编制组检索，搜集国内外有关技术标准和调查国内外产品使用情况。据了解，近几年随着金市场的放开，我国个人和机构可以进行黄金的收藏和投资，金条市场比较活跃，各地金精炼厂和有色企业都生产或按银行投资要求生产金条。而对于金条产品，却缺乏该相关标准，因此制定项目对于广大金条生产单位和个人机构投资企业都有着重要的意义，特别对于市场上不同生产单元的差异平衡统一生产要求统一产品质量也有着十分重要的意义。同时，本标准严格按照 GB/T 1.1—2000《标准化工作导则第 1 部分：标准的结构和编写规则》的要求进行编写。以范围—规范性引用文件—要求等内容的顺序编写，内容规范。

共发出征求意见函和会议征求意见近 15 份，收到回函 4 份。编制组对回函意见进行了处理，并对标准进行了修改。征求意见单位有：贵研铂业股份有限公司、有研亿金新材料股份有限公司、湖南鑫达银业有限公司、上海黄金交易所金银交割部等 15 家单位。2009 年 4 月在重庆市召开的贵金属国家标准审定及讨论会上各位专家对该标准进行了讨论，2009 年 9 月初在湖北荆门召开了该项目预审会，与会专家提出了相关的标准修改意见。会后编制组对各位专家的意见进行了归纳，及时地对标准进行了修改与完善，编制了《标准征求意见汇总处理表》。

三、《金条》国家标准主要技术内容的确定

（1）规定了金条的物理规格。

（2）规定了金条的化学成分，主要为 3N5 和 4N 产品，

工艺包括浇铸和压制。

(3) 规定了金条的表面质量要求，以及包装要求和标志等。

(4) 规定了金条产品的化学成分和相关检测方法。

四、《金条》国家标准与国内外同类标准水平的对比分析

通过检索表明，目前国内有上海黄金交易所金银交割部企业标准，该企业标准只有50g和100g浇铸金条标准，在市场上广泛流通的其他金条产品尚未纳入，远不能满足目前一般投资者和需求者对金条产品的需求。国外有金锭产品标准，对于金条标准，尚无相关国家标准。

五、《金条》国家标准参考资料清单

GB/T 11066（所有部分） 金化学分析方法

GB/T 15072（所有部分） 贵金属及其合金化学分析方法

GB/T 4134—2003 金锭

六、《金条》国家标准相关参数

按化学成分《金条》国家标准（征求意见稿）分成2个牌号：Au99.995、Au99.99；标准金条物理规格重：50g、100g。国家标准《金条》规定的尺寸允许偏差、化学成分见6-4、表6-5。

表 6-4 国家标准《金条》规定的尺寸及允许偏差

（mm）

规 格	50g		100g	
	尺寸	允许偏差	尺寸	允许偏差
长 度	40	±2	60	±2
宽 度	12	±2	16	±2

表 6-5 国家标准《金条》规定的化学成分

牌 号	化学成分/%							
	Au	杂质含量（不大于）						
	（不小于）	Ag	Cu	Fe	Pb	Bi	Sb	Si
IC-Au99.995	99.995	0.001	0.001	0.001	0.001	0.001	—	0.001
IC-Au99.99	99.99	0.005	0.002	0.002	0.001	0.002	0.001	0.005

牌 号	化学成分/%						
	杂质含量（不大于）						
	Pd	Mg	As	Sn	Cr	Ni	Mn
IC-Au99.995	0.001	0.001	—	0.001	0.0003	—	0.0003
IC-Au99.99	0.005	0.003	0.003	0.001	0.0003	0.0003	0.0003

第七篇

黄金的供应与需求

第一章　黄金的生产与供应

第一节　全球黄金供应

一般来说，世界黄金的供应主要来自矿产金、再生金、官方售金（央行售金）和生产商对冲（推断净投资减持）四个部分，矿产金是世界黄金供应的最主要部分。2010 年全球黄金供应比重中，矿产金、再生金、央行售金分别所占比重为 61%、38% 和 1%。2001～2010 年全球黄金供应构成如图 7-1 所示。

一、矿产金

近十年来全世界矿产黄金产量变化不大，基本维持在 2500t 上下，但地区的产量变化较大。非洲、北美洲、大洋洲黄金产量呈下降趋势，而拉丁美洲、亚洲的产量逐渐上升。年产 100t 以上的国家有中国、南非、澳大利亚、美国、秘鲁、俄罗斯、印度尼西亚和加拿大。2007 年中国生产黄

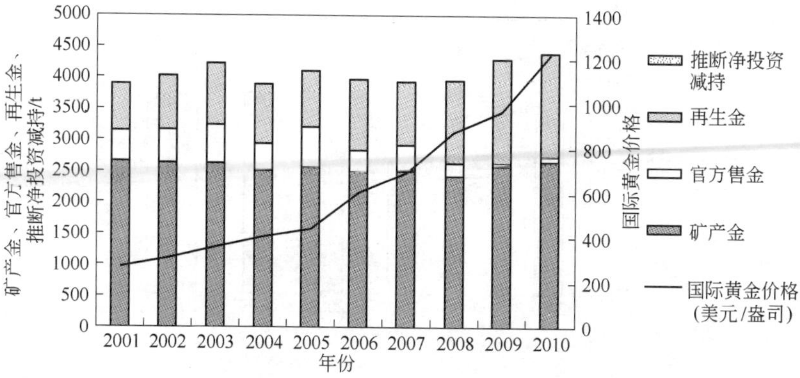

图 7-1　2001～2010 年全球黄金供应构成

（数据来源：世界黄金协会(WGC)/GFMS/Antaike）

金 270t，取代南非成为世界第一大黄金生产国，结束了南非位居世界第一黄金生产国长达 100 年的历史；2010 年，中国生产黄金 340t。从黄金发展历史来看，19 世纪之前，全球黄金产量较低。19 世纪，全球黄金生产跃上新的水平，达到 1.16 万吨。进入 20 世纪后，全球范围内黄金生产总体呈上升趋势，分别出现过几次产量大增的情况，从年均 700t 左右，增至 2600t 左右。2005～2010 年全球矿产金产量如图 7-2 所示。

2010 年全球矿产金总量为 2689t，同比增长 3.9%。世界各国黄金产量均有所增加。目前，一些国家的黄金产量仍在增长，如中国、澳大利亚、秘鲁、印度尼西亚等，但南非、美国等生产大国的产量在下降，这主要是由于易开采部分生产遇到瓶颈，并且南非能源紧张、劳资纠纷等问题困扰着南非的黄金生产。2010 年是南非黄金产量连续下降的第 8

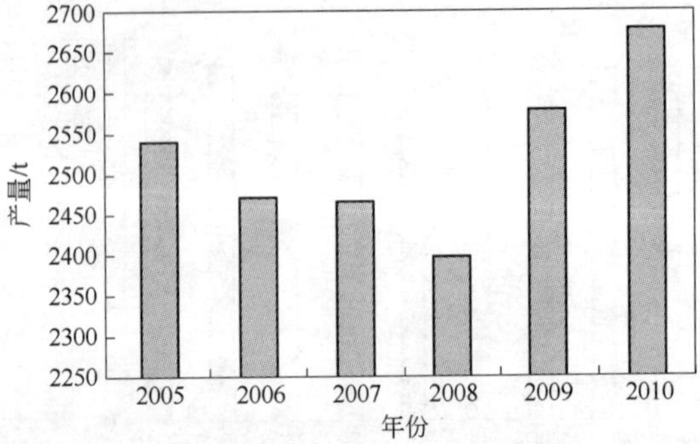

图 7-2 2005～2010 年全球矿产金产量

（数据来源：WGC）

年，降幅为 7%。非洲其他国家如布基纳法索、埃及、加纳等的产量都出现了强劲增长。2008～2010 年全球主要矿产金生产国的黄金产量如图 7-3 所示。

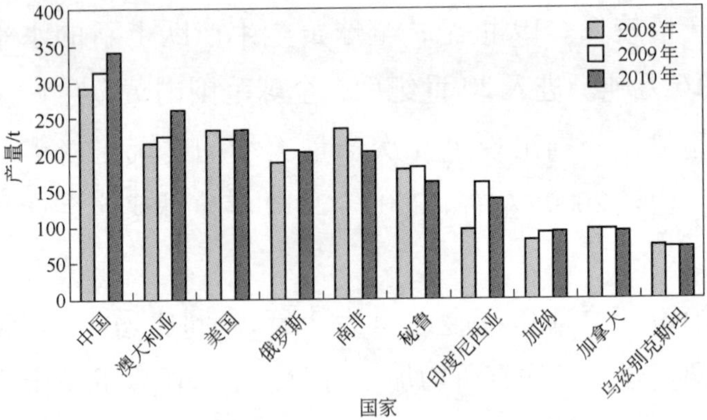

图 7-3 2008～2010 年全球主要矿产金生产国的黄金产量

（数据来源：WGC）

至 2010 年拉丁美洲的黄金产量连续第三年增长，秘鲁是该地区最大的产金国，但 2010 年产量下降 20t。而墨西哥、巴西、哥伦比亚等国家的黄金产量正在大幅提高。大洋洲的澳大利亚成为 2010 年黄金产量增长最快的地区，增幅达到 16%。由于该地区新增矿山开始投产，因此有利于巩固其全球第二大黄金生产国的地位。芬兰目前成为欧洲最大的黄金生产国，2010 年产量达到 5.7t，同比增长 76%。瑞典也是欧洲最重要的黄金生产国之一。总体来看，由于金矿投资周期长、开采成本高，全球矿产金数量不会快速增长。

2010 年西方国家金矿加权平均现金成本为 557 美元/盎司，比 2009 年上升 16.53%；总生产成本 723 美元/盎司，同比上升 16.80%，全球黄金总成本 857 美元/盎司，同比上升 7.95%。各主要黄金生产国成本均有所上升，主要原因是矿场的投入成本继续上涨，推动成本上升，能源、劳动力和消耗品费用都在增加。2008 ~ 2010 年全球主要矿产金生产国的黄金产量见表 7-1。

表 7-1　2008 ~ 2010 年全球主要矿产金生产国的黄金产量

(t)

国　家	2008 年	2009 年	2010 年
中　国	282.01	313.98	340.876
澳大利亚	215.1	222.8	260.9
南　非	233.8	219.8	203.3
美　国	233.6	219.2	233.9
俄罗斯	188.7	205.2	203.4
秘　鲁	179.5	182.4	162
印度尼西亚	94.7	157.5	136.6

续表 7-1

国 家	2008 年	2009 年	2010 年
加拿大	95	96	92. 2
加 纳	80. 4	90. 3	92. 4
乌兹别克斯坦	72. 7	74. 5	71

注：资料来源于世界黄金协会。

2010 年全球十大黄金矿业公司分别是：加拿大巴里克黄金矿业公司（Barrick Gold）、美国纽蒙特黄金矿业公司（Newmont Mining）、南非安格鲁黄金矿业公司（AngloGold Ashanti）、南非金田黄金矿业公司（Gold Fields）、加拿大黄金矿业公司（Goldcorp）、澳大利亚纽克雷斯特黄金矿业公司（Newcrest Mining）、加拿大金罗斯黄金公司（Kinross Gold）、乌兹别克斯坦纳沃伊矿业冶金联合公司（Navoi MMC）、美国自由港迈克墨伦铜金矿公司（Freeport MeMo-Ran）和俄罗斯极地黄金公司（Polyusgold）（相关产量数据见附录一表 3）。

二、再生金

再生金主要指通过回收旧首饰及其他含金产品提炼的黄金。由于回收提炼黄金的工作较为复杂（如再生金原料来源复杂、处理方法众多，相关内容见第五章第一节内容），再生金的供应量与金价涨跌持正比关系。再生金产量主要来自于制造用金量高的地区，如印度、北美、欧洲、亚洲等。2010 年尽管金价高企，但个别地区和国家，如印度及中东地区国家预期黄金价格继续上涨，导致再生金产量下降。

2005～2010年全球再生金的产量与金价走势如图7-4所示。

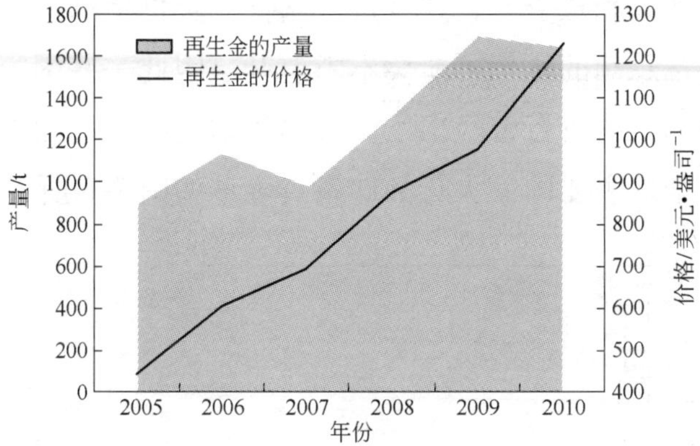

图7-4　2005～2010年全球再生金的产量与金价走势

2010年全球再生金生产地区主要分布在亚洲，包括中东、印度、东亚等地区，这些地区再生金产量分别占全球再生金的比例为23%、8%、27%，如图7-5所示。

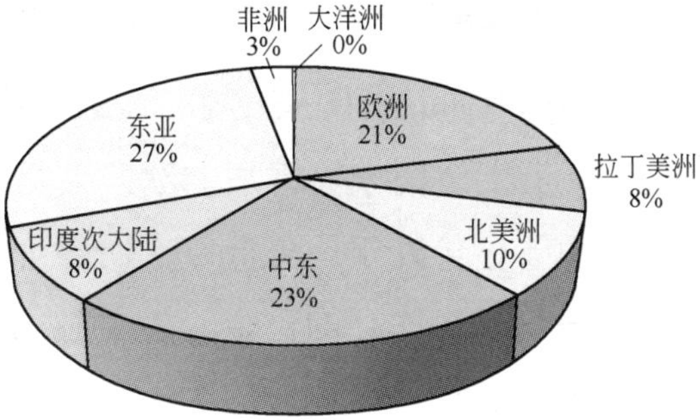

图7-5　全球再生金生产地区分布

三、央行售金

黄金的另一主要供应渠道是世界各国政府央行抛售。一百多年来，各国央行始终是黄金的主要持有者。目前 17 万吨左右的世界黄金存量中，官方储备占 20% 以上。由于黄金是一种无利息资产，并且黄金储备在金价上涨过程中，占一国储备总额的比例可能会不断上升，因此一些国家，特别是欧洲国家的央行曾经出于调整储备结构的目的而不断抛售黄金。全球主要国家央行的储备黄金量如图 7-6 所示。

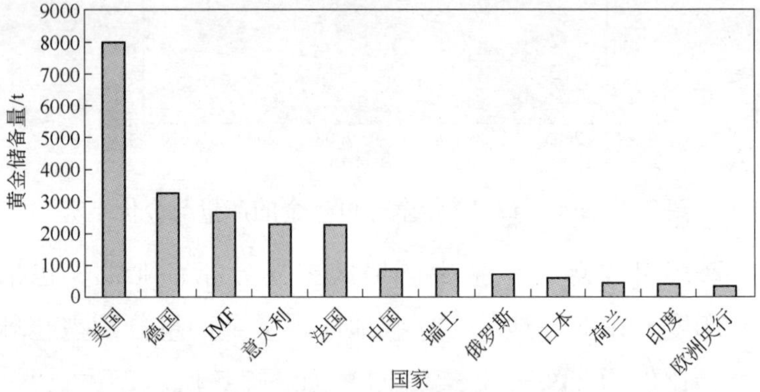

图 7-6 全球主要国家央行黄金储备量（截至 2010 年底）

央行售金协定（Central Bank Gold Agreement）是 1999 年 9 月 27 日由欧洲 11 个国家央行加上欧盟央行联合签署的一个协定。当时由于金价处于历史低谷，而各个欧洲央行为了解决财政赤字纷纷抛售库存的黄金，为了避免无节制的抛售摧毁金市，这个协议规定在此后的 5 年中，签约国每年只允许抛售 400t 黄金。

5 年后的 2004 年 9 月 27 日，央行售金协定第二期（CBGA2）被续签，又有两个欧洲国家加入协议，考虑到当时金价复苏，因此每年黄金限售数量被提高为 500t。从协议签署后各国央行售金的实际情况来看，各央行基本上完成并略微超过售金限额。但2006年却大为不同，欧洲央行在2006年售金量仅为393t，远低于500t的限额。其原因是自2005年第四季度以来金价大幅飙升，黄金储备的价值日渐受到央行的关注。2010年随着经济危机的到来，央行从抛售转为净购买方，这为此后金价的上行提供一定的动力支持。

2010年全球市场最主要的官方售金方是国际货币基金组织（IMF），其宣布年内销售191.3t黄金，并在年底完成该销售计划。同年CBGA签约国销量骤减94%；而其他国家和地区央行则出现强劲的黄金购买需求，如印度、斯里兰卡和毛里求斯央行购入国际货币基金组织场外出售的黄金。此外，俄罗斯、泰国、孟加拉国等国家的黄金储备也出现明显增长。

第二节　中国的黄金生产

21世纪的第一个十年是我国黄金行业发展最快的时期，2000~2010年期间，中国黄金产量增长快速，平均增幅达到6.73%（图7-7）。2010年我国黄金产量、利润、工业总产值等主要工业指标均创历史最高纪录。黄金行业2010年创造工业总产值2292.879亿元，同比增长66.72%。这是我国黄金行业在2008年工业总产值突破千亿元大关（达到1183.006亿元）之后，仅用了两年又上一个千亿台阶。

从黄金产量地域分布上看，山东、河南和福建是中国的

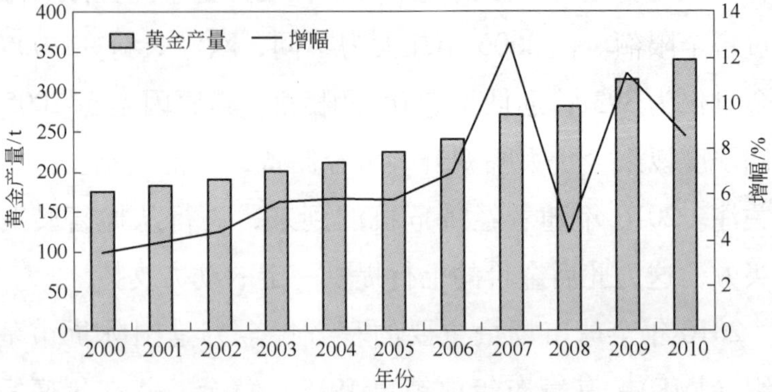

图 7-7 2000～2010 年中国黄金产量

（数据来源：CGA/CNIA）

产金大省。根据中国黄金协会发布的数据，2010 年中国前十大产金省黄金产量约占全国产量的 66.62%，其中山东 20.52%、河南 10.52%、福建 7.6%、内蒙古 4.97%、湖南 4.74%、陕西 4.37%、辽宁 3.72%、贵州 3.62%、新疆 3.52%、甘肃 3.04%。2006～2010 年中国白银及铅、锌、铜、黄金的产量见表 7-2。

表 7-2 2006～2010 年中国白银及铅、锌、铜、黄金的产量

年 份	2006 年	2007 年	2008 年	2009 年	2010 年
白银/t	8252	9092	9587	10348	11617
黄金/t	240.1	270.5	282	313.98	340.86
铅/万吨	274	276	321	370.8	419.9
铜/万吨	300	350	378	411	457.3
锌/万吨	315	372	391	435.7	516.4

注：数据来源于中国有色金属工业协会。

最近10年来国内铜、铅、锌、金、银的产量变化对比图如图7-8所示。

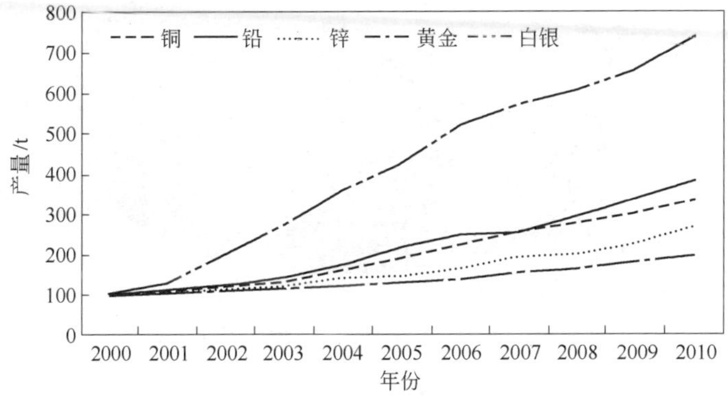

图7-8 最近10年来国内铜、铅、锌、金、银产量变化对比图(Antaike)
(取2000年产量为基数指数100)

山东作为我国最重要的黄金生产基地，其黄金总产值、产量、利润、创外汇和黄金储量均居全国首位。山东省的黄金较为集中，易于大规模开采。在全国10个重点金矿中，山东省占5个。黄金是河南四大优势金属矿产之一，金矿主要分布在豫西、豫西南一带，灵宝市为全国第二大产金县。福建西南山区上杭县的紫金山金矿近几年已成为国内单体矿山保有可利用储量最大、采选规模最大、黄金产量最大、矿石入选品位最低、单位矿石处理成本最低、经济效益最好的黄金矿山，福建因而成为矿产金产量排名第三的省份。江西虽然矿产金数量不高，但该省丰富的铜矿中含金量却很高，因而伴生金矿最多，占总伴生金矿储量的12.6%，在黄金总储量中仅次于山东排名第二。2010年中国主要黄金生产省份如图7-9所示。

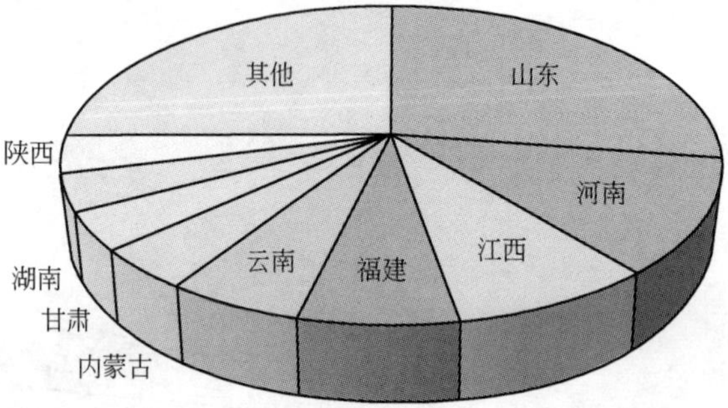

图7-9 2010年中国主要黄金生产省份

2010年中国10大矿产黄金生产企业分别是：中国黄金集团公司、福建紫金矿业集团股份公司、山东黄金集团有限公司、山东招金集团有限公司、加拿大埃尔拉多黄金公司（中国）、云南黄金矿业集团公司、湖南金鑫黄金集团公司、山东中矿金业股份有限公司、河南灵宝黄金股份有限公司和河南灵宝市金源矿业公司。其中四个主要黄金生产企业的黄金产量与黄金资源量如图7-10、图7-11所示。

2010年中国十大有色副产黄金企业分别是：江西铜业

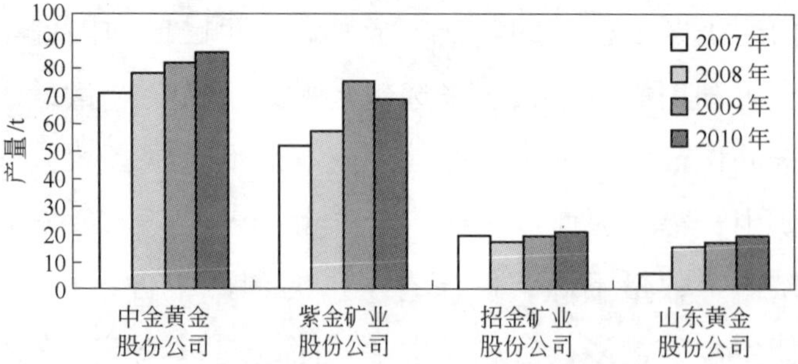

图7-10 中国主要黄金上市企业的黄金产量

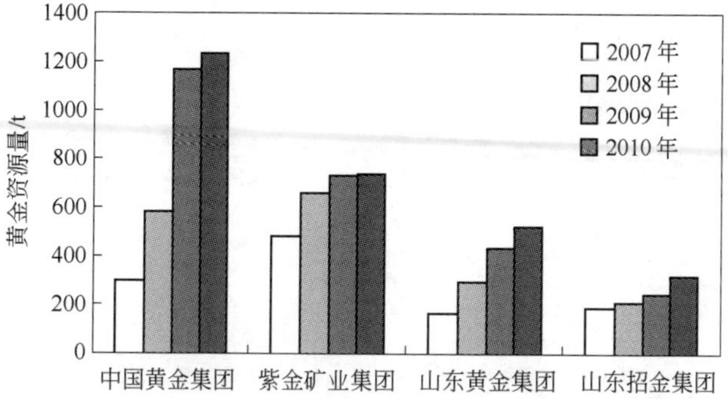

图 7-11　中国主要黄金生产企业的黄金资源量

集团公司、铜陵有色金属集团控股有限公司、云南铜业（集团）有限公司、湖北大冶有色金属集团控股有限公司、江西上饶和丰铜业公司、浙江杭州富春江冶炼有限公司、山东阳谷祥光铜业有限公司、上海鑫冶铜业有限公司、甘肃金川集团股份有限公司和甘肃白银有色集团股份有限公司（相关产量统计数据见附录一表 4、表 5）。

第二章　黄金的需求

黄金主要用于制作珠宝首饰、投资、工业应用等领域。2010 年世界黄金消费主要集中在珠宝首饰、其他制造业、金条囤积、净生产商对冲和推断净投资。目前全球黄金总存量 17 万吨左右，大约 15% 已经遗失或用于不可循环利用的工业用途，约有 3 万吨存在于各国银行作为黄金储备，另外约有 900t 为黄金饰品、硬币。20 世纪 40 年代以来，随着科学技术的发展，黄金已经广泛地渗透到现代科学技术之中，得到越来越广泛的技术应用，成为航天、航空、电子、化学等现代工业技术领域的重要材料。2001～2010 年全球黄金实物需求构成图如图 7-12 所示，各部分所占比例如图 7-13 所示。

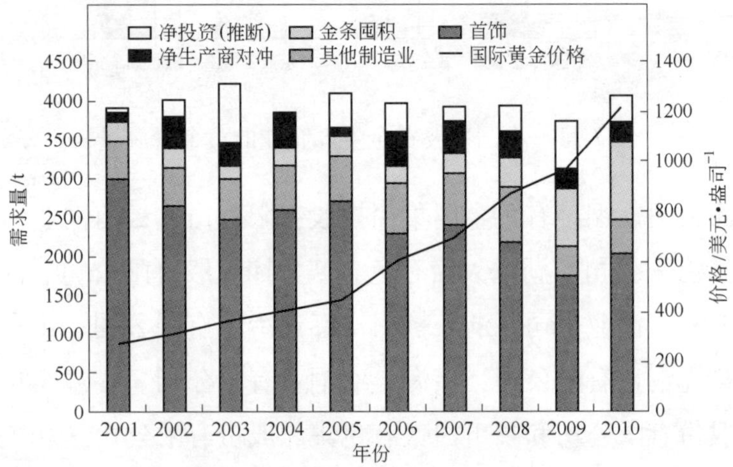

图 7-12　2001～2010 年全球黄金实物需求构成图

（数据来源：世界黄金协会（WGC）/GFMS/Antaike）

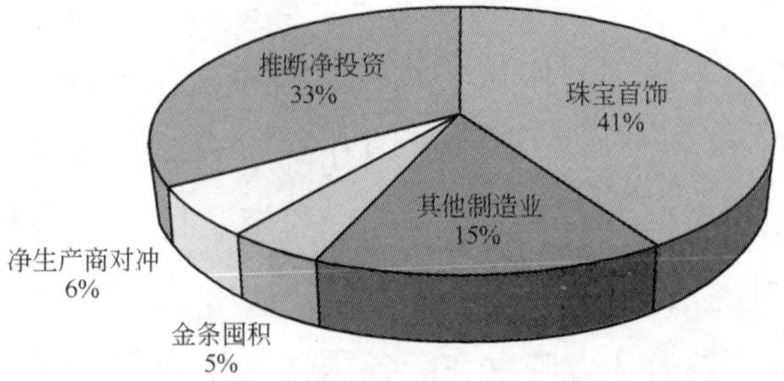

图 7-13　世界黄金需求结构分布（2010 年）

第一节　全球黄金消费分析

2010 年世界黄金总需求量为 4314t。制造业总用金量为 2779t，同比增加 10.67%，首饰制造业用金量同比增加 11.19%，为 2017t，但比 2007 年这一最近 5 年来最高的水平还要低 400 多吨。其他制造业用金增长 9.33%，为 762t；实物金条投资达到 880t，同比增长 65.72%；生产商对冲减持 103t；另外推断投资大幅下降 499t。金币金条消费大幅增长，是拉动黄金消费的主要动力之一。2005 ~ 2010 年全球黄金实物需求如图 7-14 所示。

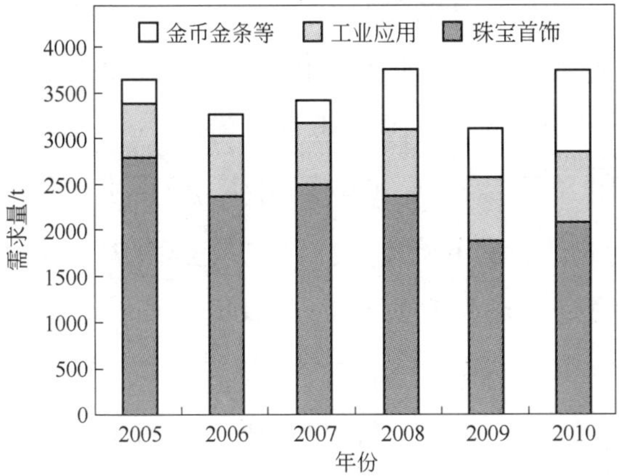

图 7-14　2005 ~ 2010 年全球黄金实物需求

2010 年，全球黄金在珠宝首饰、工业应用和实物金条金币等方面的消费，分别占全球黄金消费的 55%、21% 和 24%，黄金在工业应用和实物金条金币的消费份额比重越来越大，如图 7-15 所示。

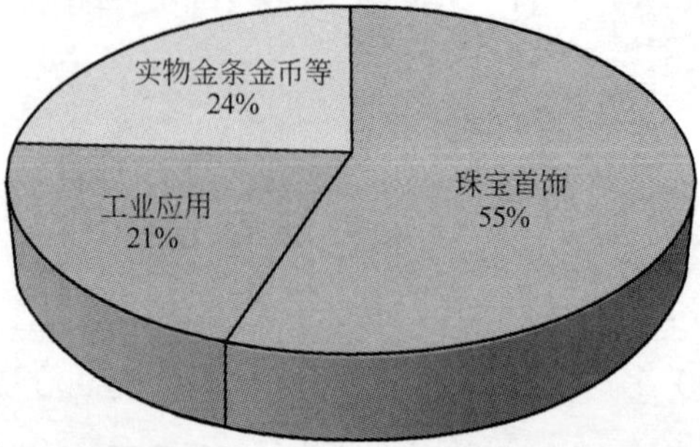

图 7-15 世界黄金消费结构（2010 年）

根据世界黄金协会公布的最新数据，2011 年全球珠宝首饰行业消费黄金 1963t，其他制造业消费黄金 434t，黄金储备大幅增加，官方购金达到 439.7t，另外实物金条投资黄金创下历史新高达到 1487t。传统首饰消费大国有印度、沙特阿拉伯、阿联酋、中国、土耳其等。

从各地区 K 金首饰（包括再生金）用金看：2010 年欧洲 K 金首饰用金量下降 6%，这主要是因为首饰用金量出现下降，尽管牙医用量和硬币用金量也在下降，但电子工业用金量增加。2010 年意大利黄金首饰销量又下降 6%，跌落至 116t，目前意大利黄金首饰消费量只相当于 20 世纪 90 年代末峰值的五分之一。全球黄金首饰消费的主要国家如图 7-16 所示。

首饰需求对价格较为敏感，并且呈现明显的季节性和周期性。通常每年的第一季度和第四季度受节日影响，黄金需求会有明显增长，例如印度的婚庆及宗教节日，中国的农历

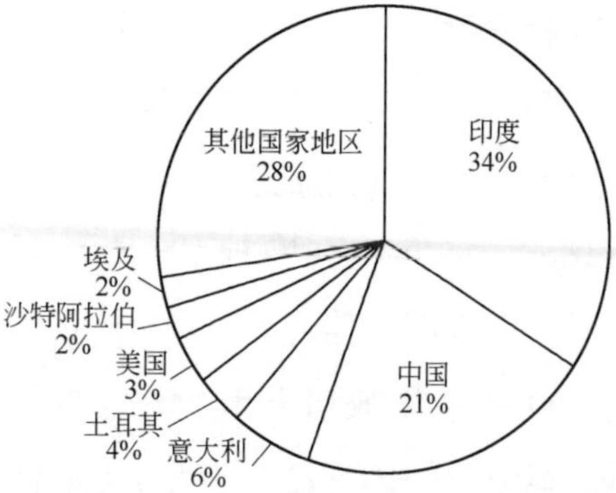

图 7-16　全球黄金首饰消费主要国家分布（2010 年）

新年，西方的圣诞节等。印度是传统的黄金消费大国，印度最重要的节日是 Diwaii，这个节日被视作印度新年的开始并且通常在 10 月或 11 月到来；另外通常在 4 月或 5 月到来的 Akshaya Thrithiya 节也被认为是购买黄金的重要节日；而黄金在印度的婚礼仪式上同样非常重要。2010 年印度黄金首饰消费达到 657. 2t，同比增长 39. 7%。

黄金的工业需求集中在电子工业和医疗领域。由于工业需求受全球经济形势影响较大，因此 2010 年受经济危机影响需求略有下降。金币金条等投资需求已经成为近几年金价大涨的直接动力之一。包括黄金 ETF 和黄金期货等场内交易投资产品受到广泛的追捧。

第二节　中国的黄金消费

世界黄金协会公布数据显示，多年来中国大陆黄金供不应求，2007 年以后国内黄金需求缺口还是不断增大；世界黄金协会、中国黄金协会统计数据显示，2010 年，中国黄金需求总量 571.5t，比上年增加 100.2t，同比增长 21.26%。其中，消费需求 515.61t，同比增长 21.72%；工业需求 47.38t，同比增长 17.6%；其他需求 8.52t，同比增长 14.98%，如图 7-17 所示。当年中国黄金总产量（矿产金 + 再生金）约为 460t，市场缺口 111.5t，需要通过进口或者消化库存来弥补。2010 年中国是仅次于印度的世界第二大黄金消费国。

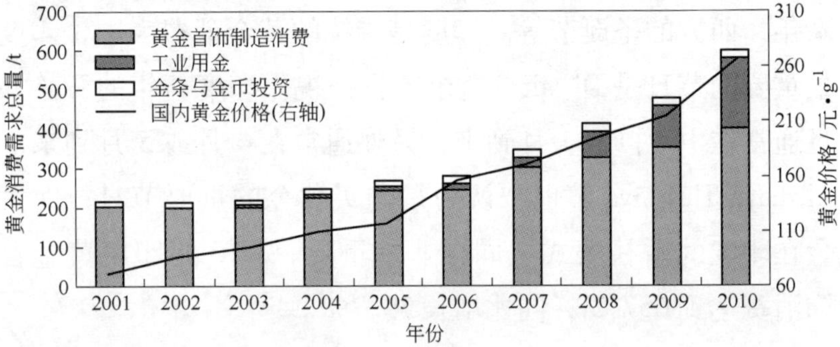

图 7-17　中国大陆黄金消费需求与国内金价走势对比图

（资料来源：世界黄金协会、安泰科）

目前国内黄金消费三大领域为：珠宝首饰、投资金条金币和工业用金（图 7-18）。而投资金条主要分为商业银行投资小金条和黄金企业投资金条，中国工商银行和中国黄金集团投资金条分别在这两个领域所占份额最大。目前我国主要的黄金工业原料产品有金盐、金丝、金箔、金靶材、金导电胶、金蒸发材料等，目前国内工业消费用金主要集中在三个领域，分别是键合金丝、金盐和金箔。

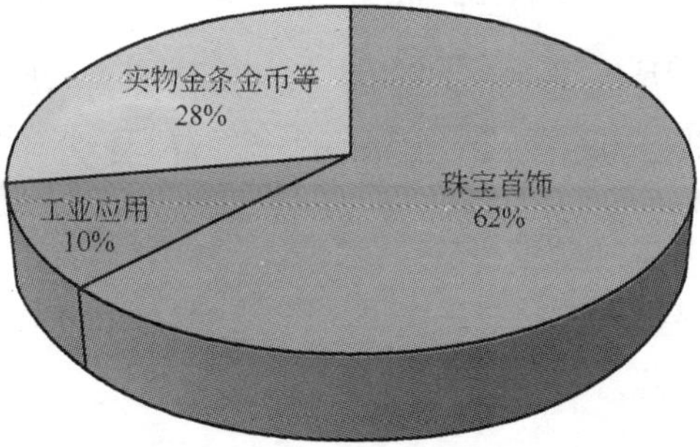

图 7-18　中国黄金消费结构资料（2010 年）
（资料来源：世界黄金协会、安泰科）

中国的黄金消费一直以首饰需求为主，工业、医疗等行业消费量占消费领域比重较小。黄金的金融投资近年来增长迅速。与世界黄金消费结构相比，中国黄金在珠宝首饰行业的消费比重高于世界水平，达到62%。实物金条金币等消费需求占全部需求的28%，工业应用占10%左右，如图 7-19 所示。

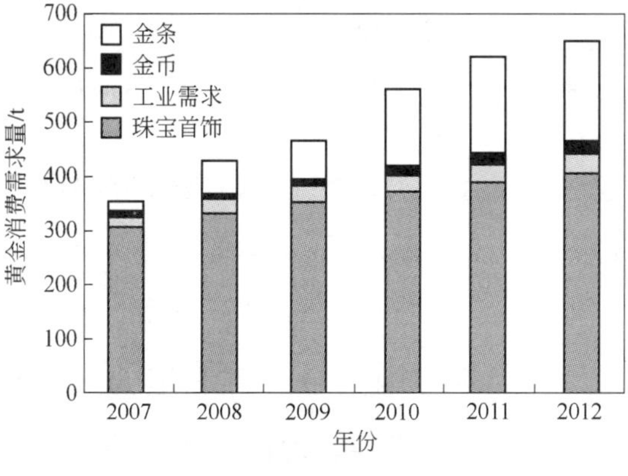

图 7-19　中国黄金消费需求图
（资源来源：世界黄金协会、安泰科）

目前国内黄金首饰加工主要集中在南方特别是广东，2011 年中国黄金首饰加工量前 10 位企业中有 7 家为广东企业，最大是金叶珠宝有限公司（年加工 88.518t），其次是深圳百泰首饰有限公司（年加工 55.925t）。图 7-20 为 2011 年中国黄金首饰加工量前 10 位企业排名。

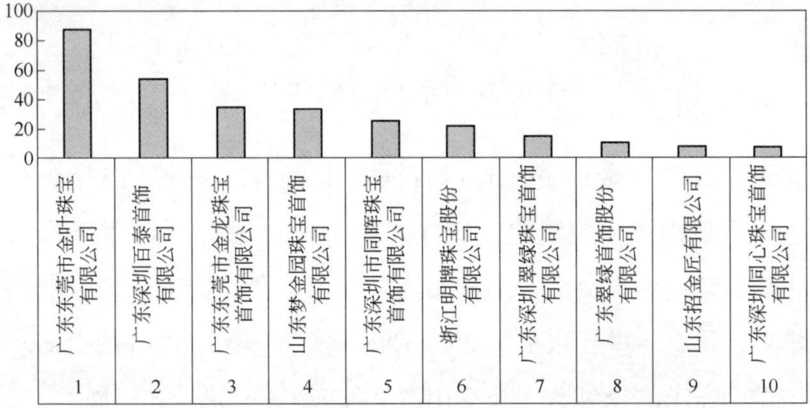

图 7-20 2011 年中国黄金首饰加工量前 10 位企业排名（单位：t）
（资料来源：中国黄金协会、安泰科（Antaike））

中华民族是一个有深厚黄金文化历史的民族，尤其近年来，在持续黄金牛市的推动下，全民投资需求空前上涨，使黄金需求达到一个高峰；黄金首饰、金币、金条等领域的需求增长迅速。2006 年中国黄金首饰制造业用金量超过传统黄金首饰生产大国意大利，成为仅次于印度的全球黄金首饰生产国；2007 年中国又超过美国，成为仅次于印度的第二大黄金首饰消费国。自 1979 年出于创汇目的而推出的中国熊猫金币至今已有30多年的历史，原来主要在国外销售，随着国内黄金市场的开放，民众参与程度加深；每年除发行熊猫投资金币外，还发行多种纪念金币。此外，2007年以来，国内经济持续高速增长，居民收入水平不断增长，社会公众对黄金市场的投资热情逐步提高，而金条是目前最流行的黄金投资产品之一，是民众的一种财富贮藏手段。在全球金融动荡、信用货币危机未消的大环境中，我国民众囤积金条的热情高涨，投资金条也是我国黄金需求增长最快的领域。2010年增幅达到93.58%，几乎翻倍。目前金条市场的供应商包括金条生产企业、金融机构和零售商业机构。金融机构向民众提供各商业银行品牌金条，在各商业银行营业网点进行交易；零售商业机构提供各企业自有品牌金条，或委托商业银行代理，或建立自己的专卖店自主营销。

第三节 黄金市场价格

一、黄金市场十年简况

从历史上看，20世纪70年代以前，国际黄金价格比较稳定波动较小；70年代以后，由于布雷顿森林体系的瓦解，浮动汇率制度登上历史舞台；从此黄金的货币职能受到削弱，储备资产的功能得到加强，随着各国官方黄金储备量增加，国际黄金价格大幅度上涨。20世纪90年代以后，世界各国中央银行日渐独立以及日益市场化，使其更加强调储备资产组合的收益；在此背景下，没有任何利息收入的黄金（除了参与借贷市场能够得到一点收益外）地位有所下降，部分中央银行（如英国等）减少黄金储备，部分主要国家央行抛售黄金，导致黄金价格一度进入超过10年期的长期低迷状态。进入21世纪，随着经济金融全球化逐步走向深入，通货膨胀开始抬头，国际黄金价格摆脱低迷，逐步走强，并且国际黄金价格波动频繁且幅度较大；特别是2008年国际金融危机后，货币超发、黄金投资需求的快速增长带动国际黄金价格屡破新高。从1999年到现在，国际黄金价格最低为253.8美元/盎司（1999年7月20日），最高价为1923.7美元/盎司（2011年9月6日）。国际黄金价格20年走势图如图7-21所示。

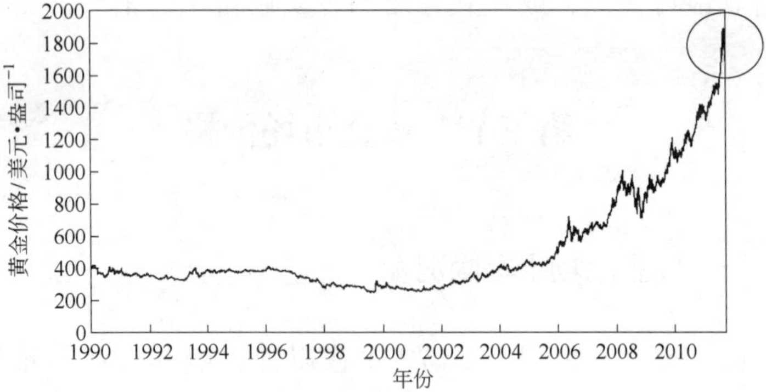

图7-21 国际黄金价格20年走势图

2001年以来国际金银价格与美元指数、CRB大宗商品价格指数走势对比如图7-22所示。

上海黄金交易所Au 99.95成交情况如图7-23所示。

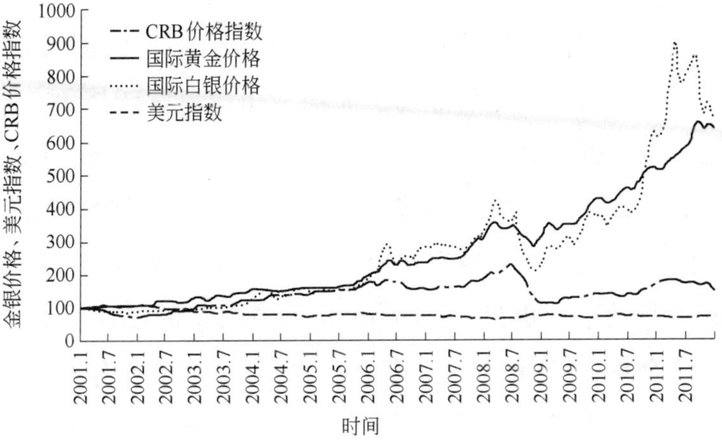

图 7-22 2001 年以来国际金银价格与美元指数、CRB 大宗商品价格指数走势对比

（资料来源：LBMA/安泰科，以 2001 年 1 月价格为基数 100）

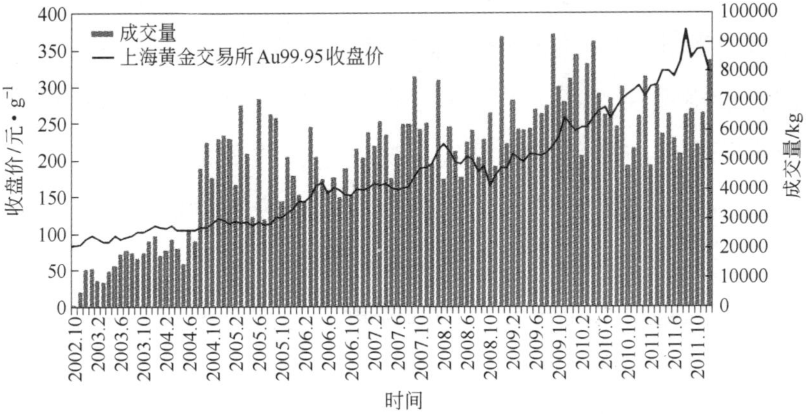

图 7-23 上海黄金交易所 Au99. 95 成交情况

（资料来源：上海黄金交易所(SGE)/安泰科(Antaike)）

国际黄金市场以 2000 年互联网泡沫破灭和 2011 年

9·11恐怖袭击为起点，已经走出了一轮十年大涨的行情；在全球迈向多极化的进程中，一方面地区不稳定因素增多，地区冲突不断，如先后经历了海湾战争、科索沃战争、阿富汗战争及最近的利比亚内战等；另一方面，世界经济的全球化、金融化推进加剧了不稳定因素的传导，金融市场动荡加剧。而以美元为主要结算货币的国际大宗商品市场，在金融全球化背景下，更易受到货币金融等因素的影响；如2008年全球金融危机重创大宗商品市场。自从2008年9月全球性金融危机爆发以来，具有避险保值和金融属性的黄金价格一路单边向上，为刺激经济，各国纷纷开动印钞机，大幅降低利率，向市场大量注资，随着美国QE1\QE2量化宽松货币政策，2011年9月质化宽松货币政策的出台，中国4万亿经济刺激计划等的推出，公众对未来通胀的担忧增加；加上经济复苏中欧洲主权债务危机爆发，黄金投资避险需求增加，价格不断走高。纵观金融危机爆发以来，世界各国救市大举降息注资发债，又导致全球性主权债务危机蔓延，金融动荡和货币超发促使具有保值、避险和投资功能的黄金价格不断创下历史新高，走出了一轮超周期行情。

国际金融危机爆发以来国际重大经济政治事件对金银价格影响分析如图7-24所示。

十年一轮回，回顾历史，黄金市场供应依旧存在瓶颈、保值避险投资需求不断增加、央行收储转向等问题，在全球货币超发（Q1、Q2、Q3不断推出）、风险事件不断（欧洲主权债务危机、美国债务上限、中国地方债高耸等）、地缘

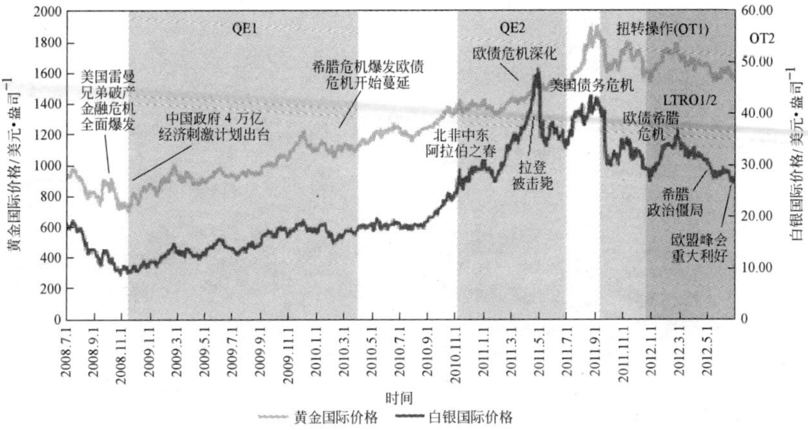

图 7-24 国际金融危机爆发以来国际重大经济政治事件对金银价格影响分析

（资料来源：Wind/安泰科（Antaike））

政治不稳（中东、北非等地政局动荡等）的背景下，信用货币面临挑战，美元中长期趋于疲软的状况不会改变，黄金市场中期依旧看好。展望未来，纵使全球经济复苏进程可能好于预期，全球通胀水平缓解而出现通货紧缩，黄金市场再次走强的机会依旧存在，只不过价格波动区间可能会更大；另外虽然历史上长期积累的数万吨以实物存在的黄金（隐性库存）可能会流入市场，这增加了市场的不确定性，但不确定性促使黄金市场更加扑朔迷离，宽幅震荡可能成为常态。至于未来黄金价格的变化，更多需要关注影响黄金价格因素的动态变化。

图 7-25 是金融危机爆发以来 6 种有色基本金属与金银价格走势对比分析。2002～2012 年国内外黄金均价见表 7-3。

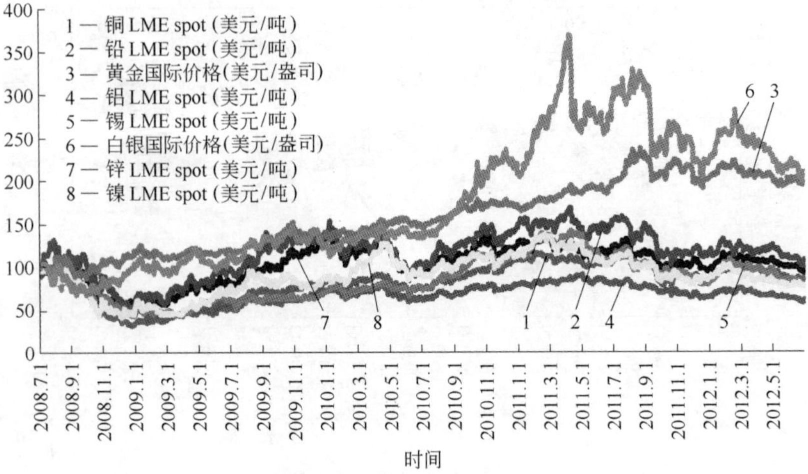

图 7-25　国际金融危机爆发以来 6 种有色基本金属与金银价格走势对比分析

（资料来源：LME/安泰科（Antaike），取 2008 年 7 月 1 日为基数 100）

表 7-3　2002 ~ 2012 年国内外黄金均价

年　份	2002 年	2003 年	2004 年	2005 年	2006 年	2007 年	2008 年	2009 年	2010 年	2011 年	2012 年
上海黄金交易所 SGE/元 · g^{-1}	88. 18	96. 7	110. 01	117. 39	154. 89	170. 4	195. 87	215. 35	264. 95	325. 83	339. 46
伦敦金银协会 LBMA /美元 · 盎司$^{-1}$	309. 68	363. 32	409. 17	444. 45	603. 77	695. 39	871. 96	972. 35	1224. 52	1573. 16	1668. 82

注：资料来源于上海黄金交易所、伦敦金银协会。

二、黄金的金融属性及其价格影响因素分析

（一）黄金的金融属性分析

黄金不同于一般商品，从被人类发现开始就具备了货

币、金融和商品属性，并始终贯穿人类社会发展的整个历史，只是其金融与商品属性在不同的历史阶段表现出不同的作用和影响力。目前香港、伦敦及纽约为全球三大黄金交易市场，黄金交易时间几乎24h循环不息，黄金市场仍然是全球金融投资市场中的重要组成部分。由于黄金的多重属性，在分析黄金走势的时候，单纯进行供需因素分析远远不够，必须要分析黄金的金融属性，黄金的金融属性具体体现为：

（1）黄金具有高度的流通性。黄金本身是一种举世公认的高度流通的资产，全球的黄金交易基本上24h都在进行，而且参与黄金投资的人非常多，人为操控金价十分困难。

（2）具有风险对冲功能。黄金价格对其他一些金融投资产品有“背道而驰”的特性，如美元强黄金价格下跌，反之美元弱黄金价格走强，所以能起着风险对冲的作用。

（3）投资方法多样化。随着黄金期货、期权和杠杆买卖的出现，黄金投资的方法趋于多样化，黄金投资早已实行“双向买卖”，提供更多的机会获利，所以黄金的投资价值不容忽视。

（二）影响黄金价格的主要因素

由于黄金历史上是货币，影响黄金的价格因素众多，通常主要有：供求因素、美元汇率影响、通货膨胀因素、各国的货币政策因素、国际贸易财政外债赤字对金价的影响、国际政局动荡、战争恐怖事件、石油价格因素等。在市场经济中，产品价格是由市场决定的，能够影响黄金价格的升跌，长期趋势分析基于供求关系，当产品求过于供，价格就会上升，相反，供过于求，价格就会下跌。但黄金在所有商品中具有最强的金融属性，除了供需关系外，影响黄金价格的因素主要有：地缘政治、经济金融因素（经济形势、美元走势、主要货币汇率、石油价格、通货膨胀等）、各国央行购售黄金行为、投资需求等。

1. 黄金供需关系因素分析

长期以来，在商品属性方面，黄金生产与黄金消费对金价的影响有限，中远期金价是基于长期供求关系的基础之上的。如果黄金的产量大幅增加，金价会受到影响而回落。但如果出现矿工长时间的罢工等情况使产量停止增加，金价就会在求过于供的情况下升值。此外新采金技术的应用、新矿的发现，均令黄金的供给增加，表现在价格上当然是金价下跌。此外消费需求方面，该因素取决于经济的好与差，当经济好时，人民的收入增加，消费意欲增强，金银首饰成为消费者购买的对象，需求的增长刺激金价的上升；相反，若经济差，消费者的购买意欲下降，则金价受需求下降影响而回软。而一个地方也可能出现投资黄金的风俗习惯，例如在印度出现的黄金投资热潮，需求大为增加，同时也导致了价格的节节攀升。此外由于黄金的另一用途是广泛用到最重要的现代高新技术产业中，如电子技术、通讯技术、宇航技术、化工技术、医疗技术等，故工业的发展对黄金的需求也有一定的影响。

对黄金走势的基本分析有许多方面，至于每个因素各自作用的强度到底有多大，需要找到每个因素的主次地位和影响时间段来进行最佳的投资分析与决策。黄金的基本分析在时间段上通常可以分为短期因素（通常是三个月）、长期因素，见表7-4。

表7-4 黄金供应需求影响因素分析

影响因素	短期基本分析因素	长期基本分析因素
供 给	劳工纠纷 回收情况 生产国外汇情况 中央银行买卖行为	贮存成本 新开采技术 新矿藏的发现 预期生产成本和利润 政府扶持政策
需 求	代用金属的价格 政治事件和局势 外汇汇率 国家储备需求 预期价格水平 利率水平 ……	工业用金消费趋势 电子及化工业情况 珠宝业情况 政府铸币用金 收入水平 年龄分布 社会习惯 通胀率走势 ……

2. 地缘政治与国际政局因素

国际上重大的政治、战争事件都能影响金价；而地缘政治的变化，特别是当地缘政治成为世界焦点时，黄金的避险需求体现得更加明显。由于信用货币需要依靠国家信用来兑现，依靠国家机器强制流通，因此一旦发生影响政权稳定性的政治战争、恐怖袭击等，人们对该国所发行货币的接受程度必然下降。黄金的货币属性成为影响黄金价格的主导因素，其商品属性对价格形成机制的影响就被弱化。

由于政府为战争或为维持国内经济的平稳增长而大量支出，政局动荡，大量投资者转向投资黄金，黄金需求扩大，刺激金价上扬。如二次大战、美越战争、1976 年泰国政变、1986 年“伊朗门”事件等，都使金价有不同程度的上升；再如 2001 年“9 · 11”事件曾使黄金价格飙升至当年的最高价 300 美元/盎司。但战争对金价的影响需综合考虑，历史上也有战争时期金价下跌的例子。由于黄金具有规避风险的功能，如果政局紧张，战云密布，那么黄金的这个功能将发挥作用，投资者买入黄金，于是黄金价格就会上升。如 1991 年 8 月 19 日前苏联解体，金价于 1h 内暴涨十美元（以盎司为单位）；若政局稳定，金价就立即回复原状。

此外，在信用货币时代，一旦国际政治形势发生变化，则发行的信用货币代表的债权债务清偿能力及其对应的货币购买力会出现不稳定预期，从而传导形成对应货币的黄金价格出现波动；更为严重的地缘政治危机会促使信用货币本位一定程度地向黄金本位制回归。国际黄金价格与芝加哥波动风险指数对比分析如图 7-26 所示。

3. 经济金融因素

经济金融情况的好与差，均能影响金价的升跌。经济过热会引起通货膨胀的担忧，由于黄金具有对冲通货膨胀风险的功能，若出现通胀，投资者则会选择买入黄金，然而衡量通胀的指针很大程度上依赖石油价格的变化。若经济转好，

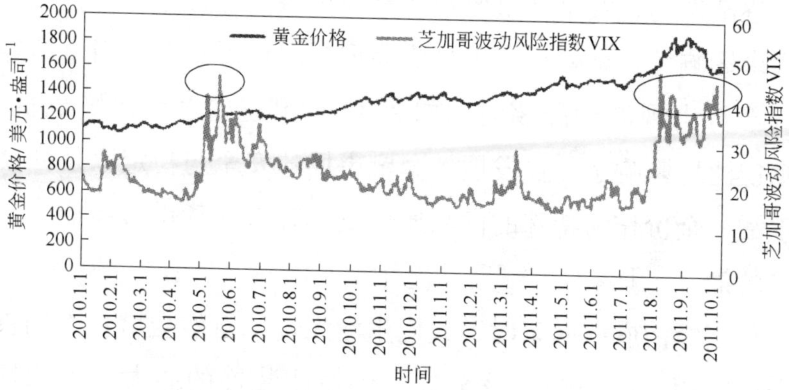

图 7-26　国际黄金价格与芝加哥波动风险指数对比分析
（资料来源：Wind/Antaike）

息率上涨，如美元的息口上调，则投资者会舍黄金而取美元，金价会受压。此外油价的上升会刺激金价的上涨，相反油价平稳，则金价也会趋于平稳。这里就影响国际黄金价格的经济金融因素如国际经济形势（含经济形势极度恶化情况下金融危机情况）、美元因素、主要货币基准利率、石油价格、通货膨胀等做一个简单介绍。

（1）国际经济形势。国际经济形势主要指重要经济体的宏观经济发展状况，包括相关国家的经济增长、重要经济资源的供给和需求状况、社会就业、物价指数等一系列指标。工业经济的运行以及与之相适应的社会分工需要巨量的资源供给支持，因此是否具有稳定充足的重要经济资源的供给成为了影响现代社会经济稳定发展的重要因素。同时随着社会经济资源生产、流通、分配关系的复杂化以及信用货币发行量持续超过经济整体需求，金融投资市场和金融投资工具逐渐发达，黄金和重要经济资源价格的定价除了受供给和需求影响外，金融投资工具成为重要定价形式。而当全球经济形势出现波动震荡时，如2008年出现的金融次贷危机，则广泛地影响了工业发展，金融市场的安全与稳定以及社会生活；金价作为特殊的商品属性及其独特的货币属性成为避险的最好工具。

当经济欣欣向荣时，人们生活无忧，自然会增强人们投资的欲望，民间购买黄金进行保值或装饰的能力会大为增加，金价也会得到一定的支持。相反，民不聊生、经济萧条时期，人们连吃饭穿衣的基本保障都不能满足，原则上公众对黄金投资的兴致会下降，当然经济极度恶化引发的避险需求除外。1991～2011年全球主要经济体GDP走势对比图如图7-27所示。

在经济形势出现极度恶化的情况下，如果爆发世界金融危机，世界级银行纷纷倒闭，金价也会受到影响。当美国等西方大国的金融体系出现不稳定的现象时，世界资金便会投向黄金，黄金需求增加，金价即会上涨。黄金在这时就发挥了资金避难所的功能。唯有在金融体系稳定的情况下，投资人士对黄金的信心就会大打折扣，将黄金沽出造成金价下跌。

（2）美元因素。美元是国际黄金市场上的标价货币，与金价成负相关关系，美元汇率是影响金价波动的重要因素之一。简单地说，美元强黄金就弱；黄金强美元就弱。由于黄金市场价格是以美元标价的，美元升值会促使黄金价格下

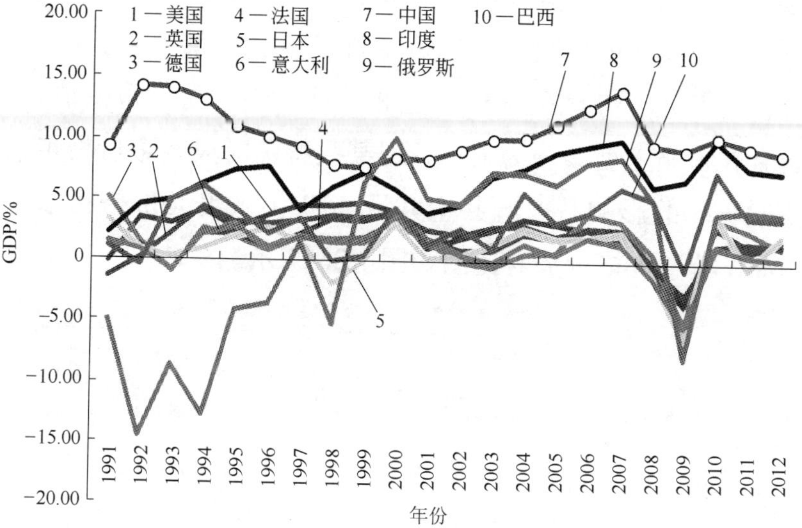

图 7-27　1991 ~2011 年全球主要经济体 GDP 走势对比图

（资料来源：世界银行、安泰科（Antaike））

跌，而美元贬值又会推动黄金价格上涨。美元强弱在黄金价格方面会产生重大影响。美元坚挺一般代表美国国内经济形势良好，美国国内股票和债券将得到投资者的竞相追捧，黄金作为价值贮藏手段的功能受到削弱；而美元汇率下降则往往与通货膨胀、股市低迷等有关，黄金的保值功能再次体现，在美元贬值和通货膨胀加剧时往往会刺激对黄金保值和投机性需求的上升。而当美元汇率下降时，则通常伴随着通货膨胀、股市低迷等现象，黄金的保值功能则会得到追捧。在 1971 年 8 月和 1973 年 2 月，美国政府两次宣布美元贬值。在美元汇价大幅下跌以及通货膨胀等因素作用下，1980 年黄金价格上升到历史最高水平 850 美元/盎司。回顾过去 20

年历史，当美元对其他西方货币坚挺时，国际黄金价格就会下跌；当美元贬值时，国际黄金价格就会上涨。过去十年，金价与美元走势存在80%的逆相关性。当本身货币贬值时，黄金在价格上就表现为上涨；但某些特殊时段黄金价格也会摆脱美元的影响，彼此共生共涨。10年来美元价格指数与LBMA黄金价格走势对比图如图7-28所示。

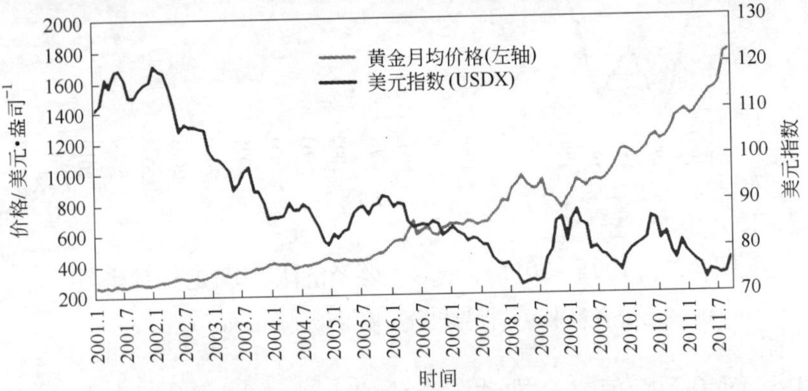

图7-28　10年来美元价格指数与LBMA黄金价格走势对比图

（资料来源：LBMA/Antaike）

（3）主要货币基准利率因素。投资黄金不会获得利息，其投资的获利全凭价格上升。在利率偏低时，投资黄金会有一定的益处；但是利率升高时，收取利息会更加吸引人，无利息黄金的投资价值就会下降，既然黄金投资的机会成本较大，那就不如放在银行收取利息更加稳定可靠。特别是美国的利息升高时，美元会被大量的吸纳，金价势必受挫。利率与黄金有着密切的联系，如果本国利息较高，就要考虑一下丧失利息收入去买黄金是否值得。

基于黄金白银市场主要是由投机投资资金推动的，目前世界主要经济体如美国、中国和欧元区的基准利率多数维持在10年来较低的水平，如截至2012年6月底美国联邦基准利率水平将维持在0～0.25%，到2014年年底，2012年7月一些国家再启动货币宽松政策，如欧元区再融资利率水平7月6日下调为0.75%，中国1年期存款利率水平7月6日下调为3.00%；同时1年期贷款基准利率将由现行的6.31%下调至6.00%，如图7-29所示。目前的货币金融环境依旧宽松，黄金白银价格受到资金追捧的土壤依旧存在。

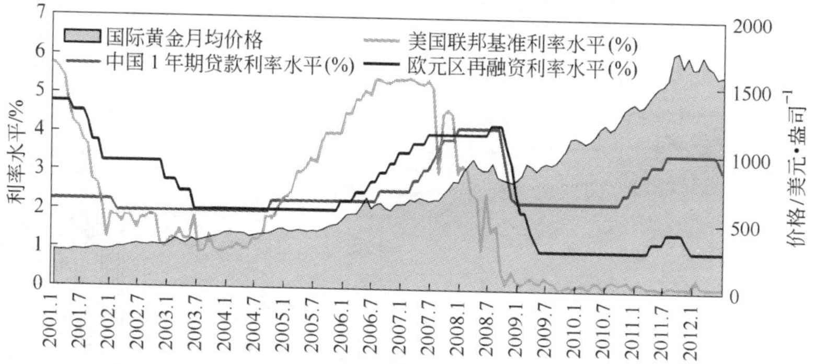

图7-29　世界主要国家的基准利率与国际金价走势对比

（资料来源：Bloomberg/Antaike）

（4）石油价格因素。由于世界主要石油现货与期货市场的价格都以美元标价，石油价格的涨落一方面反映了世界石油供求关系，另一方面也反映出美元汇率、世界通货膨胀率的变化。石油价格与黄金价格间接相互影响。通过对国际原油价格走势与黄金价格走势进行比较可以发现，国际黄金价格与原油期货价格的涨跌存在正相关关系的时间较多。黄金本身是通胀之下的保值品，与美国通胀形影不离。石油价格上涨意味着通胀会随之而来，金价也会随之上涨。长期以来黄金与石油关系密切，石油是现代工业的血液，而黄金一度是主要的货币，目前仍然是各国稳定货币信心的基础，仍是通货膨胀和货币危机情况下较可靠的保值手段和避险工具，两者正向关系明显；而原油与国民经济和人民生活密切相关，高油价一方面会阻碍经济复苏的步伐，另外一方面极其容易传到下游消费领域引发通胀（通过比较国际原油价格与国内 CPI，发现两者有一定关联）。Brent-WTI 原油每月价差与金价对比如图 7-30 所示。

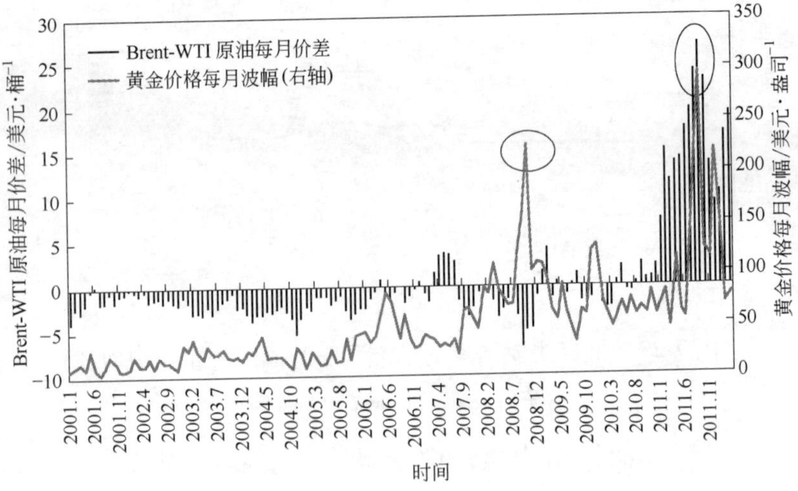

图 7-30　Brent-WTI 原油每月价差与金价对比

（资料来源：Wind/Antaike）

（5）通货膨胀因素。一个国家货币的购买能力，是基于物价指数而决定的。当一国的物价稳定时，其货币的购买能力就越稳定。相反，通货率越高，货币的购买力就越弱，这种货币就越缺乏吸引力。如果美国和世界主要地区的物价指数保持平稳，持有现金也不会贬值，又有利息收入，必然成为投资者的首选。相反，如果通胀剧烈，持有现金根本没有保障，收取利息也赶不上物价的暴升。人们就会采购黄金，因为此时黄金的理论价格会随通胀而上升。西方主要国家的通胀越高，以黄金作保值的要求也就越大，世界金价亦会越高。其中美国的通胀率最容易左右黄金的变动，而一些较小较高的通胀却对金价影响很小。

战争和政局震荡时期，经济的发展会受到很大的限制。任何当地的货币，都有可能会由于通货膨胀而贬值，这时黄金的重要性就淋漓尽致地发挥出来了。由于黄金具有公认的特性，为国际公认的交易媒介，在这种时刻，人们都会把目标投向黄金。对黄金的抢购，也必然会造成金价的上升。但是也有其他因素共同的制约。比如在 1989 ~ 1992 年间，世界上出现了许多的政治动荡和零星战乱，但金价却没有因此而上升；原因就是当时人人持有美金，舍弃黄金。故投资者不可机械地套用战乱因素来预测金价，还要考虑美元等其他因素。中国 CPI 与国内金价走势对比如图 7-31 所示。

4. 世界各国央行的活动

2008 年全球金融危机发生后，出于对当前全球信用货币体系的担忧以及储备资产多样化的需要，各国央行开始停止售金行为，转为以不同方式增持黄金储备，黄金官方储备

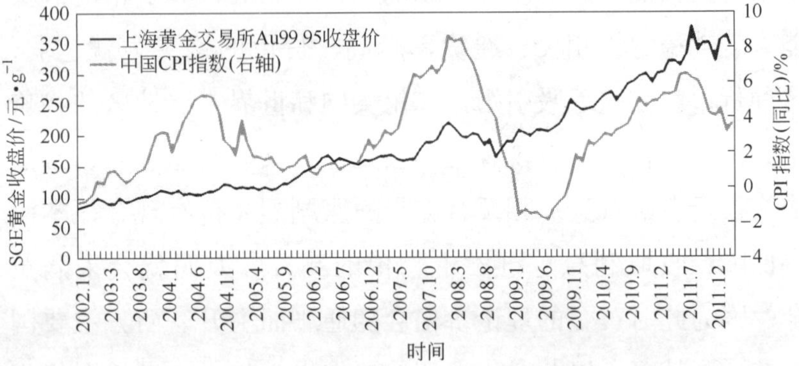

图 7-31 中国 CPI 与国内金价走势对比

（资料来源：安泰科（Antaike））

需求的变化也对黄金价格产生了一定影响。各国央行是黄金持有的大户，他们持有黄金的意愿直接影响金价的走势。若央行吸纳或增持黄金，则金价就会上升；相反若央行出售黄金，那么金价就会走软。如 20 世纪 90 年代末期各央行持续沽售黄金，令金价持续回软，曾一度跌至 265 美元/盎司的历史低位。

历史上，黄金充当货币的职能。自从 20 世纪 70 年代以来黄金与美元脱钩后，黄金的货币职能有所减弱，但仍保持一定的货币职能。黄金在许多国家，特别是西方主要国家的国际储备中占有相当重要的位置。目前各国央行或联储均是持有黄金的大户，持有黄金的意愿直接影响金价的走势。如果大量抛售黄金，金价则会下跌，如 20 世纪 90 年代后期各国央行持续抛出黄金，令金价持续走低，曾一度跌至 265 美元/盎司的历史地位。但如果各国央行积极增持黄金，如

2008年金融危机爆发，2010年央行成为黄金的净购买方，直接导致金价的大幅上涨。世界各国/地区央行（国际金融组织）黄金储备对比图如图7-32所示。

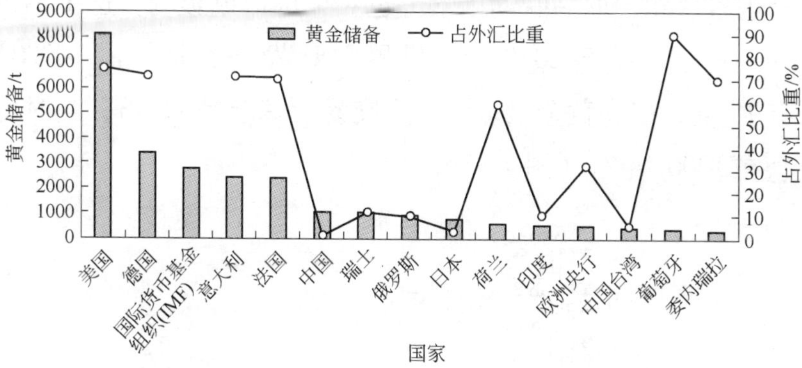

图7-32 世界各国/地区央行（国际金融组织）黄金储备对比图

（资料来源：IMF/WGC/Antaike）

5. 投资性需求

由于黄金本身所具有的投资价值，故当以上因素利好黄金，投资者会相继入市，黄金受需求因素带动而令黄金价格走俏，这里投资重点就是投资基金的行为。在国际投资市场中有各种类型的投资、投机基金。这些基金有良好的研究能力及市场把握能力，基金交易行为也五花八门、种类繁多。有投机性质的，有投资性质的，有在商品市场或商品期货衍生品市场进行套利交易的，还有直接与现货企业或有现货背景的企业进行联合协作完成期市运作的等。这些基金资金量巨大，动辄几十亿美金，甚至上百亿美金，他们通过长期的研究，通过一些富有操作经验的基金经理将旗下委托的大量投资基金运作于市场之中。最近几年来，黄金交易所交易基金（ETF）的持仓水平等因素也会对国际黄金价格的走势产生一定的影响。除了上述影响市场因素外，季节性因素、心理因素、相关商品联动因素等也对金价造成影响，这里不再一一论述。截至 2010 年，世界主要黄金基金产品（ETP）有 18 支，持仓黄金最多的黄金交易所基金是 SPDR，当时持仓在 1000t 左右（图 7-33）。

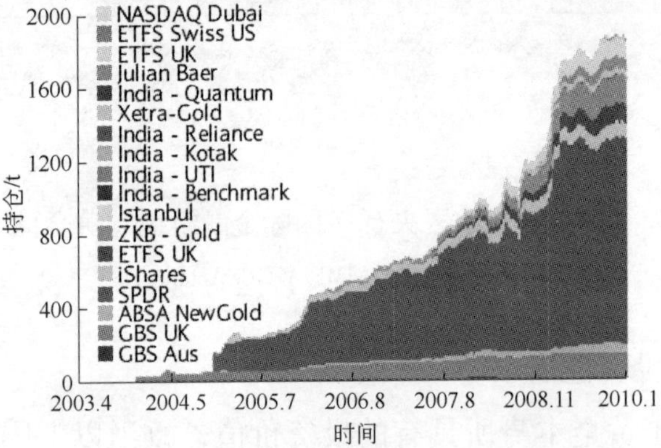

图 7-33　2003 年以来全球黄金基金 ETF 黄金持仓变化图

（资料来源：英国巴克莱银行（Barclays Capital））

第八篇

黄金资本与投资市场

第一章　黄金资本市场概况

在国际矿业资本市场上，黄金板块是最活跃、上市公司最多和市值最大的板块之一。中国有色金属工业协会金银分会和中国有色金属工业信息中心（北京安泰科）整理资料显示，目前国际黄金矿业资本市场分为初级资本市场和高级资本市场，在海外基本所有大型黄金矿业皆已经在高级资本市场上市，目前位列国际黄金矿业公司第一梯队的黄金上市公司有11家（见表8-1）。截至2012年11月27日，这11家国际黄金公司的总市值达到了1899.26亿美元，其中市值最大的两家公司是：加拿大巴里克黄金矿业公司（Barrick Gold）、加拿大黄金矿业公司（Goldcorp），其市场分别达到了355.63亿美元和335.52亿美元，股价最高的是南非兰德黄金资源公司（Randgold Resource），每股高达107.39美元，流通股数量最多的是加拿大金罗斯黄金公司（Kinross Gold*），达到11.40亿股。

表 8-1　世界黄金矿业公司第一梯队 11 家公司市值概况

序号	公司名称	代码	股价 US$（2012 年 11 月 27 日当天）	流通股数量/万股	市值/亿美元
1	加拿大巴里克黄金矿业公司（Barrick Gold）	ABX	35.54	100100	355.63
2	加拿大黄金矿业公司（Goldcorp）	GG	41.36	81100	335.52
3	美国纽蒙特黄金矿业公司（Newmont Mining）	NEM	47.69	49200	234.41
4	澳大利亚纽克雷斯特黄金矿业公司（Newcrest Mining）	NCM	AUD25.35	76600	201.26
5	加拿大亚马拉黄金公司（Yamana Gold Inc）	AUY	19.55	75100	146.91
6	南非安格鲁黄金矿业公司（AngloGold Ashanti）	AU	31.27	38300	119.76
7	加拿大金罗斯黄金公司（Kinross Gold*）	KGC	10.12	114000	115.35
8	加拿大埃尔拉多公司（Eldorado Gold）	EGO	15.43	71400	110.11
9	南非兰德黄金资源公司（Randgold Resource）	GOLD	107.39	9200	98.78
10	秘鲁布埃纳文图拉矿业公司（Buenavaentura）	BVN	34.05	27500	93.6
11	南非金田黄金矿业公司（Gold Fields）	GFI	12.05	72900	87.93

注：资料来源于有色协会金银分会、有色信息中心（安泰科）。

金银市场开放后，中国金银工业的资本市场运作和企业上市融资步伐加快，截至2009年，国内黄金板块上市公司有9家（见表8-2），其中澳华黄金公司（Sino Gold）在被加拿大埃尔拉多黄金公司（Eldorado Gold）收购后退市。部分有色上市公司如江西铜业股份公司、云南铜业股份公司、铜陵有色股份公司、河南豫光金铅股份有限公司等也副产黄金。

表8-2　截止到2009年中国黄金业上市公司融资状况一览

证券代码	证券简称	上市日期	总融资额
600489	中金黄金	2003-08-14	4.05亿元
600547	山东黄金	2003-08-28	2.8086亿元
2899（H股）	紫金矿业	2003-12-23	11.5亿港元（合12.16亿人民币）（当时的汇率）
601899	紫金矿业	2008-04-25	98.1亿元
3330（H股）	灵宝黄金	2006-01-12	8.368亿元
01818（H股）	招金矿业	2006-12-08	18.2亿港元（合18.75亿人民币）（当时的汇率）
002155	辰州矿业	2007-08-16	12.25亿元
002237	恒邦股份	2008-05-20	6.2352亿元
00246（H股）	瑞金矿业	2009-02-23	10.31亿港元（合9.09亿人民币）（当时的汇率）
合　计			171.2618亿元人民币

注：数据来源于上海证券交易所、深圳证券交易所、香港证券交易所，中国有色金属工业信息中心（安泰科）整理。

第二章　黄金投资市场与投资工具

黄金投资分为黄金实物投资和金融衍生品投资，因此黄金投资市场也分为实物投资市场和黄金金融衍生品投资市场。黄金实物投资包括：金条、金币和黄金饰品等投资。黄金金融衍生投资可分为标准化的场内交易品种投资和非标准化的场外交易品种投资。标准化场内交易产品，指交易的场所大多为官方认可的较为规范的市场，主要品种包括黄金期货、期权、黄金交易基金（ETF）等，黄金 ETF 是最近几年来商品市场的一项重要金融创新，引领了金属 ETF 潮流。非标准化场外交易产品是指标准化程度较低的交易产品，交易场所也可以涵盖场内和场外，主要有黄金借贷、黄金账户、黄金投资基金、黄金远期和掉期等。

第一节　黄金实物投资

黄金实物买卖包括金条、金币和金饰等交易，以持有黄金作为投资。金币有两种，即纯金币和纪念性金币。纯金币的价值基本与黄金含量一致，价格也基本随国际金价波动，具有美观、鉴赏、流通变现能力和保值功能。纪念性金币具有纪念意义，对于普通投资者来说较难鉴定其价值，主要为集币爱好者所青睐。从古至今，全世界铸造发行的金币种类难以计数，目前在国际市场上比较常见的投资金币有十多种，如南非福格林金币、加拿大枫叶金币、墨西哥自由金币、英国不列颠金币、美国鹰扬金币、奥地利克罗钠金币、哥伦比亚金比索金币、澳大利亚袋鼠鸿运金币、新加坡狮子金币和中国的熊猫金币等。

黄金现货市场上实物黄金的主要形式是金条（Gold Bullion）和金块，也有金币、金质奖章和首饰等。金条有低纯度的砂金和高纯度的条金以及标准金条。标金由市场认同的精炼厂浇铸生产，并在标金上标明厂名、质量、成色及编号。标金的规格很多，国际市场上比较常见的有400盎司、100盎司、10盎司、2盎司、1盎司、1/2盎司和1/4盎司等规格；也有12.5kg、1kg、500g、250g、111g、100g、50g、20g、10g、5g、2.5g、1g等规格；还有其他特殊质量规格的标金。

黄金饰品是规避风险的保值工具之一。金饰品具有广义和狭义之分，广义的金饰品泛指不论黄金成色多少，只要含有黄金成分的装饰品，如金杯、奖牌、勋章、金像、盘碟、烟盒等纪念品或工艺品均可列入金饰品的范畴。狭义的金饰品专指成色不低于58%的黄金材料，通过黄金工艺师的艺术创造，加工成为一种佩戴在人体各部位的装饰物。从投资理财的角度来看，金饰品的保值功能和实用价值大于投资价值。

第二节　黄金金融衍生品投资

一、纸黄金

纸黄金即以黄金账户形式存在的投资理财方式，纸黄金就是个人记账式黄金，类似于外汇业务，即跟随国际黄金市场的波动情况进行报价，客户可以通过把握市场走势低买高抛赚取差价。纸黄金持有人所持有的只是物权凭证而不是黄金实物。“纸黄金”交易没有实金介入，是一种由银行提供的服务，以贵金属为单位的账户，投资者无需通过实物的买卖及交收而采用记账方式来投资黄金，由于不涉及实金的交收，交易成本可以更低。

在黄金市场上采用纸黄金交易，可以节省实金交易必不可少的保管费、储存费、保险费、鉴定费、运输费及税金等费用的支出，降低额外费用，提高金商在市场上的竞争力。同时，纸黄金交易可以加快黄金的流通，提高黄金市场交易的速度。由于纸黄金是黄金物权的一种凭证，以实物黄金作为其物质基础，因此同样具有保值增值的功能。纸黄金一般是由黄金市场上资金实力雄厚、资信程度良好的金融机构所出具，如商业银行出具的不记名黄金储蓄存单、黄金交易所出具的黄金交收订单或大的黄金商所开出的黄金账户单据等。

二、黄金递延交收产品投资

黄金递延交收交易是指以保证金的方式进行的一种现货延期交收业务，买卖双方以一定比例的保证金（合约总金额的 10%）确立买卖合约。由于黄金延期交易是以保证金交易方式进行交易的，客户可以选择合约交易当天交割，也可以选择延期交割，这时就引入了延期补偿费（简称延期费）

机制。“延期费”是客户延期交收发生的资金或黄金实物的融通成本，延期费的支付方向根据交收申报数量对比确定。保证金交易品种有 Au(T+5)、Au(T+D)、Au(T+N)等。

Au(T+5)交易是指实行固定交收期的分期付款交易方式，交收期为5个工作日（包括交易当日）。买卖双方以一定比例的保证金，合约总金额的15%确立买卖合约。合约不能转让，只能新开仓，到期的合约净头寸即相同交收期的买卖合约轧差后的头寸必须进行实物交收，如买卖双方一方违约，则必须支付另一方合同总金额7%的违约金。

Au(T+D)交易是指以保证金的方式进行的一种现货延期交收业务，买卖双方以一定比例的保证金，合约总金额的10%确立买卖合约，与 Au(T+5)不同的是该合约可以不必实物交收，买卖双方可以根据市场的变化情况，买入或者卖出以平掉持有的合约。在持仓期间将会发生每天合约总金额万分之二的递延费。如果持仓超过20天，则交易所要加收每个交易日计算的万分之一的超期费。如果买卖双方选择实物交收方式平仓，则此合约就转变成全额交易方式。

三、黄金期货

黄金期货交易与一般的商品和金融工具的期货交易一样，买卖双方先签订买卖黄金期货的合同并交付保证金，规定买卖黄金的标准量、商定价格、到期日。在约定的交割日再进行实际交割。黄金期货的购买、销售者，都在合同到期日前出售和购回与先签合同相同数量的合约，也就是平仓，无需真正交割实金。每笔交易所得的利润或亏损，等于两笔相反方向合约买卖差额。黄金期货合约交易一般只需交易额10%左右的定金作为投资成本，具有较大的杠杆性，少量资金推动大额交易。黄金期货交易是一种非交割转移的买空卖空交易，由套期保值和期货投资交易组成。保值性期货交易是黄金企业根据生产、市场供求关系，为回避风险、降低库存及成本进行的交易，它有利于保障生产者、经营者的利益，有利于维护生产的正常进行。投机性期货交易是投资人利用期货市场价格波动进行投资获利的交易，体现更多的是黄金的投资金融属性。黄金期货交易具有极大的杠杆性和灵活性。

图 8-1 是黄金期货面对的各种风险统计。

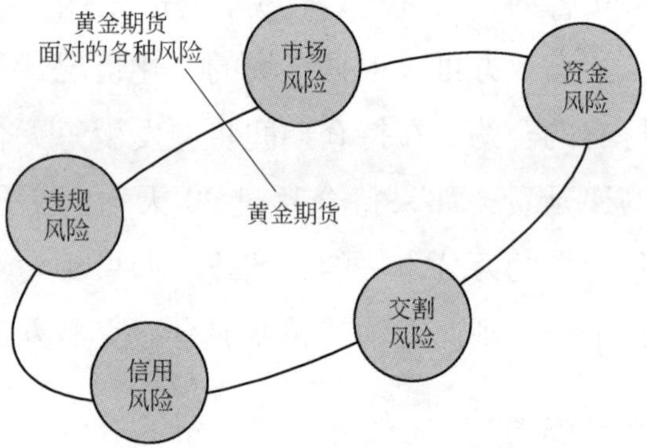

图 8-1　黄金期货面对的各种风险

（资料来源：上海期货交易所（SHFE））

四、黄金期权

期权是买卖双方在未来约定时间和价位买卖一定数量标

的的权利，而非义务。如果价格走势对期权买卖者有利，则会行使其权利而获利；如果价格走势对其不利，则放弃购买的权利，损失的只有当时购买期权时的费用。买卖期权的费用（或称期权的价格）由市场供求双方力量决定，同时市场价与成交价差及期权时间等因素都将对期权价格产生影响。由于黄金期权买卖投资战术比较多并且复杂，不易掌握，故目前世界上黄金期权市场并不多。黄金期权投资的优点也不少，如具有较强的杠杆性，以少量资金进行大额的投资；而且是标准合约的买卖，投资者则不必为储存和黄金成色担心；具有降低风险的功能等。

五、黄金股票

黄金股票是指金矿公司向社会公开发行的上市或者不上市的股票，黄金股票是黄金投资的延伸产品。由于买卖黄金股票不仅是投资金矿公司，而且还间接投资黄金，因此这种投资行为比单纯的黄金买卖或股票买卖更为复杂。投资者不仅要关注金矿公司的经营状况，还要对黄金市场价格走势进行分析。对于矿业公司的投资方法是选择低 PE 的股票，国际上对黄金股票估值选用的方法是期权定价模型，另外矿业类上市公司发现新的矿藏是一个推动股价飙升的催化剂，当然对于下游销售公司或者黄金加工企业用 PE 法估值即可。上一章“黄金资本市场概况”也就国际大型黄金企业、国内主要黄金上市公司的 20 只黄金股票作了简单介绍。

六、黄金基金

黄金基金是黄金投资的衍生工具。黄金基金是黄金投资共同基金的简称，就是由基金发起人组织成立，由投资人出资认购，基金管理公司负责具体的投资操作，专门以黄金或黄金类衍生交易品种作为投资标的以获取投资收益的一种共同基金。由专家组成的投资委员会管理。黄金基金由于由专家组成投资委员会，在充分分析股市、金市和其他市场的投资收益比以后，做多样化的投资组合。因此，黄金基金的投资风险较小、收益比较稳定，能较好地解决个人黄金投资者资金少、专业知识差、市场信息不灵等不利因素，故受到了社会广泛的欢迎。投资黄金基金可以起到分散投资风险、降低总资产配置的波动性，从而稳定投资价值的作用。另外，投资黄金基金还具有门槛较低、集合理财的特点。

七、黄金信托

信托是指委托人基于对受托人的信任，将其财产权委托给受托人，由受托人按委托人的意愿以自己的名义，为受益人的利益或者特定目的进行管理或者处分的行为。黄金信托则指投资者将自己的财产委托给信托机构投资于黄金市场领域。目前主要信托投资模式分为两种：一种是绝大部分资金投入黄金市场的专业黄金投资信托计划；另一种是黄金和证券类投资的混合型信托基金。

黄金信托产品的设立包括客户寻找和签署、产品设计、投资运作、监管、托管、清算、系统等方面，完整的黄金信托的成立和运作包括受托人、投资人、管理人、托管人、管理顾问等多重角色，对增加黄金市场的机构参与者、深化黄金市场的功能意义重大。自2007年10月国内首个黄金投资信托产品问世以来，截至2009年10月，中国共有3家信托公司发行了8只黄金投资集合资金信托计划，总规模约4亿元。目前，黄金信托产品只对机构和合格投资者销售，最低认购金额在50万~100万元以上。由于目前信托公司还没有取得衍生品投资资格，黄金信托的投资方向主要是上海黄金交易所现货黄金品种，混合性黄金信托的投资方向还包括股票、债券等跨资本市场投资品种。目前黄金投资采用会员投资及第三方投资平台的方式进行黄金信托投资。由于时间尚短，国内的黄金信托产品仍然处于探索阶段。

八、商业银行黄金理财产品

在新一轮的黄金大牛市中，新出现了许多黄金理财品种，这些理财产品都是利用金融工程技术进行结构化设计的，从目前各银行已发行的黄金类理财产品特点来看，绝大多数产品属于保本浮动收益型，其目的是增加低风险产品的收益率。挂钩黄金的银行理财产品一般都设置封顶收益率，并不是黄金涨多少理财产品就能赚多少。随着黄金市场的升温，近三年来，黄金类银行理财产品连年增加，从发行机构来看，主要为外资银行。黄金理财产品的主要特征是低风险、低收益。与此同时，商业银行的黄金个人业务和品牌黄金业务也不断创新，工行、中行、建行、中信的纸黄金业务及针对个人投资者的黄金代理业务（如兴业银行、民生银行、工商银行的个人贵金属延期交易业务、招商银行的“招财金”业务等）相继推出。根据中国人民银行资料，截至2012年6月，中国工商银行开展的贵金属业务种类达30种，列同业30家开展黄金业务银行的首位，业务品种最为丰富。2012年6月全国各商业银行黄金业务开展情况如图8-2所示。

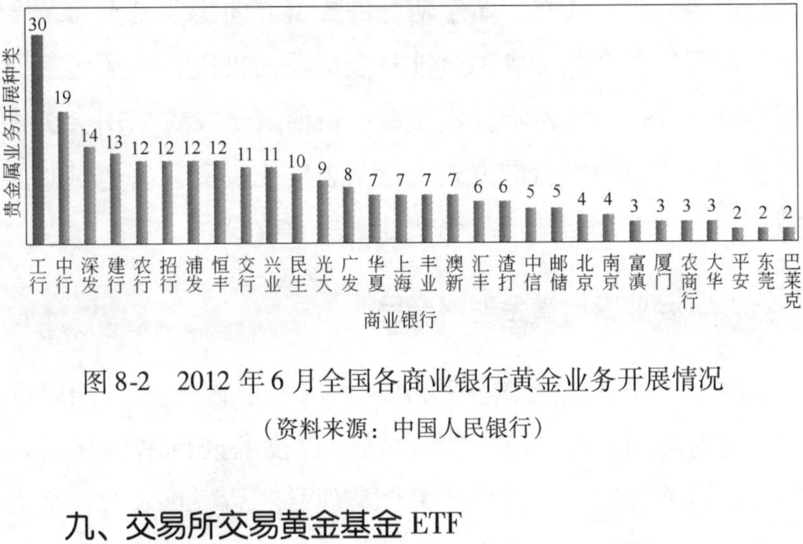

图8-2 2012年6月全国各商业银行黄金业务开展情况

（资料来源：中国人民银行）

九、交易所交易黄金基金ETF

交易所交易黄金基金（黄金ETF）是以黄金为投资对象的ETF，属于实物黄金投资工具。其运行原理为：由大型黄金生产商向基金公司寄售实物黄金，随后由基金公司以此实物黄金为依托，在交易所内公开发行基金份额，销售给各类投资者，商业银行分别担任基金托管行和实物保管行，投资者在基金存续期内可以自由申购和赎回。

第一只黄金 ETF 于 2003 年 4 月在澳大利亚股票交易所上市发行，2004 年相继在伦敦、纽约和南非约翰内斯堡的证券交易所推出。其中在纽约证交所上市的黄金 SPDR ETF 是净资产总价值最高的 ETF（截至 2010 年 11 月 11 日，该 ETF 基金的持有黄金资产总值达到 580 亿美元）。目前全世界的黄金 ETF 产品超过 20 只，有 SPDR® Gold Shares、Gold Bullion Securities、ETFS Physical Gold、COMEX Gold Trust（IAU）等，其中最大的黄金 ETF-SPDR® Gold Shares，截至 2012 年 11 月 2 日全球黄金市场最大 ETF 基金 SDPR 持仓黄金 1336. 30093t。

黄金 ETF 自面世以来，快速获得了市场认可，截至 2010 年 12 月份交易量超过了 2000t。其主要原因为：第一，交易门槛低。由于伦敦黄金市场是大机构参与的市场，交易量最低为 1000 盎司，而 3. 1g 的最低交易量使得只需约几十美元就可以投资黄金。第二，安全可靠。基金代表的份额有相应的实金依托，且实金由商业银行保管，在受到严格监管的交易所内交易。第三，交易便捷。在交易所内发行交易，投资者通过经纪商即可购买或售出，十分方便。第四，透明度高。在交易所上市，价格公开透明；且通过 ETF 方式，最大限度地体现了资产的市场价值。第五，有利于机构参与。美国的法律规定，养老基金和共同基金不得持有现货商品或商品衍生产品（包括黄金、白银等贵金属），因此在美、英两国，黄金 ETF 的推出不仅为机构投资者带来优化组合的新金融工具，也为个人和中小投资者提供了投资黄金的便利，受到市场的极大欢迎。

十、其他黄金金融衍生产品

其他黄金金融衍生产品包括：黄金远期类产品（包括黄金远期、黄金掉期（互换）、远期利率协议等）、黄金 ETCs（黄金交易所交易商品）、ETN（黄金交易所交易票据）、黄金指数基金、电子黄金等。

第三章 主要黄金交易市场

第一节 国际上黄金市场的主要划分方式和类型

黄金市场（Gold Market）是买卖双方集中进行黄金买卖的交易中心，提供即期和远期交易，允许交易商进行实物交易或者期权期货交易，进行投资、投机、套利、避险、套期保值等各种操作，黄金市场是各国完整的金融市场体系的重要组成部分。随着货币制度的发展，黄金已逐渐丧失了交易媒介和价值衡量尺度的货币职能，但仍在国际贸易、国际间债权债务清算以及国际储备等方面保持着一定的货币特征。

（1）按照黄金市场所起的作用和规模划分可分为：主导性市场和区域性市场。1）主导性黄金市场是指国际性集中的黄金交易市场，其价格水平和交易量对其他市场都有很大影响。最重要的有伦敦、苏黎世、纽约、芝加哥和香港的黄金市场。2）区域性市场是指交易规模有限且集中在某地区，对其他市场影响不大的市场，主要满足本国本地区或邻近国家的工业企业、首饰行、投资者及一般购买者对黄金交易的需要，其辐射力和影响力都相对有限。如东京、巴黎、法兰克福黄金市场等。

（2）按照交易类型和交易方式的不同可分为：现货交易市场和期货交易市场。1）黄金现货交易市场基本上是即期交易，在成交后即交割或者在两天内交割。交易标的主要是金条、金锭和金币，珠宝首饰等也在其中。2）黄金期货交易的主要目的为套期保值，是现货交易的补充，成交后不立即交割，而由交易双方先签订合同，交付押金，在预定的日期再进行交割。其主要优点在于以少量的资金就可以掌握大量的期货，并事先转嫁合约的价格，具有杠杆作用。期货合约可于任一营业日变现，具有流动性；也可随时买进和结算，具有较大弹性；还能在运用上选择不同的委托形式，在不同的市场之间又可以进行套利，具有灵活性等。世界上有的黄金市场只有现货交易，有的只有期货交易，但大多数是既有期货又有现货交易。

（3）按有无固定场所划分可分为：无形黄金市场和有形黄金市场。1）无形的黄金交易市场主要指黄金交易没有专门的交易场所，如主要通过金商之间的联系网络形成的伦敦黄金市场；以银行为主买卖黄金的苏黎世黄金市场；香港本地的伦敦无形市场。2）有形黄金市场主要指黄金交易是在某个固定的地方进行交易的市场。这其中又可以分为有专门独立的黄金交易场所的黄金市场和设在商品交易所之内的黄金市场，前者如：香港金银业贸易场、新加坡黄金交易所等；后者如：设在纽约商品交易所（COMEX）内的纽约黄金市场，设在芝加哥商品交易所（IMM）内的芝加哥黄金市场以及加拿大的温尼伯商品交易所内的温尼伯黄金市场。

（4）按交易管制程度划分可分为：自由交易、限制交易市场和国内交易市场。1）自由交易市场是指黄金可以自由输出入，而且居民和非居民都可以自由买卖的黄金市场，如苏黎世黄金市场。2）限制交易市场是指黄金输出入受到管制，只允许非居民而不允许居民自由买卖黄金的市场，这主要指实行外汇管制国家的黄金市场，如1979年10月英国撤销全部外汇管制之前的伦敦黄金市场。3）国内交易市场是指禁止黄金进出口，只允许居民，而不允许非居民买卖黄金的市场，如巴黎黄金市场。

近年来，黄金市场的黄金微型化交易发展得很快，各种实金形式多种多样，且数量轻，大大便利了小额资金入市投资黄金。黄金市场的交易方式亦多样化，如黄金券和凭证等的交易，实际上代表了黄金交易凭证化的趋势。

一般来说，黄金市场的建立和发展需具备一定的条件，如：

（1）该国或地区需有发达的经济条件和完善的信用制度；

（2）该国或地区必须实行自由外汇制度，允许黄金自由买卖和出入；

（3）同时亦需要有健全的法制基础，稳定的政治和经济环境；

（4）良好的软硬件环境、交通发达、基础设施完善等。

第二节　国际国内主要黄金交易市场

全球的黄金市场主要分布在欧、亚、北美三个区域。欧洲以伦敦、苏黎世黄金市场为代表；亚洲主要以香港、东京、上海为代表；北美主要以纽约、芝加哥和加拿大的温尼伯为代表。几大市场组成了全球24h的黄金交易系统。

目前在国际黄金市场中，交易规模和影响力较大的有：英国伦敦金银市场协会（LBMA）、美国纽约商品交易所（COMEX/NYMEX）、日本东京工业品交易所（TOCOM）、瑞士苏黎世黄金总库（ZGP）、印度孟买多种商品交易所（MCX）、中国上海黄金交易所（SGE）、土耳其伊斯坦布尔黄金交易所（IGE）、中国香港金银业贸易场（CGSE）、新加坡国际金融交易所（SGX）以及阿联酋迪拜黄金和商品交易所（FGCX）等。世界黄金市场结构图如图8-3所示。

世界各地黄金市场在交易方式上主要有交易所场内和场外OTC交易两种。由于历史原因，以伦敦、苏黎世、迪拜等地为中心的场外黄金交易非常发达，而纽约、东京、孟买、新加坡等地交易所的场内黄金期货等衍生品的交易数量巨大。另外，也有不少交易所场内以黄金现货交易为主，如上海、伊斯坦布尔、香港等。

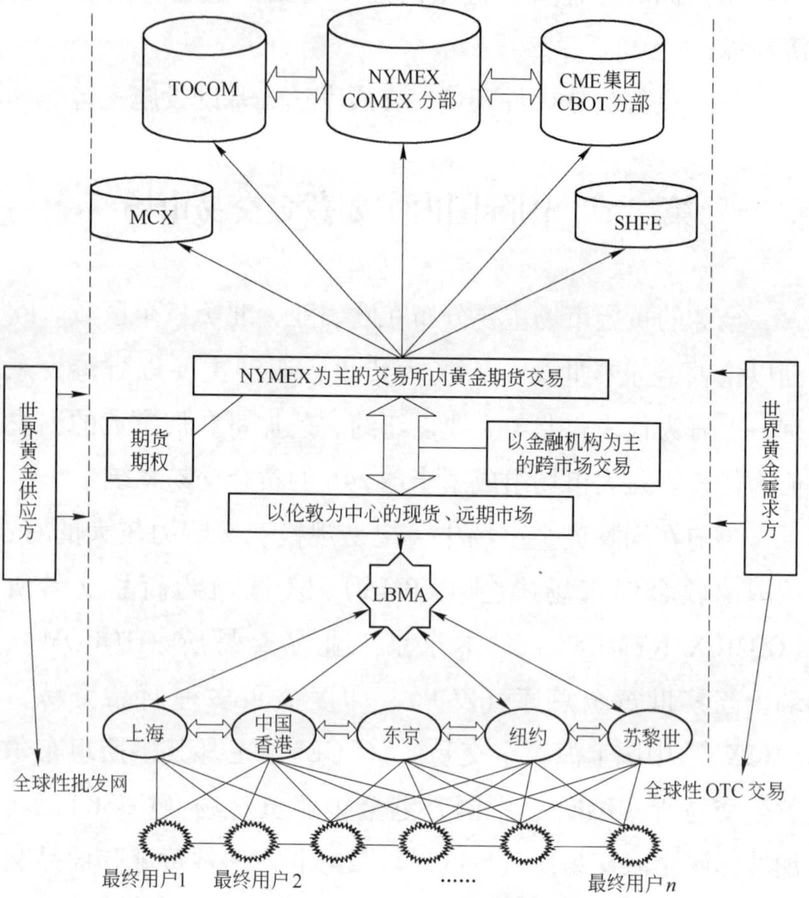

图 8-3　世界黄金市场结构图

（资料来源：上海期货交易所）

目前世界上最大的场外现货黄金市场是伦敦金银市场协会（LBMA）。它是全球贵金属场外柜台交易的中心，其会员和附属会员遍布世界各地，通过全球庞大的网络，为世界各地的客户提供其他市场难以比拟的产品数量和服务。中国银行是伦敦金银市场协会的会员，可以同时参与伦敦和上海两个黄金市场的交易；2011 年年底中国工商银行正式被伦敦金银协会（LBMA）授予全能会员资格，成为国内首家以总行名义加入伦敦金银协会的商业银行。

世界上最大的黄金期货交易场所在美国。纽约商品交易所（COMEX）NYMEX 分部和芝加哥商品交易所（CBOT）黄金期货和期权的交易量都很大，尤其 NYMEX 是美国最有代表性的黄金市场，提供黄金期货和期权等交易品种。

一、伦敦黄金市场

英国伦敦现在是全球最大的金银场外交易市场，伦敦黄金市场的交易制度特别，定价主要是由伦敦金银协会（LBMA：THE LONDON BULLION MARKET ASSOCIATION）进行的。伦敦金银协会是一家总部位于英国伦敦市、负责黄金白银现货交易的全球金银行业同业公会；其同时为该协会会员和参与伦敦金银交易市场的参与者提供服务的贸易行业中介机构，LBMA 通过坚持完善伦敦合格金银交付商（London Good Delivery List）制度来促进金银锭精炼标准等的提高。LBMA 的主要客户及其会员包括世界各国央行、黄金白银生产商、精炼商、金银加工企业和贸易企业等。

作为世界上主要的伦敦金市场，实际上没有交易场所，其交易通过交易会员的联络网来完成。目前 LBMA 实现会员制，完全会员有两种，一种是市场做市商（market making members），另外一种就是普通会员（ordinary members），第三种会员就是准会员（合作会员：associate members），该类会员是与伦敦金银市场关系非常密切的公司。除了正式会员资格外，在全球范围内，凡是进行伦敦金银市场有关活动的有合适资格的团体组织，都有可能作为准会员附属于协会。

伦敦金价之所以重要，与伦敦黄金市场在世界黄金交易中的核心地位密不可分。伦敦垄断了世界最大产金国——南非的全部黄金销售，使得世界黄金市场的大部分黄金供给均通过伦敦金市进行交易。而且伦敦黄金市场上的几大金商在国际上也是声誉显著，与世界上许多金矿、金商等拥有广泛的联系。目前伦敦金银协会（LBMA）黄金白银的定价做市由 10 家市场做市商完成，其中参与黄金做市的有 5 家做市商（五大金行、金商），分别是加拿大丰业银行、巴克莱银行、德意志银行、汇丰银行伦敦分部和法国兴业银行；参与白银做市的有 3 家做市商，分别是加拿大丰业银行、德意志银行和汇丰银行伦敦分部。五大金行每天制定两次金价，分别为上午 10 时 30 分和下午 3 时。

五大金行有许多下属公司，下属公司又与许多商店和黄金顾客联系，这个范围不仅涉及伦敦黄金市场，而且扩展到整个世界，加上在定价过程中，金行提供给客户的是单一交易价，没有买卖差价，价格比较合理，所以许多人喜欢在定价时进行交易。因此在“黄金屋”里，五大金行代表几乎全世界的黄金交易者，包括黄金的供给者、黄金的需求者和投机者们，决定出一个在市场上对买卖双方最为合理的价格，而且整个定价过程是完全公开的。正因为伦敦金价有以上的特点，伦敦黄金市场价格成为世界上最重要的黄金现货价格。

二、苏黎世黄金市场

苏黎世黄金市场的金价和伦敦市场的金价一样受到国际市场的重视。瑞士特殊的银行体系和辅助性的黄金交易服务体系，为黄金买卖提供了一个既自由又保密的环境，加上瑞士与南非也有优惠协议，获得了80%的南非金，以及前苏联的黄金也聚集于此，使得瑞士不仅是世界上新增黄金的最大中转站，也是世界上最大的私人黄金的存储中心。苏黎世黄金市场在国际黄金市场的地位仅次于伦敦。苏黎世黄金市场无金价定盘制度，在每个交易日特定时间，根据供需状况议定当日交易金价，这一价格为苏黎世黄金官价。全日金价在此基础上的波动无涨停板限制。苏黎世金市的金条规格与伦敦金市相同，可方便参与者同时利用伦敦市场，增加流通性，其交易为99.5%的成色金，交割地点为苏黎世的黄金库或其他指定保管库。苏黎世黄金官价对苏黎世黄金总库成员有约束力，并对世界上其他银行起到指导作用。

苏黎世黄金市场没有正式组织结构，而是由瑞士三大银行（瑞士银行（Swiss Bank Corporalion）、瑞士信贷银行（Credits Swiss）和瑞士联合银行（Union Bank of Switzerland））负责清算结账。三大银行不仅为客户代行交易，而且黄金交易也是这三家银行本身的主要业务。苏黎世黄金总库（Zurich Gold Pool）建立在瑞士三大银行非正式协商的基础上，不受政府管辖，作为交易商的联合体与清算系统混合体在市场上起中介作用。

三、美国黄金市场

美国黄金市场以做黄金期货交易为主，目前纽约黄金市场已成为世界上交易量最大和最活跃的期金市场。美国黄金市场由纽约商业交易所（NYMEX：The New York Mercantile Exchange，Inc.）（包含 COMEX）、CME 集团的芝加哥期货交易所（CBOT）等五家交易所构成。纽约和芝加哥黄金市场是 20 世纪 70 年代中期发展起来的，主要原因是 1977 年后美元贬值，美国人（主要是以法人团体为主）为了套期保值和投资增值获利，使得黄金期货迅速发展起来。

纽约商业交易所（NYMEX）是世界最具规模的商品交易所，也是世界最早的黄金期货市场。根据纽约商品交易所的界定，它的期货交易分为 NYMEX 和 COMEX（纽约商品交易所）两大分部，NYMEX 负责能源、铂金及钯金交易，其余的金属（包括黄金）归 COMEX 负责。COMEX 目前交易的品种有黄金期货、迷你期货、期权和基金。COMEX 的黄金交易往往可以主导世界金价的走向，实际黄金实物的交收占很少的比例。参与 COMEX 黄金买卖以大型的对冲基金及机构投资者为主，他们的买卖对金市产生极大的交易动力。庞大的交易量吸引了众多投机者加入，整个黄金期货交易市场有很强的市场流动性。特别要重视的是世界最大的黄金 ETF SPDR 也在纽约证券交易所上市，很好地连通了证券和黄金实物之间的投资。

目前纽约商品交易所（COMEX）和芝加哥商品交易所（CME）不仅是美国黄金期货交易的中心，也是世界最大的黄金期货交易中心，两大交易所对黄金现货市场的金价影响很大。纽约商品交易所（COMEX）为交易者提供一个场所和设施，并制定一些法规，保证交易双方在公平合理的前提下交易。该所对进行现货和期货交易的黄金的质量、成色、形状、价格波动的上下限、交易日期、交易时间等都有极为详尽的描述。因为美国财政部和国际货币基金组织（IMF）也在纽约拍卖黄金，纽约黄金市场已成为世界上交易量最大和最活跃的期金市场。

四、香港黄金市场

香港黄金市场在时差上填补了纽约、芝加哥市场收市和伦敦开市前的空当，可以连贯亚、欧、美，形成完整的世界黄金市场。其优越的地理条件引起了欧洲金商的注意，伦敦五大金商、瑞士三大银行等纷纷来港设立分公司。他们将在伦敦交收的黄金买卖活动带到香港，逐渐形成了一个无形的当地“伦敦金市场”，促使香港成为世界主要的黄金市场之一。

香港黄金市场由三个市场组成：（1）香港金银贸易市场，以华人资金商占优势，有固定买卖场所，主要交易的黄金规格为99标准金条，交易方式是公开喊价，现货交易；（2）伦敦金市场，以国外资金商为主体，没有固定交易场所；（3）黄金期货市场，是一个正规的市场，其性质与美国的纽约和芝加哥的商品期货交易所的黄金期货性质是一样的。交投方式正规，制度也比较健全，可弥补金银贸易场的不足。

五、东京黄金市场

日本黄金交易所成立于1981年，1984年与东京橡胶交易所等合并为东京工业品交易所（TOCOM）。1991年，东京工业品交易所将黄金市场原有的日本传统的定盘交易方式改为与世界主要市场一样的动盘交易，同时引进电子屏幕交易系统，该系统完全实现了电子操作，远程控制。在24h的黄金交易市场中，东京市场成为伦敦、纽约交易时间外的亚洲时段的重要交易市场。日本市场与欧美市场的不同之处在于，欧美的黄金市场以美元/盎司计而日本市场以日元/g计，每宗交易合约为1000g的金锭，在指定的地点交割。

六、新加坡黄金所

新加坡黄金所目前时常经营黄金现货和2、4、6、8、10个月的5种期货合约，标准金为100盎司的99.99%纯金，设有停板限制。

七、中国黄金市场

2002年上海黄金交易所正式运营，2008年中国证监会批准上海期货交易所上市黄金期货。黄金期货上市后，中国的黄金市场形成了黄金期货、现货、纸黄金（账户金）三种投资渠道，中国未来的黄金市场发展方向可以概括为：一个目标、两个渠道、三个转变和四个落实。

一个目标，指的就是以繁荣黄金市场取得国际黄金市场定价权作为目标。

两个渠道，指现货市场和衍生品市场两个渠道，主要有现货交易和期货交易两个市场。现货交易除上海黄金交易所的品种外还有各类银行内部的黄金交易，期货交易仅限于上海期货交易所。

三个转变，即实现中国黄金市场从商品交易向金融产品交易的转变，实现中国黄金市场从黄金现货交易向黄金衍生产品交易的过渡，实现中国黄金市场由国内市场融入国际市场的转变。

四个落实，就是落实监管层、市场组织者、市场服务机构和投资群体。

中国大陆黄金市场有两个主要的交易场所：上海黄金交易所的黄金现货交易和上海期货交易所的黄金期货交易。交易时间涵盖从每日上午 9 点到次日凌晨 2 点 30 分的全球最主要交易时间段。

（1）上海黄金交易所。上海黄金交易所是一个不以营利为目的，实行自律性管理的法人，遵循公开、公平、公正和诚实信用的原则组织黄金、白银、铂等贵金属交易。上海黄金交易所的组织结构如图 8-4 所示。

交易所实行会员制，现有会员 162 家，会员依其业务范

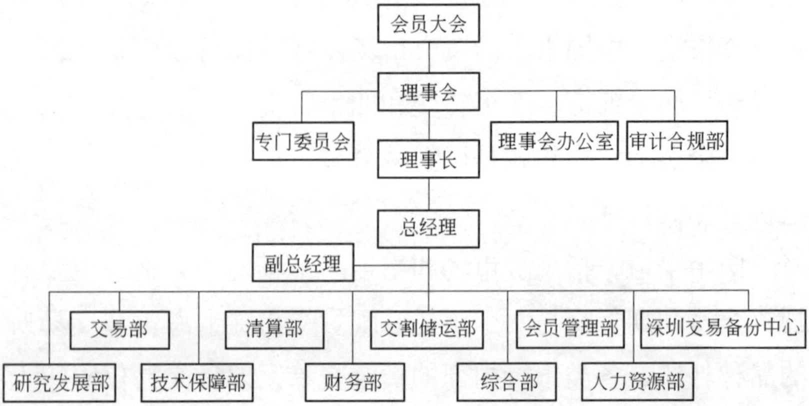

图 8-4 上海黄金交易所的组织结构

（资料来源：上海黄金交易所）

围分为金融类会员、综合类会员和自营会员。上海黄金交易所与货币市场、证券市场、外汇市场等一起构筑中国完整的金融市场体系，已经成为全球最大的场内现货黄金交易所。

（2）上海期货交易所。上海期货交易所是按照其章程实行自律管理的法人。目前上市交易的有黄金、白银、铜、铝、锌、铅、螺纹钢、线材、燃料油、天然橡胶十种期货合约。会员大会是交易所的权力机构，由全体会员组成；理事会是会员大会的常设机构，下设监察、交易、结算、会员资格审查、调解、财务、技术、有色金属产品、能源化工产品、黄金钢材产品 10 个专门委员会。交易所设有文化建设委员会、交易运作委员会、人才发展委员会、技术管理委员会、产业服务与发展委员会 5 个专业委员会，以及办公室、发展研究中心、文化建设办公室、新闻信息部、推进衍生品创新工作办公室、国际合作部、有色金属部、能源化工部、黄金钢材部、会员服务和投资者教育部、交易部、结算部、监察部、法律事务部、技术中心、人力资源部、党委办公室、纪律检查办公室、内审合规部、财务部、行政部（保卫部)、北京联络处、张江中心管理办公室等23个职能部门。上海期货交易所现有会员200多家（其中期货经纪公司会员占近80%)，在全国各地开通远程交易终端700多个。

上海期货交易所的黄金期货上市优化了中国黄金市场的结构，推动中国黄金衍生品市场的发展，2010年黄金期货交易量已经排名全球第七。上海黄金交易所和上海期货交易所形成了中国现货和衍生品的“两翼”发展战略。

第三节 全球黄金交易时间表和市场参与者

一、全球黄金交易时间

全球各大金市的交易时间以伦敦时间为准，形成伦敦、纽约（芝加哥）连续不停的黄金交易：伦敦每天上午10：30的早盘定价揭开北美金市的序幕。纽约、芝加哥等先后开叫，当伦敦下午定价后，纽约等仍在交易，此后香港也加入进来。伦敦的尾市会影响美国的早市价格，美国的尾市会影响香港的开盘价，而香港的尾市价和美国的收盘价又会影响伦敦的开市价，如此循环往复，如图8-5所示，全球黄金交易时间表折算成北京时间。

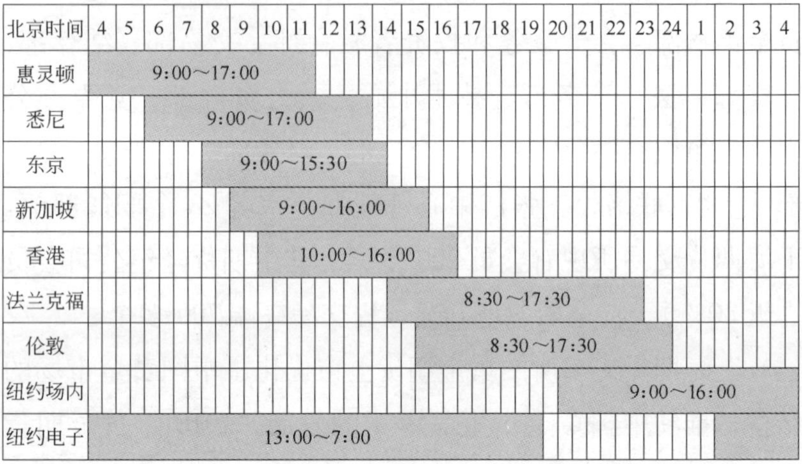

图8-5 世界主要黄金市场交易时间

二、黄金市场参与者

国际黄金市场的参与者可分为国际金商、黄金现货企业、银行、对冲基金、投资银行、机构投资者、私人投资者、经纪公司、证监会等机构。

（1）国际金商（做市商）：最典型的就是伦敦黄金市场上的五大金行，其自身就是黄金交易做市商，由于其与世界上各大金矿和许多金商有广泛的联系，其下属的各个公司又与许多商店和黄金顾客联系，因此，五大金商会根据自身掌握的情况不断报出黄金的买价和卖价。

（2）黄金现货企业：包含上游的黄金勘探企业、矿山企业和精炼企业，中游的黄金流通企业和贸易企业，也有下游黄金首饰以及工业用金企业，实现了现货市场勘探、生产冶炼、流通、消费的上中下游整个产业链。这些企业有大量的黄金现货业务，出于经营管理的需要，为了应对黄金价格波动对企业造成的不利风险，这些黄金产业链企业是市场的主要套期保值参与者。

（3）银行：又可以分两类，第一类是中央银行，是为了本国的黄金储备保值增值以及国家的货币储备安全而对黄金进行操作。另一类是商业银行，也可细分为两种类型，一种是仅仅为客户代行买卖和结算，可自身并不参加黄金买卖，以苏黎世的三大银行为代表，他们充当生产者和投资者之间的经纪人，在市场上起到中介作用。另一种是一些做自营业务的，如在新加坡黄金交易所（UOB）里就有多家自营商会员。

（4）对冲基金和投资银行：近年来，国际对冲基金尤其是美国的对冲基金活跃在国际金融市场的各个角落。在黄金市场上，几乎每次大的下跌都与基金公司借入短期黄金在即期黄金市场抛售或在纽约商品交易所黄金期货交易所构筑大量的淡（空）仓有关。一些规模庞大的对冲基金利用与各国政治、工商及金融界千丝万缕的联系往往较先捕捉到经济基本面的变化，利用管理的庞大资金进行买空和卖空从而加速黄金市场价格的变化而从中获利。

（5）各种法人机构和私人投资者：这里既包括专门出售黄金的公司，如各大金矿、黄金生产商、专门购买黄金消费的黄金制品商（如各种工业企业）、首饰行以及私人购金收藏者等，也包括专门从事黄金买卖业务的投资公司、个人投资者等。按照对市场风险的喜好程度，可以分为风险厌恶者和风险喜好者。前者希望回避风险，将市场价格波动的风险降低到最低程度，包括黄金生产商、黄金消费者等，后者就是各种对冲基金等投资公司，希望从价格涨跌中获取利益。前者希望对黄金保值，进行转嫁风险；后者希望获利而愿意承担市场风险。

(6) 交易所：交易所为交易者提供一个公开、公平、公正的交易场所并组织会员进行有关黄金各种投资工具的交易，提供场所设施、设计和安排合约上市、组织交易结算交割、实施风险管理、保证合约履行、发布市场信息、监督会员行为、指定交割仓库等服务，在有效监督服务的基础上实现合理的经济利益，包括会员会费收入、交易手续费收入、信息服务收入及其他收入。它提供了一个拥有风险管理工具的市场，以保护投资者避免金融产品和有形商品价格变化所带来的风险，并使他们有机会从交易中获利。如纽约商品交易所和上海黄金交易所等。

(7) 行业协会：行业协会的主要宗旨是推行行业自律管理，推介黄金产品，培育黄金品牌，扩大黄金应用领域，推动黄金消费。如世界黄金协会、中国黄金协会、中国有色金属工业协会金银分会等；同时为会员和参与伦敦金银交易市场的参与者提供服务的贸易行业中介机构，如伦敦金银市场协会（LBMA）。

(8) 经纪公司（Broker's Firm)：是专门从事代理非交易所会员进行黄金交易，并收取佣金的经纪组织。有的交易所将经纪公司称为经纪行（Commission House）。在纽约、芝加哥、香港等黄金市场里，活跃着许多的经纪公司，他们本身并不拥有黄金，只是派场内代表在交易厅里为客户代理黄金买卖，收取客户的佣金。

（9）有关的监督管理机构：为保证市场的公正和公平，保护买卖双方利益，杜绝市场上操纵价格等非法交易行为，各地都建立了对黄金市场的监督体系。比如美国的商品期货交易委员会（CFTC）、英国的金融服务局（FSA）、香港的香港证券与期货管理委员会、新加坡金融管理局、中国人民银行、中国证券监督管理委员会等。

世界主要贵金属市场及各地交易时间见表8-3。

表8-3　世界主要贵金属市场及各地交易时间

交易所（中心）名称		所处地区（国家）	交易时间（北京）	交易品种	备　注
中文	英　文				
上海黄金交易所	Shanghai Gold Exchange(SGE)	中国	9:00～11:30，13:30～15:30(周一至周五)，21:00～2:30(周一至周四)	黄金、白银、铂金等	于2002年10月30日开业
上海期货交易所	Shanghai Futures Exchange (SHFE)	中国	9:00～11:30，13:30～15:00(周一至周五)，21:00～2:30(夜盘交易时间，每周一至周五)	黄金、白银、铜、铝、铅、锌等期货品种	于1999年12月26日正式成立(黄金期货于2008年1月9日上市交易)
纽约商品/商业交易所	The New York Mercantile Exchange, Inc. (NYMEX)	美国	20:20～03:00(夏) 21:20～04:00(冬)	14个品种，含黄金、白银、铂、钯等贵金属	20世纪70年代发展起来的，是世界上最大的黄金期货交易中心

续表 8-3

交易所(中心)名称		所处地区(国家)	交易时间(北京)	交易品种	备注
中文	英文				
伦敦金银市场协会	London Bullion Market Association(LBMA)	英国	15:30 ~ 23:30(夏) 16:30 ~ 00:30(冬)	黄金、白银、铂金、钯金等	成立很早,最大的黄金交易市场
东京工业品交易所	Tokyo Commodities Exchanges(TOCOM)	日本	08:30~14:30	黄金、白银、铂金、钯金等	世界最大的铂金交易所,成立于 1951 年 2 月 23 日
香港金银业贸易场	The Chinese Gold & Silver Exchange Society (CGSE)	中国	09:00~16:00	黄金、白银	成立于 1910 年
苏黎世黄金市场	Zurich Gold Exchange(ZGE)	瑞士	15:00~23:00	黄金	成立于二战后,是世界最大的私人黄金存储中心
新加坡黄金市场	Singapore Gold Market(SGM)	新加坡	09:00~16:00	黄金等	1969 年 4 月成立

参考文献

[1] 中国有色金属工业协会. 新中国有色金属工业60年[M]. 长沙：中南大学出版社，2009.

[2]《贵金属生产技术实用手册》编委会. 贵金属生产技术实用手册[M]. 北京：冶金工业出版社，2011.

[3] 李培铮. 金银生产加工技术手册[M]. 长沙：中南大学出版社，2003.

[4] 徐敏时，等. 黄金生产知识[M]. 2版. 北京：冶金工业出版社，2007.

[5] 成辅民，吕文元，等. 中国黄金知识博览[M]. 北京：中国建材工业出版社，2001.

[6] 赵怀志，等. 金[M]. 长沙：中南大学出版社，2003.

[7] 宾万达，卢宜源. 贵金属冶金学[M]. 长沙：中南大学出版社，2011.

[8] 黎鼎鑫，王永录. 贵金属提取与精炼（修订版）[M]. 长沙：中南大学出版社，2003.

[9] 董守安. 现代贵金属分析[M]. 北京：化学工业出版社，2006.

[10] 周全法. 贵金属深加工及其应用[M]. 北京：化学工业出版社，2002.

[11] 上海黄金交易所研究发展部. 黄金投资必读[M]. 北京：经济日报出版社，2008.

[12] 段世华. 黄金投资实战必读[M]. 北京：清华大学出版社，2011.

[13] 袁林. 拜金有道—黄金投资实战入门[M]. 北京：企业管理出版社，2008.

[14] 杨小平，李凤翔. 中国黄金的货币性问题述论[J]. 中国钱币，2008(1).

[15] 长春黄金研究院. 黄金工业技术现状与发展趋势（内部资料).

[16] 北京安泰科信息开发有限公司贵金属部. 安泰科2012黄金市场发展报告（内部资料）.

[17] 世界黄金协会. 世界黄金年鉴（2011～2012)(内部资料).

[18] 中国黄金协会. 中国黄金年鉴（2011～2012)(内部资料).

[19] 中国有色金属工业协会. 中国有色金属工业年鉴（2011～2012)(内部资料).

[20] 上海黄金交易所研究发展部等. 中国黄金市场报告(2011～2012)(内部资料).

[21] 上海期货交易所. 黄金期货合约交易操作手册（内部资料)等.

附 录

附录一 世界、中国十大黄金生产商和世界十大黄金消费国

表1 2010年全球十大矿产黄金生产国排名 (t)

序 号	国 家	矿产金产量	同比增长/%
1	中 国	340.876	8.57
2	澳大利亚	260.90	16.73
3	美 国	233.90	5.65
4	俄罗斯	203.40	-0.88
5	南 非	203.30	-7.51
6	秘 鲁	162.00	-15.89
7	印度尼西亚	136.60	-14.84
8	加 纳	92.40	2.33
9	加拿大	92.20	-4.00
10	乌兹别克斯坦	71.00	0.71

注：资料来源于世界黄金协会（WGC）。

表2 2010年全球黄金制造业十大消费国排名 (t)

序　号	国　家	黄金消费量	同比增长/%
1	印　度	783.4	83.17
2	中　国	508.6	-10.93
3	美　国	180.9	4.33
4	日　本	157.5	-9.17
5	意大利	126.3	13.48
6	土耳其	109	103.74
7	韩　国	68.1	-51.53
8	俄罗斯	60.4	5.04
9	沙　特	46.6	-28.31
10	马来西亚	43.5	16.00

注：1. 资料来源于世界黄金协会（WGC）、有色金银分会、安泰科。

2. 此处的黄金制造业消费（不是黄金总消费）指的是珠宝首饰消费和工业用金等，不包括金条黄金消费等。

表3 2010年全球十大黄金矿业公司矿产黄金产量排名

(t)

序号	公司名称（英文）	公司名称（中文）	所在国家	矿产金产量
1	Barrick Gold	巴里克黄金矿业公司	加拿大	241.5
2	Newmont Mining	纽蒙特黄金矿业公司	美　国	167.7
3	AngloGold Ashanti	安格鲁黄金矿业公司	南　非	140.4
4	Gold Fields	南非金田黄金矿业公司	南　非	102.4
5	Goldcorp	加拿大黄金矿业公司	加拿大	78.4
6	Newcrest Mining	纽克雷斯特黄金矿业公司	澳大利亚	72.8
7	Kinross Gold*	金罗斯黄金公司	加拿大	68.0
8	Navoi MMC*	纳沃伊矿业冶金联合公司	乌兹别克斯坦	62.5
9	Freeport MeMoRan	美国自由港迈克墨伦铜金矿公司	美　国	52.9
10	Polyusgold	俄罗斯极地黄金公司	俄罗斯	43.1

注：资料来源于世界黄金协会（WGC）、GFMS、CPM。

表4 2010年中国十大黄金企业矿产黄金产量排名（t）

序 号	公 司 名 称	矿产金产量
1	中国黄金集团公司	32.197
2	福建紫金矿业集团股份公司	29.177
3	山东黄金集团有限公司	24.133
4	山东招金集团有限公司	14.297
5	加拿大埃尔拉多黄金公司（中国）	11.183
6	云南黄金矿业集团公司	6.163
7	湖南金鑫黄金集团公司	6.127
8	山东中矿金业股份有限公司	4.969
9	河南灵宝黄金股份有限公司	3.343
10	河南灵宝市金源矿业公司	3.198

注：资料来源于中国黄金协会（CGA）。

表5 2010年中国十大有色副产黄金企业产量排名（t）

序 号	公 司 名 称	副产金产量
1	江西铜业集团公司	22.001
2	铜陵有色金属集团控股有限公司	10.105
3	云南铜业（集团）有限公司	8.822
4	湖北大冶有色金属集团控股有限公司	6.007
5	江西上饶和丰铜业公司	5.067
6	浙江杭州富春江冶炼有限公司	4.861
7	山东阳谷祥光铜业有限公司	3.749
8	上海鑫冶铜业有限公司	2.299
9	甘肃金川集团股份有限公司	2.003
10	甘肃白银有色集团股份有限公司	1.500

注：资料来源于中国黄金协会、中国有色金属工业协会金银分会。

表6 2011年中国黄金年度统计排名

序号	排名类别	单位
1	2011年度中国黄金十大产金区	山东省招远市、河南省灵宝市、山东省莱州市、福建省上杭县、贵州省贞丰县、河南省嵩县、山东省蓬莱市、云南省鹤庆县、内蒙古自治区乌拉特中旗、陕西省潼关县
2	2011年度中国黄金销售收入十大企业	中国黄金集团公司、山东黄金集团有限公司、紫金矿业集团股份有限公司、山东招金集团有限公司、灵宝市金源矿业有限责任公司、山东中矿集团有限公司、山东恒邦冶炼股份有限公司、广东金鼎黄金有限公司、云南黄金矿业集团股份有限公司、灵宝黄金股份有限公司
3	2011年度中国黄金矿产金十大企业	中国黄金集团公司、紫金矿业集团股份有限公司、山东黄金集团有限公司、山东招金集团有限公司、埃尔拉多黄金公司（中国）、云南黄金矿业集团股份有限公司、湖南金鑫黄金集团有限责任公司、山东中矿集团有限公司、西部黄金股份有限公司、灵宝市金源矿业股份有限公司
4	2011年度中国黄金经济效益十佳企业	紫金矿业集团股份有限公司、中国黄金集团公司、山东黄金集团有限公司、山东招金集团有限公司、山东中矿集团有限公司、云南黄金矿业集团股份有限公司、埃尔拉多黄金公司（中国）、湖南金鑫黄金集团有限责任公司、灵宝黄金股份有限公司、山东恒邦冶炼股份有限公司
5	2011年度中国黄金生产十大矿山	紫金山金铜矿、焦家金矿、三山岛金矿、贵州锦丰矿业有限公司（烂泥沟金矿）、鹤庆北衙矿业有限公司、内蒙古太平矿业有限公司、夏甸金矿、新城金矿、青海大柴旦矿业有限公司、玲珑金矿

续表6

序号	排名类别	单位
6	2011年度中国黄金冶炼五大企业	山东招金集团有限公司、中国黄金集团公司、山东恒邦冶炼股份有限公司、灵宝黄金股份有限公司、山东中矿集团有限公司
7	2011年度中国黄金冶炼十大冶炼厂	招金矿业股份有限公司金翅岭金矿、山东恒邦冶炼股份有限公司、灵宝黄金股份有限公司、河南中原黄金冶炼厂有限责任公司、山东国大黄金股份有限公司、山东中矿集团有限公司、潼关中金冶炼有限责任公司、福建金山黄金冶炼公司、河南豫光金铅集团有限责任公司、烟台市黄金冶炼有限责任公司
8	2011年度中国有色冶炼五大企业	江西铜业股份有限公司、铜陵有色金属集团股份有限公司、大冶有色金属集团控股有限公司、云南铜业股份有限公司、江西上饶和丰铜业公司

注：资料来源于中国黄金协会。

附录二 国外黄金相关重要法律法规

表 1 国外部分涉及黄金重要文件和相关法律法规

序号	国际重要文献和相关法规	制定国家或者组织机构
1	布雷顿森林协定（Bretton Woods System）	44 个国家
2	史密森氏协议（Smithsonian Institute Agreement）	英美等十国集团
3	牙买加协定（Jamica Agreement）	国际货币基金组织（IMF）会员国
4	国际货币基金协定（Agreement of the International Monetary Fund）	国际货币基金组织（IMF）会员国
5	华盛顿协议（The Central Bank Gold Agreement）	14 国央行和欧洲央行
6	商品交易所法（Commodity Exchange Act）	美国国内法
7	商品交易委员会法	美国国内法
8	商品交易法	美国国内法
9	期货交易法	美国国内法
10	纽约商业交易所（NYMEX）规则（Nymex-Comex RULEBOOK）	纽约商业交易所（NYMEX）
11	场外交易市场指南（OTC Guide）	伦敦金银协会（LBMA）
12	……	

注：资料来源于《黄金投资实战必读》等。

附录三 中国黄金行业主要政策汇编

表1 中国黄金行业及其相关领域主要政策法律法规规则

序号	相关法律法规和重要文件	制定组织、机构
1	《中华人民共和国金银管理条例》、《中华人民共和国金银管理条例施行细则》	国务院
2	《关于同意建立清理整顿各类交易场所部际联席会议制度的批复》	国务院
3	《关于清理整顿各类交易场所的实施意见》	国务院办公厅
4	《中国的矿产资源政策》白皮书	国务院
5	《中华人民共和国矿产资源法》	全国人大
6	《中华人民共和国中国人民银行法》	全国人大
7	《中华人民共和国合同法》	全国人大
8	《中华人民共和国证券法》	全国人大
9	《中华人民共和国土地管理法》	全国人大
10	《关于促进黄金市场发展的若干意见》	中国人民银行、国家发展改革委、工业和信息化部、财政部、国家税务总局和中国证监会六部委
11	《关于加强黄金交易所或从事黄金交易平台管理的通知》	中国人民银行、公安部、国家工商总局、中国银监会和中国证监会

续表1

序号	相关法律法规和重要文件	制定组织、机构
12	《关于促进黄金行业持续健康发展的指导意见》	国家工业和信息化部
13	《办理开采黄金矿产批准书管理规定》	国家发展和改革委员会
14	《关于征收黄金矿产资源补偿费有关问题的通知》	国土资源部和财政部
15	《黄金及其制品进出口准许事宜公告》	中国人民银行、国家海关总署
16	《关于明确含金成分产品出口退（免）税政策的通知国税发［2005］59号》	国家税务总局
17	《关于金融机构开展个人实物黄金交易业务增值税有关问题的通知》	国家税务总局
18	《关于含金产品出口实行免税政策有关问题的补充通知》	国家税务总局
19	《关于出口含金成份产品有关税收政策的通知》	国家税务总局
20	《关于黄金税收政策问题的通知》	财政部、国家税务总局
21	《关于黄金期货交易有关税收政策的通知》	财政部、国家税务总局
22	《关于商业银行从事境内黄金期货交易有关问题的通知》	中国银监会办公厅
23	关于印发《上海期货交易所黄金期货交易增值税征收管理办法》的通知	国家税务总局
24	《将黄金表壳、黄金表带纳入黄金及其制品进出口管理范围的公告》	中国人民银行、国家海关总署

续表 1

序号	相关法律法规和重要文件	制定组织、机构
25	《关于免征进口粗铜含金部分进口环节增值税的通知》	财政部、国税总局
26	《对金银进出国境的管理办法》	中国人民银行、国家海关总署
27	《产业结构调整指导目录（2011 年本）》	国家发展和改革委员会
28	《外商投资产业指导目录（2011 年修订）》	国家发展和改革委员会、国家商务部
29	《金银饰品标识管理规定》	国家质量技术监督局
30	《金锭》《金条》《半导体器件键合用金丝》《超细金粉》《金靶材》《蒸发金》《金锗蒸发料》《金基厚膜导体浆料》《金废料、分类和技术条件》等国家、行业标准	全国有色贵金属标准化技术委员会
31	《高纯金》、《高纯金化学分析方法》《金和合质金熔铸安全生产技术规范》、《氰化堆浸提金工艺安全生产技术规范》、《炭浆工艺金回收率计算方法》等国家、行业标准	全国黄金标准化技术委员会
32	《首饰贵金属纯度的规定及命名方法》、《摆件术语》等国家和行业标准	全国首饰标准化技术委员会
33	《上海黄金交易所章程》	上海黄金交易所
34	《上海黄金交易所交易规则》	上海黄金交易所
35	《上海黄金交易所违规违约处理办法》	上海黄金交易所
36	《上海黄金交易所风险控制管理办法》	上海黄金交易所
37	《上海黄金交易所现货交易资金清算实施细则》	上海黄金交易所

续表1

序号	相关法律法规和重要文件	制定组织、机构
38	《上海黄金交易所个人实物黄金交易施行办法》	上海黄金交易所
39	《上海黄金交易所可提供标准金条企业名单、会员名单》	上海黄金交易所
40	《上海期货交易所套期保值交易管理办法》	上海期货交易所
41	《上海期货交易所黄金期货交割细则》	上海期货交易所
42	《上海期货交易所指定交割金库管理办法》	上海期货交易所
43	《上海期货交易所金锭注册商标、包装标准及升贴水标准》	上海期货交易所
44	《上海期货交易所认可的伦敦金银协会（LBMA）认定的合格供货商或者精炼厂清单》	上海期货交易所
45	《上海期货交易所黄金期货交易增值税征收管理办法》	上海期货交易所
46	《上海黄金交易所现货交易规则》	上海期货交易所
47	《上海期货交易所注册品牌及会员企业名单》	上海期货交易所
48	《“中国黄金”投资金条交易规则》	中国黄金集团公司
49	关于向社会公开征求《黄金及黄金制品进出口管理办法（征求意见稿）》意见的公告	中国人民银行
50	……	

注：资料来源于国务院各部委、中国有色金属工业协会金银分会、中国黄金协会等。

附录四　相关黄金行业统计资料与数据

表 1　世界各国地区央行（国际金融机构）黄金储备统计（截至 2012 年 7 月数据）

序号	国家/地区/机构	黄金储备/t	序号	国家/地区/机构	黄金储备/t
1	美　国	8133.50	16	沙特阿拉伯	322.9
2	德　国	3396.30	17	英　国	310.3
3	国际货币基金组织（IMF）	2814.00	18	黎巴嫩	286.8
4	意大利	2451.80	19	西班牙	281.6
5	法　国	2435.40	20	奥地利	280
6	中　国	1054.10	21	土耳其	245
7	瑞　士	1040.10	22	比利时	227.5
8	俄罗斯	911.3	23	菲律宾	194.2
9	日　本	765.2	24	阿尔及利亚	173.6
10	荷　兰	612.5	25	泰　国	152.4
11	印　度	557.7	26	利比亚	143.8
12	欧洲央行（ECB）	502.1	27	新加坡	127.4
13	中国台湾	422.4	28	瑞　典	125.7
14	葡萄牙	382.5	29	墨西哥	125.4
15	委内瑞拉	365.8	30	南　非	125

续表 1

序号	国家/地区/机构	黄金储备/t	序号	国家/地区/机构	黄金储备/t
31	国际清算银行(BIS)	116	52	乌克兰	32.7
32	希　腊	111.7	53	斯洛伐克	31.8
33	罗马尼亚	103.7	54	厄瓜多尔	26.3
34	波　兰	102.9	55	叙利亚	25.8
35	哈萨克斯坦	100	56	摩洛哥	22
36	澳　洲	79.9	57	尼日利亚	21.4
37	科威特	79	58	塞尔维亚	14.6
38	埃　及	75.6	59	塞浦路斯	13.9
39	印度尼西亚	73.1	60	孟加拉	13.5
40	丹　麦	66.5	61	约　旦	12.8
41	巴基斯坦	64.4	62	柬埔寨	12.4
42	阿根廷	61.7	63	卡塔尔	12.4
43	韩　国	54.4	64	捷　克	12.3
44	贝　拉	49.7	65	哥伦比亚	10.4
45	芬　兰	49.1	66	老　挝	8.9
46	玻利维亚	42.3	67	斯里兰卡	7.8
47	保加利亚	39.9	68	拉脱维亚	7.7
48	西非经济货币联盟(WAEMU)	36.5	69	缅　甸	7.3
49	马来西亚	36.4	70	萨尔瓦多	7.3
50	秘　鲁	34.7	71	危地马拉	6.9
51	巴　西	33.6	72	马其顿	6.8

续表1

序号	国家/地区/机构	黄金储备/t	序号	国家/地区/机构	黄金储备/t
73	突尼斯	6.7	87	吉尔吉斯	2.7
74	爱尔兰	6	88	卢森堡	2.2
75	伊拉克	5.9	89	苏里南	2.2
76	立陶宛	5.8	90	中国香港	2.1
77	塔吉克斯坦	4.9	91	波斯尼亚	2
78	巴　林	4.7	92	冰　岛	2
79	毛里求斯	3.9	93	巴布亚新几内亚	2
80	蒙　古	3.5	94	特立尼达和多巴哥	1.9
81	加拿大	3.4	95	阿尔巴尼亚	1.6
82	莫桑比克	3.3	96	也　门	1.6
83	斯洛文尼亚	3.2	97	洪都拉斯	0.7
84	阿鲁巴	3.1	98	巴拉圭	0.7
85	文　莱	3.1	99	多米尼加	0.6
86	匈牙利	3.1	100	马拉维	0.4

注：资料来源于国际货币基金组织（IMF）、世界黄金协会（WGC）。

表2　上海黄金交易所可提供标准金锭企业名单

编号	企业金锭编码	企业名称	金锭品牌	所属省市自治区
1	A	长城金银精炼厂		四　川
2	B	内蒙古乾坤金银精炼股份有限公司		内蒙古

续表2

编号	企业金锭编码	企业名称	金锭品牌	所属省市自治区
3	C	山东黄金矿业股份有限公司焦家精炼厂		山　东
4	D	山东招金金银精炼有限公司	招金 ZHAOJIN	山　东
5	E	山东天承生物金业有限公司	天承	山　东
6	F	中金黄金股份有限公司黄金精炼厂		河　南
7	G	大冶有色金属公司	大江	湖　北
8	H	洛阳紫金银辉黄金冶炼有限公司		河　南
9	I	紫金矿业集团股份有限公司黄金冶炼厂		福　建
10	J	广东高要河台金矿黄金精炼厂		广　东
11	K	江西铜业股份有限公司贵溪冶炼厂		江　西

续表 2

编号	企业金锭编码	企业名称	金锭品牌	所属省市自治区
12	L	铜陵有色金属集团公司金昌冶炼厂	TG (铜冠)	安　徽
13	M	湖南辰州矿业股份有限责任公司	辰州 HENZHOU	湖　南
14	N	山东黄金集团金仓矿业有限公司精炼厂	金仓金	山　东
15	O	株洲冶炼集团股份有限责任公司	TORCH	湖　南
16	P	云南铜业股份有限公司	铁峰 TIE FENG	云　南
17	Q	上海鑫冶铜业有限公司	上冶 SHANG YE	上　海
18	R	芜湖恒鑫铜业集团有限公司	晶晶	安　徽
19	S	蓬莱蓬港金业有限公司	JIN CHUANG	山　东

续表2

编号	企业金锭编码	企业名称	金锭品牌	所属省市自治区
20	T	灵宝市桐辉精冶有限责任公司	灵宝金	河　南
21	U	桦甸市黄金有限责任公司	夹皮沟	吉　林
22	V	甘肃西脉新材料科技股份有限公司	金牛	甘　肃
23	W	中国黄金集团夹皮沟矿业有限公司	大金牛	吉　林
24	X	云南黄金矿业集团股份有限公司	滇金	云　南
25	Y	灵宝黄金股份有限公司	灵金	河　南
26	Z	河南豫光金铅股份有限公司	YUGUANG	河　南
27	GS	烟台国大萨菲纳高技术环保精炼有限公司	GUODASAFEINA	山　东
28	GA	深圳市众恒隆实业有限公司	粤鹏金	广　东
29	GB	美泰乐科技（苏州）有限公司	METALOR	江　苏
30	GC	山东恒邦冶炼股份有限公司	Humon	山　东
31	GD	杭州富春江冶炼有限公司		浙　江

续表 2

编号	企业金锭编码	企业名称	金锭品牌	所属省市自治区
32	GE	四川省天泽贵金属有限责任公司		四 川
33	GF	深圳市翠绿金业有限公司	翠绿	深 圳
34	GG	中矿金业股份有限公司	中矿金业	山 东
35	GH	陕西黄金集团西安秦金有限责任公司	秦金	陕 西

注：资料来源于上海黄金交易所。

表 3 上海黄金交易所可提供标准金条企业名单

序号	企业金条编码	企 业 名 称	金条品牌
1	A	长城金银精炼厂	长城金
2	B	内蒙古乾坤金银精炼股份有限公司	乾坤金
3	C	山东黄金矿业股份有限公司焦家精炼厂	泰山
4	D	山东招金金银精炼有限公司	招金进宝
5	E	山东天承生物金业有限公司	天承
6	F	中金黄金股份有限公司中原黄金冶炼厂	中金黄金
7	H	洛阳紫金银辉黄金冶炼有限公司	银辉
8	I	紫金矿业集团股份有限公司黄金冶炼厂	紫金
9	J	广东高要河台金矿黄金精炼厂	中华龙
10	L	铜陵有色金属（集团）有限公司（金昌冶炼厂）	吉祥
11	M	湖南辰州矿业股份有限公司	辰州

续表 3

序号	企业金条编码	企 业 名 称	金条品牌
12	N	山东黄金集团金仓矿业有限公司精炼厂	金仓金
13	P	云南铜业股份有限公司	铁峰滇金
14	S	蓬莱蓬港金业有限公司	金创
15	T	灵宝市金源桐辉精炼有限责任公司	灵宝金
16	V	甘肃西脉新材料科技股份有限公司	金牛
17	G	大冶有色金属公司	大江
18		中国工商银行股份有限公司	如意
19		中钞国鼎（北京）投资有限公司	国鼎
20	GG	中矿金业股份有限公司	中矿金业

注：资料来源于上海黄金交易所。

表 4　上海期货交易所金锭注册商标、包装标准及升贴水标准

序号	注册企业	注册日期	商标	冶炼厂地址	外形尺寸/mm × mm	块重/kg	牌号
1	中国黄金集团公司	2007. 12	中金	河南三门峡	(115 ±1) × (52. 5 ±1)	1	Au99. 99
					(320 ±2) × (70 ±2)	3	Au99. 99
						3	Au99. 95
2	山东黄金矿业股份有限公司	2007. 12	泰山	山东莱州	(115 ±1) × (52. 5 ±1)	1	Au99. 99
					(320 ±2) × (70 ±2)	3	Au99. 99
						3	Au99. 95
3	山东招金金银精炼有限公司	2007. 12	招金	山东招远	(115 ±1) × (52. 5 ±1)	1	Au99. 99
					(320 ±2) × (70 ±2)	3	Au99. 99
						3	Au99. 95

续表 4

序号	注册企业	注册日期	商标	冶炼厂地址	外形尺寸/mm × mm	块重/kg	牌号
4	紫金矿业集团股份有限公司	2007.12	紫金（图案）	福建上杭	(115 ±1) × (52.5 ±1)	1	Au99.99
					(320 ±2) × (70 ±2)	3	Au99.99
						3	Au99.95
5	灵宝市金源桐辉精炼有限责任公司	2007.12	灵宝金	河南灵宝	(115 ±1) × (52.5 ±1)	1	Au99.99
					(320 ±2) × (70 ±2)	3	Au99.99
						3	Au99.95
6	江西铜业股份有限公司	2007.12	江铜	江西贵溪	(115 ±1) × (52.5 ±1)	1	Au99.99
					(320 ±2) × (70 ±2)	3	Au99.99
						3	Au99.95
7	云南铜业股份有限公司	2007.12	铁峰	云南昆明	(115 ±1) × (52.5 ±1)	1	Au99.99
					(320 ±2) × (70 ±2)	3	Au99.99
						3	Au99.95
8	铜陵有色金属集团股份有限公司	2007.12	铜冠	安徽铜陵	(115 ±1) × (52.5 ±1)	1	Au99.99
					(320 ±2) × (70 ±2)	3	Au99.99
9	大冶有色金属有限责任公司	2007.12	大江	湖北黄石	(115 ±1) × (52.5 ±1)	1	Au99.99
					(320 ±2) × (70 ±2)	3	Au99.99
10	云南黄金矿业集团股份有限公司	2008.5	滇金	云南昆明	(115 ±1) × (52.5 ±1)	1	Au99.99
					(320 ±2) × (70 ±2)	3	Au99.99
11	灵宝黄金股份有限公司	2008.11	灵金	河南灵宝	(320 ±2) × (70 ±2)	3	Au99.95
12	河南豫光金铅股份有限公司	2012.9	YG	河南济源	(320 ±2) × (70 ±2)	3	Au99.95

注：资料来源于上海期货交易所。

表5　上海期货交易所认可的伦敦金银市场协会（LBMA）认定的合格供货商或精炼厂清单

国　家	公　司
澳大利亚	AGR Matthey
比利时	Umicore SA, Business Unit Precious Metals
巴　西	AngloGold Ashanti Mineração Ltda.
	Umicore Brasil Ltda.
加拿大	Falconbridge Limited (formerly Noranda Inc CCR Refinery-change effective 30-6-05)
	Johnson Matthey Limited
	Royal Canadian Mint
中　国	The Great Wall Gold & Silver Refinery of China
	Inner Mongolia Qiankun Gold and Silver Refinery Share Company Limited
	Jiangxi Copper Company Ltd.
	Zhongyuan Gold Smelter of Zhongjin Gold Corporation
	Zijin Mining Group Co., Ltd.
德　国	W. C. Heraeus GmbH
	Norddeutsche Affinerie Aktiengesellschaft
中国香港	Heraeus Ltd. Hong Kong
	Metalor Technologies (Hong Kong) Ltd.
印度尼西亚	PT Aneka Tambang (Persero) Tbk
意大利	Chimet SpA
	Metalli Preziosi SpA

续表5

国　家	公　司
日　本	Ishifuku Metal Industry Co. , Ltd.
	Matsuda Sangyo Co. , Ltd.
	Mitsubishi Materials Corporation
	Mitsui Mining and Smelting Co. , Ltd.
	Nippon Mining & Metals Co. , Ltd.
	Sumitomo Metal Mining Co. , Ltd.
	Tanaka Kikinzoku Kogyo KK
	Tokuriki Honten Co. , Ltd.
哈萨克斯坦	Kazzinc Joint Stock Company
朝　鲜	Central Bank of the DPR of Korea
韩　国	Korea Zinc Co. , Ltd.
	LS-Nikko Copper Inc
吉尔吉斯	Kyrgyzaltyn JSC
墨西哥	Met-Mex Peñoles, S. A.
荷　兰	Schöne Edelmetaal BV
菲律宾	Bangko Sentral ng Pilipinas (Central Bank of the Philippines)
俄罗斯	Joint Stock Company Ekaterinburg Non-Ferrous Metal Processing Plant
	Federal State Enterprise Novosibirsk Refinery
	Open Joint Stock Company "The Gulidov Krasnoyarsk Non-Ferrous Metals Plant" (OJSC "Krastvetmet")
	Open Joint Stock Company Kolyma Refinery

续表5

国　家	公　司
俄罗斯	Moscow Special Alloys Processing Plant
	Prioksky Plant of Non-Ferrous Metals
	State-Owned Enterprise Shyolkovsky Factory of Secondary Precious Metals
	JSC Uralelectromed
南　非	Rand Refinery Limited
西班牙	SEMPSA Joyeria Plateria SA
瑞　典	Boliden Mineral AB
瑞　士	Argor-Heraeus SA
	Cendres & Métaux SA
	Metalor Technologies SA
	PAMP SA
	Valcambi SA
美　国	Johnson Matthey Inc.
	Metalor USA Refining Corporation
乌兹别克斯坦	Almalyk Mining and Metallurgical Complex（AMMC）
	Navoi Mining and Metallurgical Combinat
赞比亚	Fidelity Printers and Refiners（Private）Limited

注：资料来源于上海期货交易所。

表6　上海黄金交易所银行间黄金询价业务准入机构名单

（以下机构排名不分先后顺序）

序　号	单 位 名 称
1	中国工商银行股份有限公司

续表 6

序　号	单 位 名 称
2	中国建设银行股份有限公司
3	中国银行股份有限公司
4	中国农业银行股份有限公司
5	上海浦东发展银行股份有限公司
6	招商银行股份有限公司
7	中信银行股份有限公司
8	平安银行股份有限公司
9	交通银行股份有限公司
10	上海银行股份有限公司
11	广发银行股份有限公司
12	兴业银行股份有限公司
13	恒丰银行股份有限公司
14	厦门银行股份有限公司
15	北京银行股份有限公司
16	上海农村商业银行
17	汇丰银行（中国）有限公司
18	渣打银行（中国）有限公司
19	澳大利亚和新西兰银行（中国）有限公司
20	大华银行（中国）有限公司

注：资料来源于上海黄金交易所。

表7　2012年120家获得工信部颁发《开采黄金矿产批准书》的黄金企业名单

序号	省(区)	企业名称	序号	省(区)	企业名称
1	河南	灵宝金源矿业股份有限公司	13	山东	龙口通元矿业有限公司
2	河南	洛阳坤宇矿业有限公司	14	山东	龙口市大园黄金有限责任公司
3	河南	河南八方矿业有限公司	15	山东	山东省栖霞市百里店金矿
4	河南	栾川县栾灵金矿有限公司	16	广西	岑溪市长金矿业有限公司
5	河南	栾川县潭头金矿有限公司	17	陕西	潼关中金黄金矿业有限责任公司
6	河南	灵宝鸿鑫矿业有限责任公司	18	陕西	陕西马鞍桥生态矿业有限公司
7	河南	嵩县山金矿业有限公司	19	甘肃	肃北县霍勒扎德盖北东矿业有限责任公司
8	河北	围场满族蒙古族自治县福源矿业有限公司	20	吉林	柳河县钰坤矿业有限公司
9	河北	易县滦木厂金矿有限公司	21	安徽	霍山县戴家河金矿开发有限公司
10	河北	涞源县中信矿业有限公司	22	安徽	池州市盛坤宝利矿业有限公司
11	河北	平泉县金宝矿业有限公司	23	新疆	新疆金川矿业有限公司
12	河北	河北鑫泽矿业有限责任公司	24	新疆	新疆天目矿业资源开发有限公司

续表 7

序号	省(区)	企业名称	序号	省(区)	企业名称
25	黑龙江	嘉荫县金海矿业有限责任公司	37	河北	遵化市鑫江源矿业有限公司
26	河北	丰宁满族自治县东沟金矿有限公司	38	山东	烟台市牟平区西直格庄金矿有限公司
27	四川	四川纯灿矿业有限公司	39	安徽	安庆市金丰矿业有限公司
28	甘肃	天水甘来商贸有限责任公司	40	安徽	安徽朝山新材料股份有限公司
29	河北	宣化县盛德矿业有限责任公司	41	辽宁	凌源日兴矿业有限公司
30	辽宁	凤城市桃源金矿	42	辽宁	北票市全一矿业有限责任公司
31	辽宁	北票市娄家店华俊金矿	43	辽宁	北票市十八台乡苏家窑金矿
32	安徽	五河县裕峰矿业有限公司	44	辽宁	丹东三鑫矿业有限责任公司
33	安徽	五河县鑫源黄金开发有限责任公司	45	吉林	中国黄金集团夹皮沟矿业有限公司
34	安徽	池州市梅山金矿有限公司	46	吉林	梅河口市岫林金矿有限责任公司
35	安徽	池州盛兴矿业有限公司	47	吉林	集安市古马岭金矿有限责任公司
36	山东	烟台山上里金矿有限公司	48	湖南	湖南辰州矿业股份有限公司

续表 7

序号	省(区)	企业名称	序号	省(区)	企业名称
49	湖南	洪江市辰州矿产开发有限责任公司	61	安徽	铜陵市狮子山区包村金矿
50	新疆	中国黄金集团新疆金滩矿业有限公司	62	河北	平泉县华云金矿有限责任公司
51	黑龙江	黑龙江省乌拉嘎黄金矿业有限责任公司	63	内蒙古	宁城宏丰实业有限公司
52	陕西	陕西华澳矿业有限公司	64	内蒙古	内蒙古乌拉特中旗图古日格金矿公司
53	吉林	安图鑫海矿业有限责任公司	65	内蒙古	喀喇沁旗大地黄金资源开发有限公司
54	吉林	桦甸市华丰矿业有限责任公司	66	内蒙古	敖汉旗鑫浩矿业有限公司
55	安徽	铜陵冠华矿业有限责任公司	67	内蒙古	乌拉特中旗中鼎矿业有限责任公司
56	广西	靖西县金湖浩矿业有限公司	68	广西	广西贵港市龙鑫矿业开发有限公司
57	广西	广西成广矿业有限公司	69	广西	广西神州地矿有限公司
58	江西	江西省瑞昌市吴家金矿	70	广西	贵港市金地矿业有限责任公司
59	江西	瑞昌市渝瑞矿业有限公司	71	广西	乐业县浪全金矿
60	广西	攀枝花月强工贸有限公司广西赖满金矿	72	陕西	石泉县金峰矿业有限公司

续表 7

序号	省(区)	企业名称	序号	省(区)	企业名称
73	陕西	汉阴县黄龙金矿	85	河南	灵宝双鑫矿业有限责任公司
74	甘肃	甘肃大冶地质矿业有限责任公司	86	河南	三门峡市河西林场老鸦岔金矿
75	吉林	长春恒利黄金矿业有限责任公司	87	江西	德兴市张家畈金矿有限公司
76	安徽	青阳县华青矿业发展有限公司	88	山东	蓬莱市万泰矿业有限公司
77	辽宁	辽宁招金白云黄金矿业有限公司	89	河南	桐柏兴源矿业有限公司
78	辽宁	辽宁二道沟黄金矿业有限责任公司	90	吉林	桦甸市汇源矿业有限责任公司
79	辽宁	凌海市双羊金矿	91	安徽	安徽金珅矿业有限公司
80	山东	龙口金丰有限公司	92	安徽	安徽凤阳毛山硫金矿业有限公司
81	山东	蓬莱市门楼矿业有限公司	93	广西	那坡县果提金矿有限责任公司
82	广西	广西西林县云海矿业发展有限公司	94	广西	乐业县弯里金矿
83	广西	田东县那龙矿业开发贸易有限公司	95	广西	广西南宁市军源矿业有限责任公司
84	广西	贵港市东方矿业开发有限公司	96	广西	凭祥市鑫瑞矿业有限公司

续表7

序号	省(区)	企业名称	序号	省(区)	企业名称
97	湖北	宜昌邓村金矿有限公司	109	海南	海南东方招金矿业有限公司
98	湖北	秭归县金磊矿业有限责任公司	110	内蒙古	赤峰市创元矿业有限公司
99	湖北	秭归金山实业有限公司	111	内蒙古	赤峰吉隆矿业有限责任公司
100	湖北	大冶市金井矿业有限公司	112	内蒙古	敖汉旗宇丰矿业有限责任公司
101	陕西	陕西鑫元科工贸股份有限公司	113	广东	广东金鼎黄金有限公司
102	辽宁	大石桥市众鑫金矿有限公司	114	云南	普洱恒益矿业有限责任公司
103	辽宁	辽阳县金玉矿业有限公司	115	云南	西盟云天矿业有限公司
104	辽宁	丹东市金帝矿业有限公司	116	云南	广南老寨湾金矿有限公司
105	陕西	山阳纵横矿业有限公司	117	山西	繁峙县义联金矿有限公司
106	贵州	安龙县豹子洞金矿	118	内蒙古	喀喇沁旗群龙矿业有限公司
107	贵州	安龙县黄金公司	119	内蒙古	包头市昶泰矿业有限责任公司
108	广西	鹿寨县久源矿产有限责任公司	120	云南	富宁县达木黄金试验生产厂

注：资料来源于国家工业和信息化部。

表 8　中国人民银行 2012 年贵金属纪念币项目发行计划

序号	项目名称	材　质	形状	重量	最大发行量/枚	计划发行时间
1	2012 版熊猫金银纪念币	普制金币	圆形	1 盎司	600000	2011 年 11 月
		普制金币	圆形	1/2 盎司	600000	
		普制金币	圆形	1/4 盎司	600000	
		普制金币	圆形	1/10 盎司	800000	
		普制金币	圆形	1/20 盎司	800000	
		普制银币	圆形	1 盎司	8000000	
		精制金币	圆形	1kg	500	
		精制金币	圆形	5 盎司	5000	
		精制银币	圆形	1kg	20000	
		精制银币	圆形	5 盎司	50000	
	中国银行成立 100 周年熊猫加字金银纪念币	普制金币	圆形	1/4 盎司	55000	2012 年 4 月
		普制银币	圆形	1 盎司	260000	
	华夏银行成立 20 周年熊猫加字金银纪念币	普制金币	圆形	1/4 盎司	10000	2012 年 10 月
		普制银币	圆形	1 盎司	50000	
2	中国熊猫金币发行 30 周年金银纪念币	精制金币	圆形	5 盎司	3000	2012 年 3 月
		精制金币	圆形	1 盎司	30000	
		精制金币	圆形	1/10 盎司	100000	
		精制银币	圆形	5 盎司	30000	
		精制银币	圆形	1/4 盎司	300000	
3	中国佛教圣地（五台山）金银纪念币	精制金币	圆形	1kg	300	2012 年 5 月
		精制金币	圆形	5 盎司	3000	
		精制金币	圆形	1/4 盎司	60000	
		精制银币	圆形	1kg	10000	
		精制银币	圆形	2 盎司	100000	

续表8

序号	项目名称	材　质	形状	重量	最大发行量/枚	计划发行时间
4	中国京剧脸谱彩色金银纪念币（第3组）	精制彩色金币	圆形	5盎司	2000	2012年6月
		精制彩色金币	圆形	1/4盎司	30000	
		精制彩色银币	圆形	5盎司	10000	
		精制彩色银币	圆形	1盎司	2×50000	
5	中国青铜器金银纪念	精制金币	圆形	5盎司	2000	2012年8月
		精制金币	圆形	1/4盎司	50000	
		精制银币	圆形	1kg	6000	
		精制银币	圆形	5盎司	10000	
		精制银币	圆形	1盎司	80000	
6	2012北京国际邮票钱币博览会纪念银币	精制银币	圆形	1盎司	30000	2012年9月
7	2013中国癸巳（蛇）年金银纪念币	精制金币	圆形	10kg	18	2012年10月
		精制金币	梅花形	1kg	118	
		精制金币	长方形	5盎司	2000	
		精制彩色金币	圆形	5盎司	3000	
		精制金币	扇形	1/3盎司	30000	
		精制金币	梅花形	1/2盎司	8000	
		精制金币	圆形	1/10盎司	120000	
		精制彩色金币	圆形	1/10盎司	120000	
		精制银币	圆形	1kg	3800	
		精制银币	长方形	5盎司	20000	
		精制彩色银币	圆形	5盎司	30000	
		精制银币	扇形	1盎司	80000	
		精制银币	梅花形	1盎司	60000	
		精制银币	圆形	1盎司	200000	
		精制彩色银币	圆形	1盎司	220000	

注：资料来源于中国人民银行。

附录五　中国有色金属工业协会金银分会简介

中国有色金属工业协会金银分会是中国有色金属工业协会（以下简称“总会”）的分支机构。英文名称为 China Non-Ferrous Metals Industry Association Gold & Silver Branch，英文缩写 CNIA-GS，于 2003 年 8 月 16 日成立。本会主要是由我国从事白银及有色副产金生产、地质、科研院校、设计、应用、商贸及相关领域的企事业单位、咨询服务中介机构、相关组织自愿组成，并经中华人民共和国民政部核准登记注册的社团分支机构。

金银分会三届理事会名誉会长：

周菊秋　中国有色金属工业协会专家委员会委员、中国有色金属工业协会原副会长、中国有色金属工业协会金银分会原会长

刘培森　中国有色金属工业协会金银分会原副会长

金银分会三届理事会会长：

王健（中国有色金属工业协会副会长）

金银分会副会长：由（北京）鑫达金银开发中心、江西铜业公司、山东招金矿业公司、河南豫光金铅公司、有色金属技术经济研究院（中国有色金属工业信息中心）、湖南永兴县金银协会等 18 位主要金银企业机构的领导担任

金银分会宗旨：

本会遵守国家宪法、法律、法规、法令和社会道德风

尚；贯彻国家的产业政策；坚持为政府、为会员单独服务的宗旨，在政府与会员之间起到桥梁、纽带作用；维护会员的合法权益；促进有色金银工业和应用事业的健康、稳定发展。

金银分会的业务范围为：

(1) 在有色金银及相关行业开展调查研究工作，为总会提供咨询意见。受总会委托，参与拟定行业发展规划、产业政策等文件的前期工作。

(2) 受总会的委托或授权，开展行业统计调查分析，发布市场、生产经营、科研、新产品开发等技术经济信息，对会员单位的经营管理、发展战略、经济技术指标进行分析评价，提供咨询服务。

(3) 参与制、修订白银、黄金的国家标准、行业标准及有关规范，并组织、督促会员贯彻实施。

(4) 受政府或会员委托，组织专家对行业内重大投资、技术改造、开发项目等进行可行性前期论证，组织学术或专题研讨会，推动科技开发、创新，组织技术成果应用推广，促进金银技术进步。

(5) 根据国家有关政策法规，结合本行业特点制定《行规行约》，建立行业自律机制，在开拓市场、组织同行议价、产品出口等方面发挥自律作用，促进企业公平竞争，维护会员的合法权益和行业的整体利益。

(6) 协调会员间的经营合作和技术合作，组织多种形式的联合和协作服务。

(7) 办好金银分会会刊《中国贵金属》(月刊)、《中国白银年鉴》等内部资料；开展咨询；组织展销会；组织技术与管理人员的业务培训。

(8) 建立国际间同业组织的联系，参加国际同业组织的活动，促进对外技术经济交流与合作。

(9) 反映会员的意见、要求，协调会员关系，组织和推动其交往、交流和合作。

(10) 接受总会交办的其他事项，接受会员或社会委托，提供专项服务。

金银分会的组织体现了中国有色金属工业协会的直接领导及企业家办会的原则。

中国有色金属工业协会金银分会网址：www. chinapmetals. org. cn

中国有色金属工业协会网址：www. chinania. org. cn

附录六　64 种有色金属元素

64 种有色金属包括：铝、镁、钾、钠、钙、锶、钡、铜、铅、锌、锡、钴、镍、锑、汞、镉、铋、金、银、铂、钌、铑、钯、锇、铱、铍、锂、铷、铯、钛、锆、铪、钒、铌、钽、钨、钼、镓、铟、铊、锗、铼、镧、铈、镨、钕、钐、铕、钆、铽、镝、钬、铒、铥、镱、镥、钇、钪、硅、硼、硒、碲、砷、钍。

有色金属又分为轻金属、重金属、稀有金属、贵金属和其他有色金属。

（1）轻金属：7 种，铝、镁、钾、钠、钙、锶、钡（其中钾、钠、钙、锶、钡 5 种一般为化工系统的产品）。

（2）重金属：10 种，铜、铅、锌、镍、钴、锡、锑、铋、镉、汞。

（3）稀有金属：35 种，又细分为四类：

1）稀有轻金属 4 种（在稀有金属中密度最小）：锂、铍、铷、铯。

2）稀有难熔金属 8 种（在金属中熔点较高）：钨、钼、钽、铌、钛、锆、铪、钒。

3）稀散金属 7 种（矿体生成极为分散、且多为与其他矿物共生、非经准确的全分析不易发现）：镓、铟、铊、锗、硒、碲、铼（有的分法，将铼分为难熔金属）。

4）稀土金属 16 种（其氧化物似土，故名）：镧、铈、镨、钕、钐、铕、钆、铽、镝、钬、铒、铥、镱、镥、钇、钪。

（4）贵金属：8 种，金、银、钌、铑、钯、锇、铱、铂。

（5）其他有色金属：4 种，硅、砷、硼、钍。

附录七　元素周期表

周期	ⅠA	ⅡA	ⅢB	ⅣB	ⅤB	ⅥB	ⅦB	Ⅷ			ⅠB	ⅡB	ⅢA	ⅣA	ⅤA	ⅥA	ⅦA	
1	1 H 氢 1.0079																	2 He 氦 4.0026
2	3 Li 锂 6.941	4 Be 铍 9.0122											5 B 硼 10.811	6 C 碳 12.011	7 N 氮 14.007	8 O 氧 15.999	9 F 氟 18.998	10 Ne 氖 20.17
3	11 Na 钠 22.9898	12 Mg 镁 24.305											13 Al 铝 26.982	14 Si 硅 28.085	15 P 磷 30.974	16 S 硫 32.06	17 Cl 氯 35.453	18 Ar 氩 39.94
4	19 K 钾 39.098	20 Ca 钙 40.08	21 Sc 钪 44.956	22 Ti 钛 47.9	23 V 钒 50.9415	24 Cr 铬 51.996	25 Mn 锰 54.938	26 Fe 铁 55.84	27 Co 钴 58.9332	28 Ni 镍 58.69	29 Cu 铜 63.54	30 Zn 锌 65.38	31 Ga 镓 69.72	32 Ge 锗 72.59	33 As 砷 74.9216	34 Se 硒 78.9	35 Br 溴 79.904	36 Kr 氪 83.8
5	37 Rb 铷 85.467	38 Sr 锶 87.62	39 Y 钇 88.906	40 Zr 锆 91.22	41 Nb 铌 92.9064	42 Mo 钼 95.94	43 Tc 锝 97.99	44 Ru 钌 101.07	45 Rh 铑 102.906	46 Pd 钯 106.42	47 Ag 银 107.868	48 Cd 镉 112.41	49 In 铟 114.82	50 Sn 锡 118.7	51 Sb 锑 121.7	52 Te 碲 127.6	53 I 碘 126.905	54 Xe 氙 131.3
6	55 Cs 铯 132.905	56 Ba 钡 137.33	57-71 La-Lu 镧系	72 Hf 铪 178.49	73 Ta 钽 180.947	74 W 钨 183.8	75 Re 铼 186.207	76 Os 锇 190.2	77 Ir 铱 192.2	78 Pt 铂 195.08	79 Au 金 196.967	80 Hg 汞 200.5	81 Tl 铊 204.3	82 Pb 铅 207.2	83 Bi 铋 208.98	84 Po 钋 (209)	85 At 砹 (210)	86 Rn 氡 (222)
7	87 Fr 钫 (223)	88 Ra 镭 (226.03)	89-103 Ac-Lr 锕系	104 Rf 𬬻 (261)	105 Db 𬭊 (262)	106 Sg 𬭳 (263)	107 Bh 𬭛 (264)	108 Hs 𬭶 (265)	109 Mt 鿏 (268)	110 Ds 𫟼 (269)	111 Rg 𬬭 (272)	112 Cn 鿔 (277)						

镧系	57 La 镧 138.905	58 Ce 铈 140.12	59 Pr 镨 140.91	60 Nd 钕 144.2	61 Pm 钷 (147)	62 Sm 钐 150.4	63 Eu 铕 151.96	64 Gd 钆 157.25	65 Tb 铽 158.93	66 Dy 镝 162.5	67 Ho 钬 164.93	68 Er 铒 167.2	69 Tm 铥 168.934	70 Yb 镱 173.0	71 Lu 镥 174.96
锕系	89 Ac 锕 (227)	90 Th 钍 232.0381	91 Pa 镤 231.03588	92 U 铀 238.02891	93 Np 镎 (237)	94 Pu 钚 (239.244)	95 Am 镅 (243)	96 Cm 锔 (247)	97 Bk 锫 (247)	98 Cf 锎 (251)	99 Es 锿 (252)	100 Fm 镄 (257)	101 Md 钔 (258)	102 No 锘 (259)	103 Lr 铹 (260)